KB123449

진주강씨연구총서 5

심재 강징

心齋 姜澂

허경진 지음

보고사
BOGOSA

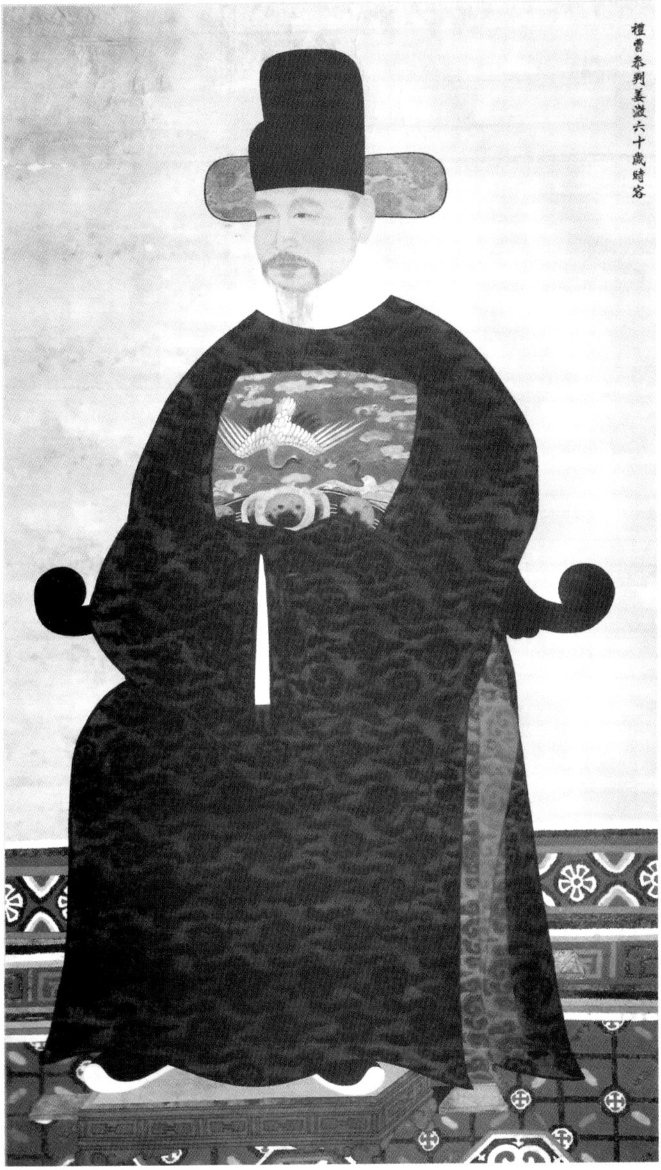

심재 강징 영정

대제학 정사룡이 비명을 지은 신도비

머리말

    진주강씨는 우리나라의 대표적인 문중이어서 수많은 인물이 나왔는데, 그 가운데 공목공(恭穆公) 강시(姜蓍)의 두 아들인 통정공(通亭公) 강회백(姜淮伯)과 통계공(通溪公) 강회중(姜淮仲) 집안에 후손이 번성했으며, 그만큼 인물도 많았다. 고려 말 조선 초에 잠시 흔들렸던 통정공 문중을 정착시킨 분이 사숙재(私淑齋) 강희맹(姜希孟)이라면, 통계공 문중을 정착시킨 분은 심재(心齋) 강징(姜澂)이다.

    심재 강징은 사숙재 강희맹만큼 명망이 높거나 많은 저술을 남기지는 못했지만, 남이장군 옥사와 연산군 폭정 하에 대부분의 친척들이 유배되거나 죽고 자신도 유배지에서 천한 종으로까지 강등되어 수모를 당했다가 연굴사 철거를 주장했다는 죄로 다시 소환되어 죽을 뻔했지만, 중종반정 이후에 다시 벼슬길에 나가 30년이나 종2품 관원으로 봉직하여 문중을 안정시켰다.

    강징은 29세에 문과에 급제하여 정9품 검열로 벼슬길에 나선 뒤, 39세에 정3품 승지로 '사냥을 중지하시라'고 간하다가 태형을 받고 낙안에 유배되었으며, 종으로까지 전락하였다. 중종반정 이후 41세에 종2품 강원도 관찰사로 벼슬을 시작하였지만, 71세로 세상을 떠날 때까지 관찰사, 부윤, 참판 등의 종2품 벼슬로만 돌아다녔다.

    10년 동안 정9품에서 정3품으로까지 청요직을 두루 거치면서 승진했던 강징이 중종반정 이후 30년 동안 종2품으로만 돌아다녔던 이유는 무능 때문이 아니다. 그가 유배지에서 종으로 살다가 중종반정 이후에 풀려나자, 반정의 주역들이 그를 다시 불러들여 종2품 관찰사로 승진시켜 부임케 했다. 그러나 중종이 그를 신임하여 새로운 벼슬을 계속 주려고 하자, 그때마다 견제하였다. 연산군이 '사냥 금지' 발언을 처음 꺼낸 사람을 묻자 남곤이라고 말했던 것을 트집 잡은 것이다.

그러나 강징이 없었던 말을 꾸며낸 것은 아니고, 왕이 묻기에 할 수 없이 대답한 것이다. 남곤도 그 문제 때문에 그와 원수가 되지는 않았다. 중종 앞에서 두 사람이 자주 같은 의견을 내기도 했으며, 중종이 강징을 개성부 유수로 임명할 때에 다른 신하들이 반대했지만, 남곤은 '내가 전라도 관찰사로 있는 동안 강징이 전주 부윤으로 백성을 다스리며 조금도 그르친 일이 없어서 백성이 생업에 안정하였다. 강징이 넉넉히 맡을 만하다.'고 옹호발언을 하였다. 중종반정 때에 그가 유배지에 있었던 탓에 반정군에 가담치 못해, 공신들을 중심으로 한 견제세력이 생겨난 것뿐이다.

중종이 강징을 아껴서 계속 새로운 벼슬을 내려주었을 뿐만 아니라, 그의 글씨도 사랑하여 기회가 생기면 반드시 그에게 쓰라고 명하였다. 그러나 그가 글씨를 썼던 그림이 다 없어지고, 그가 어명을 받고 지은 시문들도 다 없어져, 그의 존재를 제대로 후대에 전할 자료들이 남아 있지 않은 것이 아쉽다.

대제학 정사룡은 그의 신도비명을 지으면서, 마지막 구절에서 "벼슬이 끝내 덕에 차지 않았건만, 후손들을 넉넉히 주셨도다. 백세토록 복과 효성이 이어져, 지금도 다함이 없도다[竟不滿德 乃裕于嗣 百世祚孝

其尙不匱]”라고 칭송하였다. 오복을 다 갖춘 데다 일곱 아들의 후손 만여 명이 전국 각지에 흩어져 지금도 사회 각계에서 나라와 가족을 위해 활동하고 있으니, 그의 칭송은 지금도 유효하다.

실록에 보이는 기록들은 고전번역원 번역을 윤문하여 사용하였다. 진주강씨 선조들의 행적을 꼼꼼하게 교정보신 적암 강정구 선생, 안산 선영에 동행하여 사진을 찍어주신 옥산 강선구 서백께 감사드린다. 산업전사로, 또 진주강씨 종회 일에 헌신하시면서 한평생을 보내신 강희설 회장께 작은 선물로 이 책을 바친다.

2022년 10월 10일
허경진

차례

1장

통정공 통계공의 가풍을 이어받다

진주강씨(晉州姜氏)는 삼국시대부터 우리나라의 대표적인 명문대족(名門大族)으로 수많은 인물을 배출하였다. 고구려 영양왕(嬰陽王) 때에 수(隋)나라 문제(文帝)가 30만 대군을 동원하여 요서(遼西)에 침략하자 거짓 패하여 임유관(臨楡關, 臨渝關, 지금의 산해관)에서 철수하고, 병마원수 강이식(姜以式)이 수나라 수군을 격파한 뒤에 육지에서도 퇴각시켰다. 천수강씨(天水姜氏)의 일파로 고구려에 귀화한 강이식 장군이 바로 진양강씨의 시조이다.

1. 왕실과 혼인을 맺어 문중을 일으킨 공목공파

진주강씨는 고려 말에 명문세족이어서 강군보(姜君寶)부터 3대에 걸쳐 과거시험에 합격하고, 강시(姜蓍) · 강서(姜筮) 형제와 강시의 아들인 강회백(姜淮伯) · 강회중(姜淮仲) 형제가 고위직에 올랐다. 강서는 당대 권력자 이인임의 사위였으며, 강시의 아들 강회계(姜淮季)는 공양왕(恭讓王)의 사위였다. 고려왕조가 이어졌으면 진양강씨가 명문세족을 계

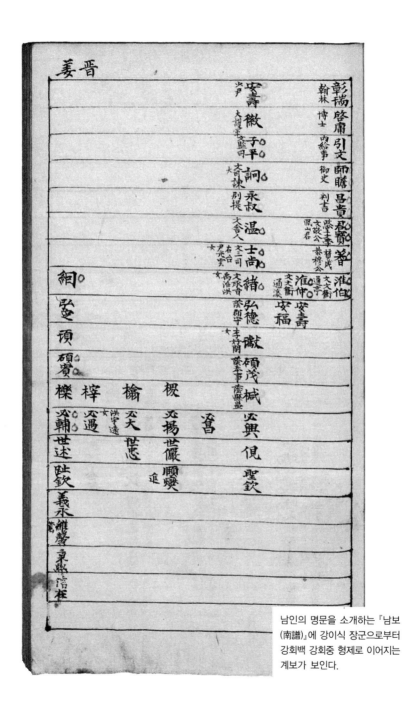

남인의 명문을 소개하는 『남보(南譜)』에 강이식 장군으로부터 강회백 강회중 형제로 이어지는 계보가 보인다.

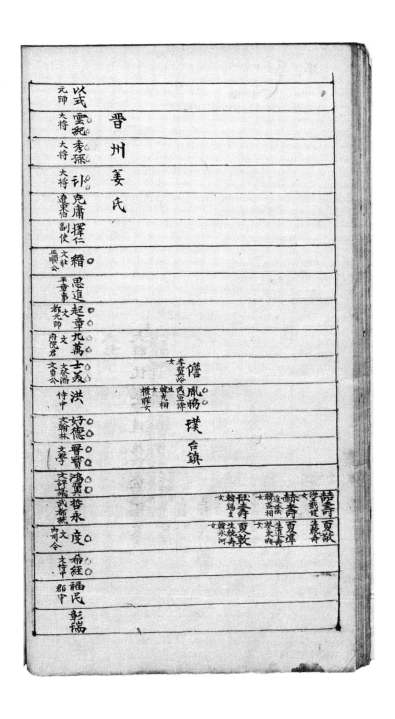

晉州姜氏

以式　元帥
雲紀　大將
秀孫　大將
玒　大將
克庸　遼東伯
擇仁　副使
繪　文壯　平順公
思道　平章事
起章　都元帥
九萬　文　府院君
士羡　文貞公　祭酒
洪　侍中
好德　好翰林
晉寶　晉文學
鴻翼　文討武節...
哲永
度　內司令
希經　支侍中
福民　郡守
彰福

속 유지했겠지만, 조선이 건국되면서 잠시 정치 일선에서 물러났다. 통계공(通溪公) 강회중의 14대손 강명규(姜命奎)가 문중의 전승을 기록한 「두문동지(杜門洞志)」에 통계공이 잠시나나 두문동에 들어갔으며, 정조(正祖)가 그의 충절을 기억했다고 한 것도 개연성은 있다. 그러나 이성계를 비롯한 건국의 주역들이 강회중같이 뛰어난 인물을 그대로 초야에 남겨 두지는 않았다.

강명규가 지은 「두문동지」 첫 줄에 통계공의 행적이 실려 있다.

강회백은 대사헌으로 이성계를 공격하다가 패배하여 관직에서 물러났고, 조선 건국 이후에는 진주로 낙향하였다. 그럼에도 불구하고 정도전을 숙청하고 즉위한 태종은 정도전에게 소외되었던 강회백 강회중 문중을 다시 조정으로 불러들였으며, 이들 형제를 거쳐 강맹경(姜孟卿) 강희맹(姜希孟) 항렬에서 공목공파 진주강씨를 조선 최고의 명문으로 발전시켰다.

강회백의 아들 석덕(碩德)과 순덕(順德)은 당대 권력자 집안에 장가들며 벼슬할 기회를 얻었다. 강석덕은 심온(沈溫)의 사위가 되고, 강순덕은 정사공신 2등, 좌명공신 1등 이숙번(李叔蕃)의 사위가 되었는데, 두 사람 다 강회백이 세상을 떠난 뒤에 장가들었으니 상대방 집안에서는 이들의 인물을 보고 사위로 고른 것이다. 심온의 사위 충녕대군(忠

寧大君)이 왕으로 즉위하자, 강석덕은 세종(世宗)과 동서가 되었다. 성종이 생모를 잃은 연산군(燕山君)을 자신의 작은할아버지이자 세종의 여덟 번째 아들인 영응대군(永膺大君)에게 맡길까 강희맹의 집에 맡길까 생각한 것도 결국 진양강씨가 왕실과 혼인을 맺었기에 가능한 선택이었다.

『세종실록』 즉위년(1428) 11월 23일 기사에 "처음에 임금(세종)이 왕위에 올라 장의동(藏義洞) 본궁(本宮)에 거처하였다. 박은이 들어와 왕 앞에서 관직을 임명하였는데, 이날에 중궁(中宮)의 백부와 숙부, 강석덕이 모두 관직이 승진되었다"고 기록되었다. 세종이 즉위하면서 심온이 영의정이 되자, 사위 강석덕은 장인에게 "천천히 승진하게 해달라"고 요청할 정도로 근신하였다. 이숙번도 처음 벼슬길에 나선 사위 강순덕을 다섯 달 만에 세 번이나 승진시키고 재산까지 미리 나누어주었다. 강석덕과 강순덕 형제는 10대 후반에 이미 권력과 재산을 손에 넣었다.

강희맹의 생부 강석덕은 장인 심온이 태종에게 숙청당하면서 10년 동안 관직에서 물러났지만, 태종이 세상을 떠난 뒤에 사헌부 집의를 거쳐 승정원에 들어가고, 대사헌과 참판을 역임하였다. 세조가 즉위한 뒤에는 원종공신에 이름을 올렸다. 처가(妻家)에 동정적이었던 세종은 태종이 세상을 떠나자 처조부 심덕부(沈德符)의 행장을 동서 강석덕에게 짓게 하여 명예를 회복시켰으며, 멸문 당한 처가의 친인척들을 관직으로 불러들였다.

진주강씨는 강회중의 증손자 자순(子順)이 세종의 손녀이자 문종(文宗)의 딸인 경숙옹주(敬淑翁主)에게 장가들어 반성위(班城尉)에 책봉되면서 다시 왕실과 인척관계가 되었다. 문종이 세종의 삼년상을 치르다가 붕어한 뒤에 혼인했기에, 이 혼인 기사는 『단종실록』에 실려 있다.

　　강자순(姜子順)을 순의대부(順義大夫 종2품) 반성위(班城尉)로 삼았다.
　　-『단종실록』 2년(1454) 4월 14일

　　경숙옹주(敬淑翁主)가 반성위 강자순에게 시집갔다. 옹주는 문종(文宗)
　　의 딸이다. -『단종실록』 2년(1454) 4월 16일

　　강자순은 이때부터 왕실의 여러 잔치에 참여하여 수양대군을 비롯
한 왕족들과 친분을 맺었다. 부마는 정치에 관여할 수 없었기에, 단종
세조, 예종으로 왕이 바뀌어도 계속 부마 지위를 유지했으며, 예종(睿
宗) 1년(1469) 3월 11일에는 의빈부 의빈(儀賓 1품)으로 승진하였다. 그러
나 경숙옹주가 세상을 떠난 뒤에 현감 이길상의 딸과 재혼한 것이 문제
가 되었다.

　　(왕이) 승정원(承政院)에 전지(傳旨)하였다.
　　"하성위(河城尉) 정현조(鄭顯祖)와 반성위 강자순이 다 사족(士族)의 딸
에게 장가들었는데, 모르지만 예를 갖추어서 장가들었는가? 사족의 딸에
게 장가들어 첩(妾)을 삼는 것은 임금도 하지 않거든, 하물며 인신(人臣)이
겠는가? 곧 불러서 물어라."
　　반성위 강자순이 와서 아뢰었다.
　　"이길상(李吉祥)이 이미 죽고 그 아내가 가난을 견디지 못하여 그의 딸
을 신에게 의탁시켜서 의식(衣食)을 도움받고자 하였습니다. 신의 어미가
이르기를, '천인(賤人)으로 작첩(作妾)하는 것은 양인(良人)으로 하는 것만
같지 못하다.'고 하므로, 신도 또한 생각하기를, 운성부원군(雲城府院君)
박종우(朴從愚)도 양가의 딸을 첩으로 삼았으니 무방할 듯하게 여겨서 이
를 취한 것입니다마는, 신에게 실로 죄가 있습니다."

(왕이) 전교(傳敎)하였다.

"하성위 등은 심히 옳지 못하다. 그러나 양가(兩家)에서 이미 첩으로써 혼인을 하였으니, 마땅히 첩으로 시행토록 하되, 금후로는 부마(駙馬)나 조관(朝官)이 감히 사족의 딸로써 첩을 삼는 자는, 법으로써 엄하게 다스릴 것이다."

이어 예조(禮曹)와 사헌부(司憲府)에 전교하였다.

"귀천(貴賤)의 구분과 적첩(嫡妾)의 차례는 마치 하늘과 땅이 형성된 것과 같아서 문란하게 할 수 없는 것이니, 어찌 귀한 이로써 첩을 삼으며, 천한 자로써 적실을 삼을 수 있겠는가? 지금 의빈 정현조는 공주(公主)가 죽은 뒤에 충찬위 이징의 딸로써 첩을 삼았고, 승빈 강자순은 옹주(翁主)가 죽은 뒤에 전 현감 이길상의 딸을 첩으로 삼았다. 이징과 이길상의 딸은 다 같이 사족(士族)인데, 정현조와 강자순이 임의로 작첩(作妾)을 한 것은 매우 법에 어긋난 일이다. 이는 장차 첩으로써 적실을 삼으려고 하나, 어찌 사족으로써 종재(宗宰)의 첩이 될 수 있겠느냐? 금후로는 사족을 꾀어서 첩을 삼는 자를 엄하게 징계토록 하라." -『성종실록』 13년(1482) 5월 2일

강자순이 순순히 자복하였으므로, 성종은 강자순의 재혼을 인정하였다. 부마는 공주가 세상을 떠나더라도 정절을 지켜 재혼할 수 없었기에 정실(正室)이 아니라 소실(小室), 즉 첩이라고 변명한 것이지만, 사대부의 딸을 첩으로 삼은 것도 또한 문제가 되었으므로, 성종은 "처음 있는 일이라 인정하고, 이제부터는 엄하게 징계한다"고 공포하였다.

이틀 뒤에 정사를 보면서, 성종이 강자순의 형인 대사간 강자평(姜子平)에게 '강자순이 언제 재혼하였는가?' 물었다. 신묘년(1471)의 일이라고 대답하자. "이미 사유(赦宥)를 경과하였으니, 묻지 말라."고 하였다. 공소 시효(公訴時效)가 지났으니 구태여 더 이상 문제 삼아야 소득이 없다는 것이다.

『기년편고』에 실린 강회중 항목과 증손자 강자순의 기사

박희성(朴羲成)이 1335년(고려 충숙왕 4) 조선 태조의 탄생부터 1897년(광무 원년)까지 각 연도별 중요 기사를 편년 순서에 따라 강목(綱目) 형식으로 정리하고, 배향·상신·문형·열전 등의 인물에 대한 조선왕조의 약력을 기록한 역사서 『기년편고(紀年便考)』에서 이 사건을 강회중(姜淮仲) 항목에 특별히 기록하였다.

강회중(姜淮仲)

[회중의 호는 통계(通溪)이다. 최영(崔瑩)과 함께 탐라(耽羅)를 토벌하여 평정하였다. 태조(太祖)가 즉위하고 여러 번 불러 병조판서에 이르고,

세종(世宗)이 불러 도총제(都摠制)에 이르렀지만, 모두 나아가지 않았다.]

강회중은 회백(淮伯)의 아우로, 자는 중보(仲父)이다. 신우(辛禑) 임술년(1382)에 전농시(典農寺) 승(丞)이 되었다. 문과에 급제하여 공조참판 총제를 역임하고, 벼슬이 보문각(寶文閣) 직제학(直提學)까지 이르렀다.

[현손(玄孫) 형(詗)은 아래에 보인다. 6세손 위빙(渭聘)도 아래에 보인다. 증손 지(潰)도 아래에 보인다.]

손자 자순(子順)이 문종의 딸 경숙옹주에게 장가들어 반성위에 책봉되었다. 옹주가 죽자 재혼하였지만, 정희왕후(貞熹王后)가 명하여 강등하여 첩(妾)으로 삼았다. 후손이 없다. 이때부터 부마(駙馬)가 재혼할 수 없게 되었다.

姜淮仲 [淮仲號通溪 与崔瑩討平耽羅 太祖卽位屢徵 至兵判 世宗徵以都摠制 皆不就] / 姜淮仲 淮伯弟 字仲父 辛禑壬戌以典農寺丞 登科 歷工參揚制 官止寶文閣直提學 / [玄孫詗見下 六世孫渭聘見下 曾孫潰見下] / 孫子順尙文宗敬淑翁主 封班城尉 翁主卒再娶 以貞熹王后命降爲妾 无后 自此駙馬不得再娶

2. 통계공 강회중을 거쳐 내려온 진주강씨의 가르침

통계공(通溪公) 강회중(姜淮仲, ?~1421)이 진주강씨 문중의 한 줄기를 이루었지만, 문집이 남아 있지 않은데다가 행장이나 묘비명도 제대로 남아 있지 않아서, 실록에 소개된 행적 말고는 그의 모습을 짐작할 수가 없다. 그가 글을 짓지 않았던 것이 아니라, 아우 강회계가 고려의 마지막 왕인 공양왕의 사위라는 이유로 처형당하면서 고려와 조선의 왕조 교체기에 살았던 그의 행적도 어느 정도 역사 속에 묻혔다. 고려 왕조가 망한 뒤에 그가 두문동으로 들어갔다는 후손의 기록과 관찰사

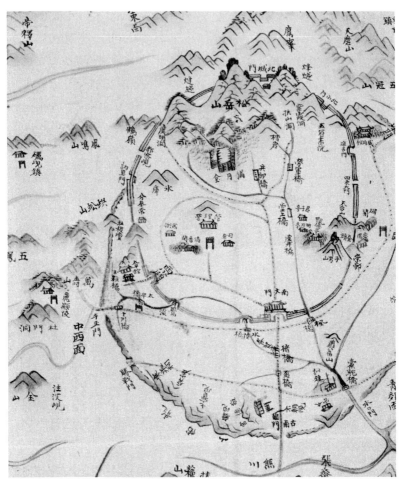

개성 도성에서 오정문을 나와 만수산으로 가는 길목에 예성강의 지류인 보통계가 있고, 이 시내를 건너면 태조의 능인 현릉이 있다. 조선시대의 행정구역으로는 중서면이고, 현릉 옆에 두문동이 있다. 1872년 지방지도

로 부임하여 백성을 잘 다스리고 『고문진보(古文眞寶)』를 간행하여 유교국가 조선의 한문학이 부흥하게 도왔다는 기록이 상충되는 것도 이 때문이다.

고려시대 강회중의 행적은 김종서와 정인지가 중심이 되어 편찬하고 문종 1년(1451)에 완성한 『고려사(高麗史)』 139권에 남아 있다. 그러나 망한 나라의 역사는 그 나라를 멸망시키고 왕권을 이어받은 나라에서 편찬하므로 어쩔 수 없이 감추어지고 부풀려진 부분들이 있게 된다.

『고려사』는 태조가 즉위한 1392년에 편찬하기 시작하여 1451년까지 60여 년에 걸쳐 작성과 수정을 반복하였으며, 34명의 국왕이 다스린 474년의 각종 사건과 각 시대별 인물에 대한 내용을 담았다. 그러나 불교국가인 고려의 가치관에 의해 당시 모습을 그대로 보여주면서 편찬된 것이 아니라, 후세에 지침이 될 만한 정치적 근거를 갖추기 위해 조선을 건국한 사대부들의 역사관을 담고 있다.

고려시대에 편찬한 『삼국사기(三國史記)』가 고구려 신라 백제 왕들의 역사를 본기(本紀)로 편찬한 것과 달리, 『고려사』는 고려 왕들의 역사를 본기로 편찬하지 않고 세가(世家)로 격하하여 작성하였다.

고려는 사대주의를 철저히 표방했던 조선과 달리 대내적으로 황제국 체제로 운영되어 국왕 스스로 황제(皇帝)라 하고, 그 아들들을 제왕(諸王)이라 했으며, 국왕의 명령도 교서(教書) 대신 황제의 용어인 조서(詔書), 제서(制書), 칙서(勅書)라 하였다. 개경(開京)을 황도(皇都)라 하고, 종묘도 태묘(太廟)라 하였다. 의종 때 천자의 제도인 7묘(廟)로 정비했는데, 충선왕이 원나라에서 귀국한 뒤에 제후의 제도인 5묘 체제로 정비하였다. 외교문서의 형식도 당연히 정비해야 했으며, 황제가 태묘에 제사하던 글도 왕이 종묘에 제사하는 글로 바뀌어야 했다.

고구려 신라 백제의 수도들이 북쪽이나 동남쪽 서남쪽에 치우쳤던 것과는 달리, 고려의 수도 개성은 통일국가답게 한반도의 한가운데에 정하였으며, 도성은 궁성(宮城), 황성(皇城), 나성(羅城)의 삼중구조로 쌓아 군사적이고 상징적인 모습을 함께 지녔다.

> 신령한 사당 주악군(主嶽君)을 뵈려고
> 때로 절정에 오르니 바라보기에 의젓하구나.
> 도성의 일만 집들은 벌통 같고
> 길 가는 일천 사람들은 개미가 달리는 듯하네.
> 뭉게뭉게 상서로운 구름이 황제 궁궐을 둘렀고
> 무성한 왕기(王氣)는 천문을 옹위하였네.
> 곡산(鵠山)의 형세가 용같이 서렸으니
> 여기부터 황도(皇都)의 줄기와 뿌리가 굳어졌구나.

> 欲謁靈祠主嶽君。時躋絶頂望軒軒。
> 城中萬屋如蜂綴、路上千人似蟻奔。
> 靄靄卿雲圍帝闕、蔥蔥王氣擁天門。
> 鵠山形勢龍盤屈、自此皇都固蔕根。

이규보가 곡령(鵠嶺)에 올라서 지은 시[登鵠嶺有作]가 『동국여지승람(東國輿地勝覽)』 권4 「개성부」 산천 송악(松嶽) 조에 실려 있어, 고려 사대부들이 개성을 황도(皇都)라고 자부했음을 알 수 있다. 강회중은 고려의 사대부이자 중신이었으므로 당연히 개성에 살았다.

회중(淮仲)이라는 이름은 백(伯)·중(仲)·숙(叔)·계(季)라는 형제 서열에 따라 자연스럽게 지어졌으며, 중보(仲父)라는 자도 이름자 중(仲)을 넣어 자연스럽게 지어졌다. 형 회백(淮伯)의 자가 백보(伯父)인 것이나 마찬가지이다. 통계(通溪)라는 호에 대한 설명은 보이지 않는데, 아마도 개성에 살 때에 보통계(普通溪) 부근에 살았기에 그렇게 지었을 가능성이 있다. 보통계는 송악산 줄기인 만수산 자락에 있는 시내로,

오정문 옆에 강회중의 스승 목은 이색과 강감찬 장군의 묘가 있고, 강장군의 낙성(落星) 유적이 있다. 보통계, 두문동, 이색, 강감찬 등이 모두 강회중과 연관된 지명, 인명들이다. 광여도

개성 서쪽 태조의 능으로 가는 길목에 있었다.

개성에 머물던 시기 강회중의 모습은 스승인 목은(牧隱) 이색(李穡)의 문집 『목은시고(牧隱詩藁)』 권32에 실린 시에 보인다.

유항(柳巷)과 함께 광양군(光陽君)을 모시고 하과(夏課)의 시험을 치르는 제생(諸生)을 보러 갔는데, 비가 내려서 야외에 있기가 불편하기에 구산사(龜山寺)로 장소를 옮겨 각촉부시(刻燭賦詩)를 행하였다. 교관(敎官)이 술자리를 마련했기에 약간 취해서 돌아왔다. 이날 수행한 사람은 유항의 차자(次子)인 상경(尙敬)과 나의 아들인 종학(種學)·종선(種善)과 문생인 송문중(宋文中)이었으며, 거기에서 우연히 만난 사람은 김제(金渭), 강회중(姜淮仲), 신권(辛權), 박관(朴貫), 유겸(柳謙) 등이었다.

두 노인네 어슬렁거리며 찾아갔다가
여러분을 그곳에서 우연히 만났네.
산에 오르니 도의 맛이 우러나는데다

각촉부시 역시 천재를 보려 함일세.
뜨락의 풀은 창가에 햇빛 머금고
솔바람 소리는 술잔에 가득 담겼건만,
앞으로 우리 사문과 명교가
부러지거나 무너질까 걱정되누나.
二老翱翔去、諸公邂逅來。
登山生道味、刻燭見天才。
庭草窓含日、松風滿酒杯。
斯文與名教、只恐兩摧頹。

　　제목이 무척 긴 시인데, 유항(柳巷)은 이색의 아버지 이곡(李穀)이
지공거(知貢擧)일 때에 15세 어린 나이로 급제한 한수(韓脩)이다. 이색
보다 5년 후배인데 우왕(禑王) 10년(1384)에 세상을 떠났으니 적어도 그
이전, 젊은 시절 공부하던 강회중의 모습이 이 시 속에 보인다. 강회중
은 1382년 진사시에 합격했으니, 이 시기에는 성균관 학생이었을 것이
다. 성균관에 모였던 시관과 생도들이 비를 피해 송악산 소격전 동쪽에
있는 구산사로 장소를 옮겨 하과(夏課) 시험을 치른 것이다.

　　여름에는 밖에서 시를 짓고 겨울에는 방 안에서 책을 외우던 관습에
따라 시 짓는 시험을 치른 것인데, 고려시대에 유행하던 각촉부시(刻燭
賦詩) 방식으로 초에 눈금을 그어놓고 촛불이 그 눈금까지 타들어가는
동안 시를 지어야 했다. 그러다 보니 깊이 구상할 겨를이 없어, 천재가
아니라면 뛰어난 시가 지어지기 힘들었다. 마지막 구절의 걱정은 고려
왕실을 흔들려는 이성계의 도전을 뜻하기도 하겠지만, 각촉부시를 감
당하지 못하는 성균관 생도들을 걱정하는 것이기도 하다. 이 자리에
참석했던 강회중도 아마 시 한 수를 짓지 않았을까.

『고려사』에 실린 강회백 강회중 강회계 형제들의 고려 말 행적을 소개하면 다음과 같다.

자혜부윤(慈惠府尹) 이방과(李芳果), 밀직부사(密直副使) 김인찬(金仁贊), 지신사(知申事) 이행(李行), 밀직사(密直使) 강회백(姜淮伯), 지밀직(知密直) 윤사덕(尹師德) 등에게 공신의 호를 하사하였는데, 이행이 굳이 사양하였다. -1390년 1월 18일

고공좌랑(考功佐郎) 강회계(姜淮季)를 세자시학(世子侍學)으로 임명하였다. -1390년 1월 23일

밀직사(密直使) 강회백(姜淮伯)을 사부(師傅)로 삼았다. -1390년 2월 6일

강회중(姜淮仲)을 사헌 집의(司憲執義)로 임명하였다. -1390년 12월 25일

왕이 미행으로 마암(馬巖)에서 활쏘기를 구경하였는데, 헌사(憲司)에서 "지신사(知申事) 성석용(成石瑢)이 왕이 위의(威儀)를 갖추도록 말씀드리지 않았다"고 하여 탄핵하였다. 왕이 노하여, 바로 성석용에게 나와서 일을 보게 하였다. 집의 강회중과 지평 이감을 좌천시키고, 우홍득(禹洪得)을 집의로, 이작(李作)을 지평으로 임명하였다. -1391년 4월 19일

군자윤(軍資尹) 강회중을 외방에 유배보냈다. -1392년 7월 14일

강회계가 공양왕의 사위였으므로 이들 형제들은 세자의 교육을 맡아 강회계는 시학(侍學), 강회백은 사부(師傅)로 보좌하였고, 강회중은 사헌부의 집의에 임명되어 언관(言官)으로 활동하였다. 그러나 이성계의 조선 건국이 가까워지면서 강회중은 외방에 유배되었고, 곧이어 태조가 즉위하여 조선이 건국되었다.

강회중의 형제들은 백(伯)·중(仲)·순(順)·숙(叔)·계(季)의 순서가 이름자에 그대로 보이는데, 강회백이 아우들에게 지어 보낸 시를 통해서 이들 형제들의 우애를 엿볼 수 있다.

봄날 아우들에게 부치다

여관 처마 끝에 빗소리 괴롭게 들리니

때때옷 입고 부모님 앞에 춤추지 못해 서글퍼라.

마음은 저녁 구름과 함께 돌아가고 싶지만

시름은 봄 술 따라 취해 깨지를 않네.

강산 떠돌다 보니 머리 먼저 희어져

우리 형제들 언제 반갑게 만나보랴.

벼슬길이 험한 줄 익히 겪었으니

이 몸은 천지간의 한낱 부평초구나.

春日寄昆季

旅牕簷雨苦難聽。況復萊衣隔鯉庭。

心與暮雲歸不駐、愁隨春酒醉無醒。

江山此日頭先白、骨肉何時眼更青。

宦路險夷曾歷試、是身天地一浮萍。

　　원문의 내의(萊衣)는 노래자(老萊子)의 옷이다. 초나라 효자 노래자
는 나이 일흔이 되어서도 어버이를 즐겁게 해드리기 위해 색동옷을
입고 아이들처럼 재롱을 부렸다. 벼슬길에 고향 집을 떠나 떠돌고 있지
만, 공목공(恭穆公) 슬하에서 형제들이 함께 자라던 시절을 그리워하며
다시 만나기를 고대하였다.

　　강회중의 행장이나 묘지명이 전해지지 않아, 조선왕조실록에 실린
기사를 통해서 강회중의 행적을 살펴보면 다음과 같다.

　　1. 유사(有司)가 상언(上言)하기를, '우현보(禹玄寶)·이색(李穡)·설장수
(偰長壽) 등 56인이 고려의 말기에 도당(徒黨)을 결성하여 반란을 모의해
서 맨처음 화단(禍端)을 일으켰으니, 마땅히 법에 처하여 장래의 사람들을

경계해야 될 것입니다.' 하였으나, 나는 오히려 이들을 가엾이 여겨 목숨을 보전하겠다. (줄임) 강회중(姜淮中) (줄임) 등은 각기 본향(本鄕)에 안치(安置)할 것이며, 그 나머지는 (줄임) 모두 이를 사면(赦免)할 것이다.” -『태조실록』 1년(1392) 7월 28일 태조 즉위교서

궁성(宮城) 감축관(監築官) 정의(鄭義)와 강회중(姜淮仲) 등 13인을 가두었다. 처음에 도성 축조도감(都城築造都監)에게 역도(役徒)들을 놓아보내라고 명하고, 또 김주(金湊)와 김사행(金師幸)의 말을 듣고 군자감(軍資監)을 조성할 재목을 운반한 뒤에 놓아보내라고 명령하였는데, 도감(都監)이 먼저 명령으로 역도들을 놓아보냈다. 그러므로 주(湊) 등이 임금께 아뢰어 가두게 된 것이다. -7년(1398) 3월 9일

정의와 강회중을 태형(笞刑)에 처하여 환임(還任)하게 하였다. -7년(1398) 3월 11일

궁성 감역관(宮城監役官) 정의와 강회중 등 16인을 외방에 귀양보냈다. -7년(1398) 4월 3일

정의와 강회중 등 16인을 (줄임) 사면(赦免)하였다. -7년(1398) 5월 17일

강회중·유두명으로 좌·우사간 대부(左右司諫大夫 종5품)를 삼았다. -태종 7년(1407) 10월 3일

사헌부 대사헌 안원(安瑗)·좌사간 대부(左司諫大夫) 강회중(姜淮仲) 등이 교장(交章)하여 민무구(閔無咎) 등 세 사람의 죄를 청하였다. 소(疏)는 이러하였다. -태종 7년(1407) 10월 29일

대간(臺諫)에게 다시 일을 보라고 명하였다. 임금이 안원과 좌사간 대부(左司諫大夫) 강회중(姜淮仲) 등을 불러 얼굴빛을 온화하게 하고 친히 타일렀다.

"민무구와 민무질은 그 죄가 비록 중하나, 내게는 인친(姻親)이 된다. 내가 나이 16세 때에 민씨(閔氏)에게 장가들어 오랫동안 함께 살았고, 또 부원군(府院君)의 나이가 70에 가깝고 송씨(宋氏)가 병에 걸려 오래 누워 있으니, 만일 두 아들을 법으로 논한다면, 부자간의 마음이 어떠하겠는가! 내가 굳이 간하는 것을 막으려는 것이 아니라, 다만 사사 은혜에 끌려서 결단하지 못하는 것이다. 직첩(職牒)과 녹권(錄卷)을 거두고 폐하여 서인 (庶人)으로 만들어 전리(田里)에 추방하였으니, 이것으로 족한 것이다. 후일에 마땅히 경 등의 청을 따르겠다."-『태종실록』7년(1407) 11월 21일

강회중을 의주 목사(義州牧使 정3품)로 삼았다. -12년(1412) 1월 25일

공조판서 조견(趙狷)·좌군 동지총제(左軍同知摠制 종2품) 강회중(姜淮仲)을 중국 서울[京師]에 보내었으니, 신정(新正)을 하례하기 위함이었다. -15년(1415) 10월 18일

대호군(大護軍) 임군례(任君禮)를 함길도에 보내어 도순문사(都巡問使) 강회중(姜淮仲)에게 전지(傳旨)하였다.
"길주(吉州) 관내의 동쪽 해변 오라퇴(吾羅堆) 사동구(寺洞口)에 있는 난봉(卵峯)에 벽전아석(碧甸兒石)이 봉우리에 가득하다는데, 지금 같이 간 임군례가 번거롭게 친히 가지 말고, 임군례의 근수(根隨) 전 사정(司正) 최영달(崔永達)이 지휘하여 청지(聽知)하고 채취(採取)하여 올리게 하라. 그 좌우봉(左右峯)의 소산(所産)도 또한 굳게 금지하게 하라."-17년(1417) 5월 30일

강회중(姜淮仲)이 보고하였다.
"5월 23일에 경성(鏡城)으로 나온 총기(摠旗) 동아리답(佟阿里答)·동불화(童不花) 등 20명이 말한 가운데에 '내사(內使) 장신(張信)이 성지(聖旨)를 가지고 작년인 병신 11월 14일에 요동(遼東)에 이르렀으며, 군마(軍馬) 1천 5백을 인솔하고 정월 19일에 떠나 3월 29일에 나연(羅延)에 도착하여

목책(木柵)을 설치하고 창고를 지어 양료(糧料)를 수입한 뒤, 짐을 지고 온 군인은 그 즉시 환송(還送)했으나, 천호(千戶) 석탈리(石脫里)는 군인 5백 명과 농우 1백 60마리를 거느리고 나연 등지에서 농사를 짓고 있다.' 하고, 장신은 또 병마 1천을 거느리고 4월 17일에 출발하여 28일에 남라이 (南羅耳)에 이르러 재목을 작벌(斫伐)하면서 명령하기를, '근방에 접해 사 는 올량합(兀良哈)과 조선인(朝鮮人)들을 놀라게 하지 말라.' 하고, 또 '원 나라 때에 송골매를 잡던 곳이라 하면서 길주(吉州)의 아간(阿看)·오보이 (吾甫伊)·서지위(西之委) 등지의 사소좌(沙所坐) 기지(基趾)를 간심(看審) 하고자 한다는 뜻으로 남라이(南羅耳)에 거접한 천호(千戶) 나오(羅吾)· 아다모(阿多毛) 등 2명이 길을 가리키며 왔다.'고 전통(傳通)하였습니다. 그러나 서지위(西之委) 등지는 경성(鏡城)의 초면(初面)에서 2·3일 노정 이니 나아가 맞이하도록 보냄이 옳지 못하고, 또 아간(阿看) 등지는 백성들 이 많이 살고 있지만, 이전에 송골매를 잡은 일을 들어본 적이 없다고 대답 하였습니다."-태종 17년(1417) 5월 30일

모두 박은의 계책을 따랐다. 즉시 이원·이춘생·조말생·서선에게 명하 여, 이 뜻으로써 강회중·황상에게 회서(回書)하게 하니, 그 글은 대략 이 러하였다.

"길주의 아간·오보이·서지위 등지에서는 본래부터 매를 잡았던 사소좌 (沙所坐)의 장소가 없고, 더욱 동아리답(佟阿里答) 등은 성지(聖旨)도 없으 니 비록 나라에 보고하더라도 반드시 입국을 허가하지 않을 것이라고 전언 (傳言)하고, 은근히 위로하여 보내게 하되, 그들로 하여금 전보(傳報)한 뜻을 알지 못하게 하라."-17년(1417) 5월 30일

강회중을 경기(京畿) 도관찰사(都觀察使 종2품) 겸 개성 부유후(開城副 留後)로 삼았다. -18년(1418) 7월 8일

강회중을 인수부 윤(仁壽府尹)으로 삼다. -『세종실록』 즉위년(1418) 11월 4일

강회중을 한성부 윤(漢城府尹 종2품)으로 삼다. -1년(1419) 2월 11일

강회중을 공조 참판(종2품)으로 삼다. -1년(1419) 4월 8일

강회중을 충청도 관찰사(종2품)으로 삼았다. -1년(1419) 12월 7일

관찰사 강회중도 또한 공무를 보도록 명하였다. 일찍이 회중(淮仲)이 하계(下界)하여 그 도내의 군적(軍籍) 고치는 일을 중지할 것을 청하자, 상왕이 말하였다.

"군사 관계는 중한 일이므로, 조련(操鍊)은 마땅히 정밀히 하고, 고열(考閱)을 마땅히 정돈하며, 수액(數額)을 마땅히 사실대로 하여, 비록 흉년을 당하더라도 폐하지 못할 것이다. 지난날 이천(李蕆)과 박초(朴礎)의 말로써 병조에 의논하니, 다 옳다고 하여, 이로써 시행하게 된 것인데, 회중은 대체(大體)를 생각지 않고, 사람들의 마음 사기에 급하여 경솔하게 아뢴 것이니, 마땅히 그 죄를 다스릴 것이다."

이에 영로를 옥에 가두고, 회중(淮仲)은 사삿말을 타고 서울로 오게 한 것인데, 이날에 박은과 이원이 낙천정에 나아가 회중의 죄를 풀어서 언로(言路)를 열어 줄 것을 청하니, 상왕의 마음이 풀려서 드디어 이 명이 내려진 것이다. -2년(1420) 1월 24일

공조 참판 강회중(姜淮仲) 등이 아뢰었다.

"지방 각 고을의 공납하는 물건이 만일 그 지방에서 생산되는 것이 아닐 경우에는, 백성들이 미곡으로 사들이어 상납하는 것이 참으로 한 가지 뿐이 아닙니다. 독촉을 당할 때 시기를 늦추었다는 책망을 면하기 위하여, 오히려 그 때에 바치게 된 것만을 다행으로 여기는 판인데 어찌 그 재산이나 양곡이 없어지는 것을 생각할 여지가 있겠습니까. 백성의 고통이 사실 여기에 있습니다. 또한 특별한 예로 공납하는 것이 있을 경우에는 보통 때보다 갑절이나 심하게 독촉하므로, 창졸간에 이러한 물건을 마련하기가 어렵기 때문에, 모리배들이 그러한 물건을 미리 저장해 두고, 시기를

이용하여 이익을 노리는 자들이 도리어 비싸고 잘 팔려 하지 아니하여, 반드시 그 값을 갑절이나 주어야만 비로소 이것을 팔게 됩니다. 오늘에 한 가지 물건을 바치고 나면, 내일에 또 한 가지 물건을 바치게 되어, 봄철이 이르기도 전에 벌써 빈궁하게 되니, 참으로 딱한 일입니다. 그런데, 수령된 사람은 도리어 이에 대하여 정신을 쓰지 아니하고, 어떤 한 가지 물건을 징수할 때에는 이에 덧붙여 더 많이 거두고 있습니다. 다행히 지금 창고에 물건이 넘치도록 차서 있으니, 지금부터 특례로 바치는 것은 군량인 묵은 쌀과 콩을 백성이 스스로 원하는 대로 무역하여서 상납하게 허락하소서."

의정부와 육조에서 의논하여 말하였다.

"지금 공부(貢賦)를 상세히 결정한 뒤에 만일 특례로 공납할 것이 있으면, 묵은 쌀이나 콩과 저화(楮貨) 및 포화(布貨)로 무역하여 상납하게 하자." –2년(1420) 윤1월 29일

총제(摠制) 강회중(姜淮仲)이 졸(卒)하였다. 부의로 미두(米豆) 20석을 내렸으니, 정해진 법대로였다. –3년(1421) 6월 4일

태조는 공양왕의 사위 강회계의 형으로 조선 건국에 비협조적인 강회중을 조선 관원으로 끌어들이기 위해 즉위교서(卽位敎書)에서 '강회중을 본향에 안치(安置)하고, 나머지 사항은 모두 사면한다'고 하였다. 공양왕 말년에 외방에 유배되었다가, 열흘 만에 고향에 안치된 것이다. 궁성(宮城) 감축관(監築官)으로 임명해 노역에 종사케 했다가 작은 잘못으로 유배를 보내기도 했지만 한 달 만에 불러들였다. 태종은 강회중을 사간원 대부에 임명하여 자신의 처남인 민무구 형제에게 극형을 요청하는 발언을 하게 하고는, '처남을 차마 죽일 수 없다'고 물러서는 척하였다.

사간원(司諫院) 관원은 출세를 보장하는 청요직이어서, 몇 년 뒤에
는 명나라와 국경을 마주하는 의주목사(정3품)로 승진시켰는데, 의주는
뒤에 부윤(府尹 종2품)으로 승격할 정도로 중요한 고을이었다. 그 뒤에
명나라에 하정사(賀正使)로 다녀왔다가 함길도 도순문사(都巡問使)로
부임케 한 것은 이 지역에서 조선 건국의 기틀을 닦았던 태조와 그
조상들의 근거지를 관리하고 여진족의 동태를 파악하기 위함이었다.

　　강회중이 유배지에서 돌아온 지 10여 년 만에 국경 요지를 다스리는
의주목사로 부임하게 되자, 예문관(藝文館) 제학(提學), 경연(經筵) 동지
사(同知事), 한성(漢城) 판부사(判府事)로 정계와 문단의 중심인물이던
변계량(卞季良)이 송별 시를 지어 주었다.

의주 만호(義州萬戶) 강회중(姜淮仲)의 시권에 쓰다

강공은 세상을 경영할 만한 자질이라
내 자주 따라 노닌 걸 다행스럽게 여겼지.
비서성에 계실 적엔 하관으로 모셨고
춘관에 있을 때엔 청담을 들었네.
기약 없이 모이고 흩어진 것 같더니만
이렇게 또다시 헤어지게 되셨네.
내 마음 스스로 가누지 못하니
산천의 여정이 아득키만 하구려.
의주는 나라의 관문이니
급선무를 서두르는 게 귀중하다오.
위엄과 은혜를 아울러 베풀면
그곳 풍속이 조심하고 사모할 줄 알게 되리라.
강공은 가서서 마음을 모두 쏟아
명철한 임금님의 돌보심에 보답하시게.

옹졸한 내 시가 어찌 볼 만하랴
평소의 마음을 표시한 것뿐이라오.

題姜淮仲萬戶義州詩卷

維公經濟姿、自幸從遊屢。
秘閣忝下寮、春官接淸晤。
聚散若無期、復此分去住。
我心不自持、山川杳征路。
義州國門戶、所貴急先務。
威惠苟兼施、厥俗知畏慕。
公其往盡心、仰答明主顧。
拙詩豈足觀、聊以表情素。

『춘정집(春亭集)』권3에 실린 이 시를 보면 '강회중의 의주시권(義州詩卷)'이라 하였는데, 강회중이 의주에서 지은 시권(詩卷)이 아니라 의주로 떠나는 강회중에게 친지들이 지어준 시권이다. 의주에서 해야 할 일, 급선무(急先務)를 당부하는 시이기 때문이다.

시권(詩卷)이라고 말할 정도라면 여러 사람의 시가 적혀 있었을 것이다. 송별 술자리라도 벌렸다면 운서(韻書)를 펼쳐 운자(韻字)를 골랐을 텐데, 좌정승 성석린(成石璘)은 연(連)자를 골랐다. 영의정이 되기 몇 달 전이다.

의주로 부임하는 강회중을 송별하면서 연(連)자를 얻다
나의 부친과 그대의 조부는
같은 해 함께 급제하고,
그대 아버지와 나 또한 함께 급제하여
여러 후손이 조상의 뜻을 저버리지 않았네.

기력이 쇠한 때 헤어지다니 아쉬워라
다 늙어 그 자리에 머물다니.
이제 그대 서쪽 임지에 이르면
병사와 농사에 힘써 둘 다 온전케 하시게.

送姜淮仲赴義州 得連字
先君偕令祖、射策共當年。
二嗣仍攀附、諸孫不棄捐。
衰年惜離散、薄暮任留連。
將子西歸土、兵農務兩全。

성석린은 개성 독곡방(獨谷坊)에서 태어나 자호를 독곡(獨谷)으로 삼
았는데, 그의 아버지 성여완(成汝完)과 강회중의 할아버지 강군보(姜君
寶)가 동년 급제이고, 강회중의 아버지 강시(姜蓍)와 성석린 또한 동년
급제였다. 성석린이 이때 75세였으니 강회중은 아마 40대 후반이나
50대 초반이었을 텐데, 성석린은 재상의 자질을 지닌 그가 그 나이에
지방관으로 나가는 것을 아쉬워하였다.

강회중이 의주목사를 성공적으로 마치고 돌아오자, 명나라에 신년
을 하례하는 하정사(賀正使)로 파견되었다. 조선 건국과정에서 명나라
와 다소 껄끄러운 관계였기에, 명나라에 파견하는 사신은 당대의 대표
적인 왕족이나 관원들을 선발하였다. 학식과 경륜을 아울러 갖춘 관원
들을 선발하자, 강회백(1385·1388)·강회중(1415) 형제와 손자 강희안
(1462)·강희맹(1463) 형제가 잇달아 명나라에 파견되었다. 그러나 강회
중 일행 가운데 사행록을 남긴 사람이 없어, 구체적인 활동을 알 수
없는 것이 아쉽다.

3. 백성을 사랑하고 교육을 장려한 충청도 관찰사 강회중

강회중이 관원으로서 활동한 사실이 가장 많이 알려진 시기는 1419년 12월 7일에 부임한 충청도 관찰사 시절이었다. 세종이 즉위한 첫해에 강회중을 충청도 관찰사로 삼았는데, 1년 뒤에 상왕이 소환하였다. 태종은 아들 충녕대군에게 왕위를 물려준 뒤에도 글자 그대로 상왕이 되어 섭정하였는데, 강회중이 자신의 정책을 따르지 않자 1월 20일에 충청도의 실무자인 경력(經歷) 오영로(吳寧老)를 의금부에 가두었다.

태종과 강회중의 정책 차이는 국가와 백성 가운데 어느 쪽이 먼저냐는 것이다. 강회중의 상소문이 직접 기록된 것이 아니라 태종의 말을 통해서 간접적으로만 들을 수 있지만, 태종은 "군사 훈련은 숫자가 중요하니, 흉년이 되어도 폐지할 수 없다" 하였고, 강회중은 "흉년에는 백성 구제가 급하니 군사 훈련을 뒤로 미뤄달라"고 청하였다. 쓰시마 정벌이 13일 만에 마무리되었지만 전사자가 130여 명이나 되어 미완성의 항복을 받은 상왕은 제2의 쓰시마 정벌을 꿈꾸었겠지만, 당시 조선은 전국적으로 흉년에 시달려 굶어 죽는 백성이 넘쳐났다.

『세종실록』에는 즉위년(1418)부터 흉년에 시달려 곳곳마다 대비책을 세우는 모습이 끝없이 보인다.

> 경상도 관찰사가 "도내의 각 고을이 가뭄으로 흉년이 들었으니, 금년에 철(鐵)을 바치는 것을 면제해 주자"고 아뢰어, 그대로 좇았다. -즉위년 8월 24일

> 경상도 밀양부에서 황충(蝗蟲)이 벼의 싹을 먹어서 벼곡식이 여물지 못하여 흉년에 대비하는 일이 시급하므로, 특별히 시위패(侍衛牌)들의 번

(番) 들러 올라옴을 면해 주었다. -즉위년 9월 3일

　호조에서 아뢰었다.

　"전일 내리신 교지에 '충청도에 흉년이 들었으니, 그 전에 충청도에서 세전(歲前)에 바치던 조세 미곡(租稅米穀)을 명년(明年) 해빙(解氷)할 때를 기다려 상납하도록 함이 편하다.' 하셨습니다. 교지를 받들어 통문을 발송하여 충청도로 하여금 경원(慶源)의 덕은 창고(德恩倉庫)의 미곡을 전에 상납하던 수량대로 세전에 수로로 운반하게 하려 하였으나, 충청도의 백성들이 이미 실농(失農)하였으므로 만일 세후(歲後)를 기다려 조세(租稅)를 걷는다면, 장차 모두 소비하여 거진 다 없어지게 되어 수량대로 받아들이지 못하게 될까 걱정이 됩니다. 그러니 충청도의 각 고을에 명령하여 금년의 밭세 가운데서 정고(正庫)에 상납할 미곡은 제하여 놓고, 그 밖의 남는 미곡은 각각 가까운 경원(慶源) 덕은창(德恩倉) 및 연해(沿海) 창고에서 반드시 세전에 정한 수량대로 징납하여 두었다가, 본조(本曹)에서 보내라는 통문을 기다려 배로 운반하여 상납하게 함이 어떠할는지요."

　임금이 그대로 좇았다. -즉위년 9월 11일

　경상도는 가야(伽倻) 때부터 철(鐵)의 산지여서 쓰시마 정벌의 무기도 이곳에서 만들어 냈는데, 무기를 만들 철(鐵) 바치는 것을 면제해 줄 정도로 상황이 급했다. 서울에 와서 시위(侍衛)하는 군사들까지 상번(上番)을 면제해 주었다. 그러나 '가을 추수 때에 조세(租稅)로 받던 쌀을 내년 어름이 풀릴 때에 올려보내라'고 민심을 달래다 보니 이미 실농(失農)한 백성들이 조세로 바칠 쌀까지 먹어버릴까봐 얼음이 얼건 풀리건 간에 거둬들이라고 독촉하였다. 조정에서는 백성들의 실농보다 조세를 거둬들이는 일이 더 중요하다고 판단한 것이다.

　백성을 사랑한 강회중이 하계(下界), 즉 임지로 내려가보고 실정을 파악하고 나자 '충청도 도내의 군적(軍籍) 고치기를 중지하게 해달라'고

청하였다. 강회중이 조정에 청한 날짜가 실록에 보이지 않지만, 강회중이 부임한 지 열흘도 채 못 된 시점에 수군 도절제사가 아뢴 것이 바로 충청도의 실정이었다.

충청도 수군 도절제사(水軍都節制使)가 아뢰었다.
"도내의 천안(天安)·면천(沔川)·덕산(德山)·신창(新昌)·아산(牙山) 등 각관의 선군들은 전년의 흉년으로 인하여 전혀 진제미(賑濟米)로 목숨을 보존하였는데, 지금 또 몹시 가물어서 벼는 전연 모종도 세우지 못하여 살 도리가 염려되니, (그들이) 마음대로 돌아다니면서 양식을 빌고 밤[栗]을 주워서 흉년 살이를 미리 도모하게 하여, 도망쳐 흩어지지나 말게 하도록 하소서."
상왕이 그대로 따랐다. -1년(1419) 12월 16일

충청도 군사들은 나라에서 구제해 준 쌀로 겨우 작년을 버텼지만, 올해는 모내기도 하지 못했다. 지금으로선 군적을 늘리기보다 있는 명단이나마 도망하지 못하게 하는 것이 최선이니, 그들에게 군사 훈련을 시키기보다는 마음대로 돌아다니면서 밤톨이라도 주워 먹어 목숨을 부지하게 하자는 것인데, 상왕이 이를 허락했다.

그런 상황에서 신임 관찰사 강회중이 "군적을 조사하지 말자"고 청하자 태종이 관찰사의 오른팔인 경력 오영로를 옥에 가두어 실정을 조사하고, "군사 조련은 흉년이 되어도 폐지할 수 없는 것인데, 강회중이 사람들의 마음 사기에 급하여 경솔하게 아뢰었다"고 소환한 것이다. 관찰사가 민심을 얻어야 백성들을 다스릴 수 있는데, 태종은 강회중이 흉년에 민심을 안정시키려는 것조차 무시했다.

관찰사가 공무로 출장갈 때에는 당연히 역마(驛馬)를 타게 되어 있

으니, 사삿말을 타고 서울로 올라오게 한 것은 '공무 집행이 중단되었다'는 뜻이며, 관찰사를 해임할 수도 있다는 암시였다. 태종의 오랜 신하인 좌의정 박은과 우의정 이원이 "언로(言路)를 열어 주자"고 청하여 1월 24일에 세종이 "오영로(吳寧老)의 죄를 사하여 그 직(職)을 회복시키고, 관찰사 강회중도 또한 공무를 보라"고 명한 것이다.

강회중이 충청도로 돌아와 가장 먼저 한 일은 『고문진보』를 간행하기 위해 발문을 지은 것이다. 『고문진보』를 편찬했다는 황견(黃堅)은 생애가 불분명한 인물이지만, 『고문진보』라는 이름 값 덕분에 역대 중국, 조선, 일본에서 다양한 판본으로 간행되었다. 현재까지의 연구결과에 의하면 『고문진보』는 원나라에서 14세기 중반에 처음 간행되었다고 추측되는데, 전녹생(田祿生)이 밀직제학(密直提學)으로 있던 1366년에 하남왕(河南王)의 초청을 받아 원나라에 사신으로 갔다가 북경에서 『고문진보』를 구입해 돌아온 것이 우리나라에서 최초로 보이는 기록이다. 전녹생은 이듬해인 1367년 경상도 도순문사(慶尙道都巡問使)로 합포(合浦)에 출진하였다가, 그곳에서 목판본으로 간행하였다.

전녹생은 『고문진보』를 간행하고 곧바로 동지공거(同知貢擧)가 되어 과거시험을 주관하면서 1371년에 31명을 선발하였다. 1373년에는 정당문학으로 강녕부원군(辛禑)의 사부(師傅)가 되어 왕자를 가르쳤으며, 1375년에는 서연(書筵)의 사부가 되어 우왕을 가르쳤다. 이러한 과정을 거치면서 『고문진보』가 자연스럽게 문장의 전범으로 널리 읽혀지게 되었다.

전녹생이 원나라에서 구해온 판본이 남아 있지 않지만, 아마도 『선본대자제유전해고문진보(善本大字諸儒箋解古文眞寶)』일 것이다. 글자 그대로 여러 학자들이 전해(箋解)를 덧붙인 판본인데, 전녹생 자신이 산삭

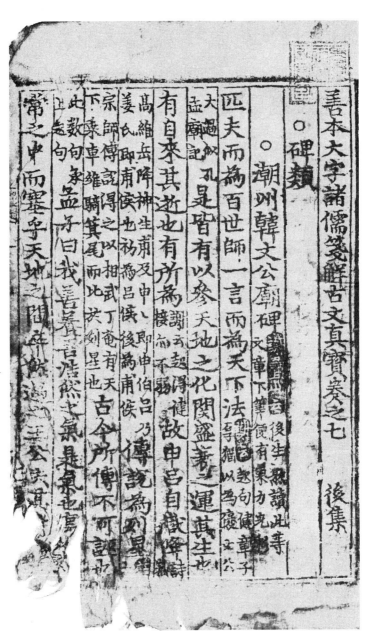

강회중이 이호에게 간행하게 한 『선본대자제유전해고문진보』

(刪削)하거나 증보(增補)하여 합포에서 간행하였다고 한다. 강회중이 충청도 관찰사로 부임하자, 전녹생의 손자인 공주 교수(公州教授) 전예(田藝)가 이 책을 강회중에게 가져다 보였다.

강회중은 전녹생이 구해온 본과 합포에서 간행한『고문진보』를 비교해보니, 합포본은 '오랜 세월이 흘러 판각이 마모되어 희미해졌고 또 주해(註解)가 없어 보는 이들이 흠으로 여겼다'지만, 저본은 '보충한 주석이 분명하여 마음에 쏙 들었다.' 그래서 자신이 지은「선본대자 제유전해 고문진보 지[善本大字諸儒箋解古文眞寶誌]」를 옥천 군수 이호(李護)에게 주어『선본대자제유전해고문진보』를 간행하게 하였다.

이 책은 전질이 제대로 남아 있지 않은데, 정재철 교수가 규장각 소장본을 다른 판본과 비교해본 결과 몇 편의 문장은 삭제하고 몇 편은 추가하였으며, 주해도 산삭하였다고 한다. 이름 그대로 일부 오류를 바로잡거나 일부 내용을 산삭하여 강회중이 선본(善本)이라는 이름으로 다시 간행한 것이다.

황견이 편찬한『고문진보』20권은 전국시대 이후 명가의 작품 312편을 정선해 수록한 시문선집으로, 고인의 법도가 남아 있어 고문(古文)의 모범이 될 만한 작품들로 구성되어 있다. 효종이 이 책을 중간하면서「어제 중각 고문진보 후발(御制重刻古文眞寶後跋)」을 지어 붙였기에, 조선 후기 우리나라에서 더욱 널리 읽혀졌다.

효종은 이 글에서 "『고문진보』는 경전에 의거해 말을 세우고 전아한 것에 근거해 세속을 이끌며 문사는 무성하면서도 전아하고 대의는 완곡하면서도 분명하여, 조리가 밝게 빛나는 것이 정렬(井列)처럼 분명하여 볼만하지 않은 것이 없다"고 하였다. 강회중이 그러한 가치를 230여 년 전에 발견하여 이 책을 간행하였다.

전녹생이 간행한 뒤에 여러 명의 관찰사가 충청도에 부임했지만, 손자 전예(田藝)가 '강회중이라면 이 책의 가치를 알고 다시 간행할 것'이라고 생각하여 가져다 보여 주었다. 강회중이 발문 첫 줄을 "이 책에 실린 시와 문장들은 선유(先儒)들이 고아(古雅)한 것을 정선(精選)하여 뽑아낸 것으로, 배우는 이들이 모범으로 삼을 글들이다."라고 쓴 것처럼, 그는 이 책을 보자말자 관찰사의 눈으로 '학생들에게 훌륭한 교재가 될 만하다'고 판단했다.

전녹생은 『고문진보』가 원나라에서 간행된 지 얼마 되지 않은 시기에 중국 서점에서 발견하여 구입하여 국내에 가져왔고 간행했으며, 강회중은 원본과 합포본을 비교하여 원본을 중심으로 관찰사 자신의 발문을 붙여 간행하여 문인과 학생들에게 널리 소개하였다. 국가에서 『고문진보』를 간행한 것은 안평대군이 쓰고 단종 즉위년(1452)에 간행한 것이 처음이었으니, 30여 년 동안은 강회중이 간행하게 했던 옥천본만이 유통되어 문인들의 글공부에 큰 도움을 주고, 나라에서도 간행할 필요를 느꼈을 것이다.

참고삼아 우리나라에서 가장 오래된 옥천본(1420) 『고문진보』에 실렸던 강회중의 발문을 소개한다.

국립중앙도서관 소장본의 글자가 제대로 보이지 않고 제목도 없으므로, 『야은일고』에 실린 문장을 원본과 대조하면서 번역하였다. 강회중이 발문을 경자년 맹동에 썼다고 했으니 1420년 10월이다. 그런데 강회중은 1419년 12월 7일 충청도 관찰사로 부임했다가, 이듬해인 1420년 1월 24일 군적 조사 관계로 조정에 불려왔으며, 같은 해 윤1월 29일에는 공조 참판으로 정사에 참여하였다. 발문을 지은 시기는 경자년 맹춘(1월)이라야 맞다. 김종직의 「상설 고문진보대전 발(詳說古文眞

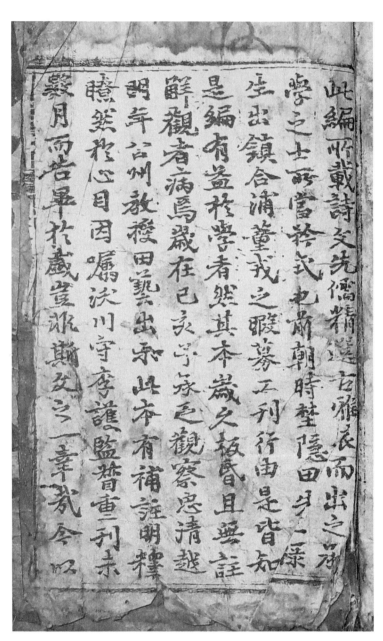

강회중이 지은 발문 첫 장(국립중앙도서관 소장)

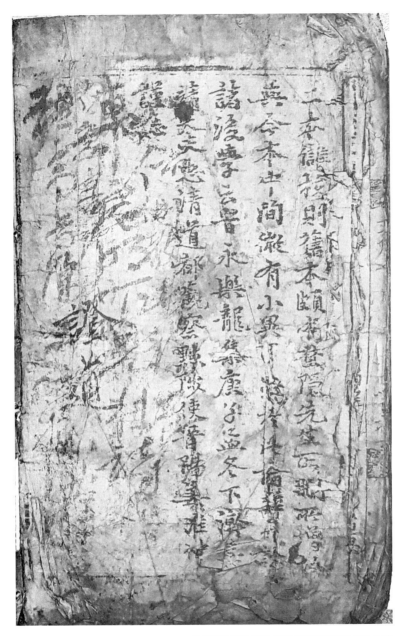

강회중이 지은 발문 둘째 장(국립중앙도서관 소장)

寶大全跋)」에 "야은 전선생이 가장 먼저 합포에서 간행하였고, 그 뒤에 관성에서 이어 간행했다"고 쓴 기록을 보고 전녹생이 합포와 관성에서 두 차례 간행했다고 소개한 논문이 있지만, 관성은 옥천의 옛이름이니 강회중이 옥천 군수 이호에게 간행을 부탁했던 판본을 가리킨다.

큰 글자로 여러 학자의 전(篆)과 해(解)를 덧붙인 선본 『고문진보』 발문

이 책에 실린 시와 문장들은 선유(先儒)들이 고아(古雅)한 글을 정선(精選)하여 뽑아낸 것이니, 배우는 이들이 모범으로 삼을 글들이다.

전 왕조인 고려 때에 야은(冶隱) 전녹생(田祿生) 선생이 합포(合浦)에 나가 진수(鎭守)할 때 군사 감독의 여가를 틈타 공장(工匠)을 모아 간행하니, 이후부터 모두 이 책이 배우는 이들에게 유익하다는 것을 알게 되었다. 그러나 그 판본은 오랜 세월이 흘러 판각이 마모되어 희미해졌고 또 주해(註解)가 없어, 보는 이들이 흠으로 여겼다.

기해년(1419)에 내가 충청도 관찰사가 되자 이듬해에 공주 교수(公州敎授) 전예(田藝)가 이 책을 꺼내어 보여 주었는데, 보충한 주석이 분명하여 마음에 쏙 들었다. 곧바로 옥천 군수(沃川郡守) 이호(李護)에게 부탁하여 중간(重刊)을 감독하게 했더니 몇 달이 안 되어 완성되었음을 알려왔다.

아! 이것이 어찌 사문(斯文)의 한 행운이 아니겠는가. 이제 두 본을 대교(對校)해 보니, 구본(舊本)에는 야은 선생이 산삭(刪削)하거나 증보(增補)한 것이 많이 있어 이번 판본과는 중간(中間)에 약간의 차이가 있을 뿐이었다. 내가 이에 그간의 사정을 밝히며 아울러 후학들에게 알린다.

영락(永樂) 용집(龍集) 경자년(1420) 1월 하순에 가정대부(嘉靖大夫) 충청도 도관찰출척사(忠淸道都觀察黜陟使) 진양(晉陽) 강회중(姜淮仲)은 삼가 기록한다.

강회중이 많은 업적을 남기고 세상을 떠난 뒤에 경상도에 사는 후손들이 1817년 상주(尙州)에 경덕사(景德祠)를 세워 제향하였다. 14세손인

경기도 고양시 덕양구 관산동에 있는 통계공 강회중의 묘

응교(應敎) 강세백(姜世白)이 주도하여 세웠으며, 강필효(姜必孝)가 지은
〈경덕사기(景德祠記)〉가 『해은선생유고(海隱先生遺稿)』 속권에 실려 있
다. 경상도 상주의 읍지인 『상산지(商山誌)』에서는 상주의 대표적인 사
당으로 강회중을 모신 경덕사를 첫손에 꼽았다.

사원(祠院)

경덕사(景德祠) : 향교 앞, 봉두촌(鳳頭村) 뒤에 있다. 대제학(大提學)
강회중(姜淮仲)과 대사간(大司諫) 강형(姜詗)을 제향한다. 景德祠 在鄕校
前 鳳頭村後 享大提學姜淮仲 大司諫姜詗

경덕사는 1817년 지금의 자리로 옮겨 지은 뒤 여러 차례 후손들이
정성스럽게 중건하였다. 1977년 봉강서원(鳳崗書院)으로 승격하여 통
계공의 덕을 기리며 후손들의 정신적인 지주가 되었다.

강형(姜詗)의 아내 김씨부인은『신증동국여지승람』권3「한성부 열녀」조에 열녀로 소개되어 있다.

『상산지』에 강회중 사당 경덕사를 첫 항목에 소개하였다.

봉강서원(김홍길 사진)

강형 처 열녀 선산김씨 정려(김홍길 사진)

『신속삼강행실도』「김씨불식」 제목 아래 음식을 먹지 못하는 김씨 부인과 정문이 그려져 있다.

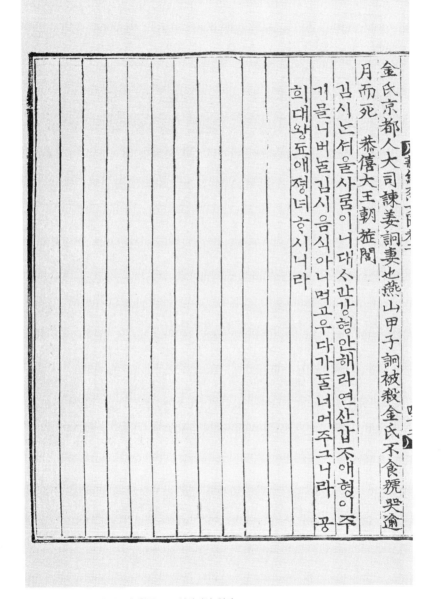

金氏京都人大司諫姜詞妻也燕山甲子詞被殺金氏不食靧哭逾月而死 恭僖大王朝㫌閭

김시는셔을사룸이니대스간강힝안해라연산갑즈애형이쥬
거믈니버놀김시음식아니먹고우다가돌녀머주그니라 공
희대왕됴애졍녀하시니라

김씨 부인의 절행이 언문과 한문으로 설명되어 있다.

김씨(金氏) : 대사간 강형(姜詗)의 아내이다. 연산조 갑자년(1504)에 형(詗)이 살해되니, 김씨가 제대로 먹지 않고 울부짖으며 곡하다가 한 달이 넘어서 세상을 떠났다. 지금 임금(중종) 2년(1507)에 정문을 세워 표창하였다.

강형의 아내 김씨부인은 처형당한 남편의 죽음을 슬퍼하여 밥도 먹지 않으며 통곡하다가 죽었다. 중종반종 뒤에 정문이 세워진 사연이 『신속삼강행실도』에도 실려, 언문 설명과 함께 그림으로도 그려져 널리 전해졌다. 언문을 요즘 철자법으로 옮겨 보면 다음과 같다.

김씨불식(金氏不食)

김씨는 서울 사람이니, 대사간 강형의 아내라. 연산 갑자(년)에 형(詗)이 죽음을 입거늘 김씨 음식 아니 먹고 울다가 달 넘어 죽으니라. 공희대왕 조에 정려 하시니라. 金氏, 京都人, 大司諫姜詗妻也。燕山甲子, 詗被殺, 金氏不食號哭, 逾月而死。恭僖大王朝旌閭。

강형(姜詗)은 통계공의 맏아들 안수(安壽)의 증손자이니, 강징에게는 재당질이다. 조선 전기 한성부의 대표적인 열녀들이 강징의 외가와 친가에서 나왔으니, 강징은 어려서부터 집안에서 보고 듣는 것이 모두 공부였다고 할 수 있다.

4. 시련을 당하면서도 후손들에게 기반을 만들어 준 강안복의 아홉 아들

통계공 강회중의 아들은 안수(安壽), 안복(安福), 안명(安命)의 3형제이다. 강안수는 예빈시(禮賓寺) 소윤(少尹)을 지내고, 손자 반성위(班城尉) 자순(子順)의 공적으로 가정대부 호조 참판에 증직되었다. 강안복은 주부(主簿) 재임 중에 좌익원종공신(佐翼原從功臣) 3등에 녹훈되고, 형조 정랑을 역임하였으며, 손자 징(澂)이 귀하게 되어 병조참판에 추증되었다. 강안명은 효성이 지극하여 1450년 효자 정려를 내렸다.

강안복의 자손이 가장 번성하여 이(利)자 항렬의 아홉 아들을 남들이 구리파(九利派)라고 부르며 부러워하였다. 그러나 연산군 치세에 바른말을 하다가 상당수가 유배되고 사형당하거나 종이 될 정도로 풍비박산된 시기가 있었다.

예종(睿宗)이 즉위한 뒤에 유자광이 남이(南怡) 장군 옥사(獄事)를 일으키자, 그 화가 방금 군위(軍威) 현감에 임명된 4남 이경(利敬)에게까지 미쳤다. 남이 장군과 계를 맺고 함께 활을 쏘았다는 것이 죄였다. 예종이 의금부에 전지를 내려 강이경을 처참(處斬)하고 가산(家産)을 적몰(籍沒)하였다.

그러나 형벌이 강이경 한 사람에게 그치지 않았다. "처참(處斬)한 자의 부자(父子)·처첩(妻妾)·손자·형제·숙질(叔姪) 등은 모두 다 안치하라."는 왕명이 『예종실록』 즉위년(1468) 10월 28일 기사에 실린 것처럼, 8형제가 모두 유배되었다.

강안복의 남은 아들 8형제는 성종이 즉위하면서 의금부(義禁府)에 전지하여, 유배지에서 풀려났다. 형제 한 사람이 활을 쏜 죄로 나머지

강징의 할아버지 강안복의 묘가 경기도 양주시 장흥면 부곡리에 있다.

할머니 인천이씨의 묘는 고양시 덕양구 오금동에 따로 있다.

8형제가 모두 유배된 것은 억울하기 때문이다.

좌승지(左承旨) 윤계겸(尹繼謙)에게 내려 준 강이경(姜利敬 4남)의 아내 말비(末非), 말비가 보수한 아들 강금정(康今丁), 딸 강알금(姜謁今)·강세금(姜世今), 신씨(愼氏)가 보수한 강이경의 딸 강종금(姜終今), 해남(海南)에 안치한 강이찬(姜利讚 1남)·강이온(姜利溫 8남), 김효진(金孝震)이 보수한 강명중(姜命重), 영암(靈巖)에 안치한 강이인(姜利仁 2남)·강이순(姜利順 5남), 순천(順天)에 안치한 강이성(姜利誠 3남), 사천(泗川)에 안치한 강이흥(姜利興 7남)·강이공(姜利恭 9남)·강이행(姜利行 6남), 하동(河東)에 종[奴]이 된 윤말손(尹末孫), 거제(巨濟) 관비(官婢)로 정속(定屬)한 춘비(春非), 전주(全州)에 주접(住接)하는 어미가 보수한 난생(卵生), 호비(戶婢) 석비(石非)가 보수한 억정(億丁)·만정(萬丁), 영암에 안치한 허씨(許氏)가 보수한 연동(連同), 나주(羅州)에 안치한 조치(趙治)·조맹근(趙孟根)·조계근(趙季根), 한산(韓山)에 충군(充軍)한 이계명(李季明), 평산(平山)에 종이 된 경유공(慶由恭), 해남에 종이 된 김효조(金孝祖), 순천에 부처한 조철산(趙哲山) 등을 놓아 보내라." -『성종실록』1년(1470) 4월 15일

강징의 아버지 강이행은 경상도 사천에 안치되었다가 풀려났는데, 이때 5세 되던 강징이 어디에 있었는지는 확실치 않다. 예종이 "강이경의 형제·숙질(叔姪) 등을 모두 다 안치하라"고 명했지만, 당시 3세였던 강징까지 사천에 유배되었다는 기록은 보이지 않는다.

강이행 형제들이 풀려난 지 7일 뒤에 사간원 정언(司諫院正言) 여호(呂箎)가 "강이경(姜利敬)은 큰 죄를 범하여 베어 죽였는데, 지금 갑자기 동산(同産) 형제를 석방하니, 모두 불가합니다."라고 반대하였다. 그러자 대비(大妃)가 전지하였다. "강이경의 동산(同産)들은 나의 족친(族親)이므로 석방한 것이다. 이것은 예전 예가 있다." 대비가 강이경의 아들들을 편들어 준 이유는 이십여 년 뒤에 밝혀졌다.

난신(亂臣) 강이경(姜利敬)의 아들 강한(姜漢)이 정희왕후(貞熹王后)의 육촌친(六寸親)으로서 상서(上書)하여 벼슬길에 통하는 것을 허가하여 주기를 청하니 (줄임) 허락하였다. -『성종실록』24년(1493) 5월 16일

강이경(姜利敬) 형제들은 세월이 지나면서 하나씩 복권되었다. 장남 강이찬과 9남 강이공 등은 풀려난 지 3년 뒤인 1473년에 상언하자 충찬위(忠贊衛)에 소속시키기를 허락하였고, 1477에 생원시(生員試)에 나아가 입격(入格)하였다. 그러나 제대로 시험공부를 할 기회를 놓쳐, 당대에 크게 영달하기가 힘들었다.

연산군이 말년에 자신의 명을 거역하지 못하게 승명패(承命牌)를 만들고는, 백관들에게 협박하였다.

중관(中官)으로서 왕명을 받든 자가 명을 받은 아패(牙牌)를 차고 나가면 대소 인원이 말을 탄 채 지나지 못한다. 만일 중관이 공역(工役)을 감독하는 곳이면 삼정승이라도 말탄 채 지나지 못한다.

또 '승명외관(承命外官)' 네 글자를 패에 새겨 대궐로 들여오라. 지금 위를 업신여기는 풍습이 있기 때문에 내관(內官)이나 하관(下官)이 명을 받아 나가도 사람들이 보기를 심상하게 하고, 말탄 채 지나니, 이는 인군의 명을 욕보이는 것이다. 만일 이 패를 가지면 모두 (나의) 명을 받은 사람으로 알 것이다.

외방관원 승명패는 임사홍이 글씨를 써서 나눠 주었다. 승명패를 어겼다고 해서 본보기로 처형당한 신하가 바로 강징의 숙부인 8남 이온(利溫)이다. 승명패 지닌 사람 앞을 말 타고 지나간 죄였다. 연산군이 "승명패(承命牌)도 범할 수 없다는 것은 이미 법을 세웠으니, 중한 벌에 처하는 것이 어떠할까?" 물으니, 정승들이 아뢰기를, "알면서 고의로 범한 자는 중한 벌에 처하는 것이 지당합니다." 하였다.

살리기를 좋아하고 죽이기를 싫어함은 인군의 일인데, 내가 어찌 중한 벌 쓰기를 즐기겠는가. 중국에서도 우리나라를 '예의의 나라'라고 하는데, 아직도 이와 같이 윗사람을 능멸하는 풍습이 있으니, 중국에서 우리나라를 어떻게 보겠는가? 이에 중한 벌에 처하여, 여러 사람들로 하여금 두려워할 줄 알게 하고 윗사람을 능멸하는 풍습을 끊게 하는 것이다.

연산군은 죽이기를 싫어하는 임금이었지만, 예의를 지키는 나라에서 승명패 앞에 말 타고 지나가는 자가 있으면 중국에서 우리나라를 멸시할 테니 죽일 수밖에 없다고 하였다. 이튿날 강이온의 목을 베고, 길거리에 목을 내걸어 백관들이 보게 하였다. 강이온의 참수(斬首)와 효수(梟首) 사실을 기록한 사관이 두어 줄 더 기록하였다.

이 뒤부터 승명패(承命牌)를 만나면, 비록 어린아이들이라도 모두 길 왼쪽에 엎드리고, 말 탄 부녀가 또한 더러 놀라 떨어지기도 하며, 여리(閭里)를 터는 도둑이 '승명'이 온다고 외치면 사람들이 모두 손을 거두고 감히 겨루지 못하므로, 이때 사람들이 '승명' 한 사람을 만나면 '시랑(豺狼)'이 온다고 하였으니, 그 발음도 서로 같고 해독도 같았기 때문이다. -『연산군일기』 10년(1504) 9월 11일

강징의 아버지 이행(利行)은 9리파 가운데 6남인데, 유배지에서 풀려난 뒤에도 벼슬길에 제대로 오르지 못했다. 충무위(忠武衛) 부사맹(副司猛 종8품) 군직을 받았다가, 아들 징이 현달하여 이조판서(정2품)에 증직되었다. 모친 인천이씨의 묘 아래에 묘를 정하였는데, 명당이어서 후손이 번창하고 대대로 큰 인물이 많이 난다고 한다. 강안복의 아홉 아들이 큰 시련을 겪었지만, 늦게나마 벼슬길에 복귀하면서 강징이 관원으로 나설 기반이 복원되었다.

고양시 덕양구 오금동에 있는 강징의 부모 강이행과 양천허씨 묘

일산 마두역 앞에 강촌공원이 조성되고, 진주강씨 통계공파 집성촌이어서 강촌(姜村)이라 불렸다는 설명이 새겨져 있다.

2장

어머니와 외삼촌들의 교육을 받아
왕의 스승이 되다

강징은 통정 강회백과 통계 강회중으로부터 인재 강희안, 사숙재 강희맹으로 이어지는 친가 진주강씨의 문장과 인맥뿐만 아니라, 허종(許琮, 1434~1494)과 허침(許琛, 1444~1505)으로 대표되는 외가 양천허씨의 문장과 인맥을 아울러 이어받아 성장하였다. 당대 최고 문벌이었던 두 집안의 가르침을 아울러 받은 것이다.

진주강씨의 외손인 미수(眉叟) 허목(許穆, 1595~1682)이 허적(許𥛠)의 시집인 『수색집(水色集)』에 발문을 쓰며, 허씨 선조 가운데 대표적인 문장가를 몇 사람 꼽았다.

우리 공암(孔巖)의 종족으로는 문경공(文敬公)의 자손 중에 재주 있고 학식이 뛰어난 사람이 많다고 일컬어져 왔다. 고려 말에는 문정공(文正公) 과 판전리공(判典理公)이 가장 저명하였고, 우리 조선의 치평(治平) 시대 에 이르러서는 충정공(忠貞公)과 문정공(文貞公)이 뒤를 이었으며, 근대에 는 초당(草堂)과 하곡(荷谷)의 집안에 기이한 인재가 많았다.

충정공이 허종(許琮)이고, 문정공이 허침(許琛)이다. 초당과 하곡의 집안이란 허목이 살던 당대에 대표적인 문벌(文閥)인 초당 허엽, 악록 허성, 하곡 허봉, 난설헌 허초희, 교산 허균의 오문장가 집안을 가리킨다. 강징은 양천허씨의 대표적인 문장가 허종과 허침 형제로부터 가르침을 받게 된 것이다.

1. 딸들이 슬기로웠던 양천허씨 외가

진양강씨 족보에 강징의 어머니는 "증 정부인 양천허씨 군수 증 영의정 양천부원군 손(蓀)의 딸"로만 기록되어 있고 묘갈명 하나 남아 있지 않다. 허손(許蓀, 1412~1466)의 자녀 가운데 허종, 허침과 함께 이들의 누님인 맏딸과 관련되어 친정과 각종 지리지(地理志), 야사(野史)에 백세할머니의 전설이 널리 전한다.

현재 전하는 기록 가운데 가장 자세한 기록은 교산(蛟山) 허균(許筠)의 문집인 『성소부부고』 권23 「성옹지소록(惺翁識小錄上) 중」에 실린 기사이다.

충정공(忠貞公) 허종(許琮)과 문정공(文貞公) 허침(許琛)은 두 형제가 다 정승이 되었고 덕업(德業)도 모두 현저하였으니, 우리나라에서 전에 없던 일이다. 그분들의 누님도 문행(文行)과 식감(識鑑)이 있었고 백 세나 살았으므로, 우리 문중에서는 지금까지 '백세 할머니'라고 부른다. 두 형제가 누님을 매우 공손하게 섬겼고, 조정에 중대한 논의가 있을 때면 두 형제가 반드시 찾아가 의견을 묻곤 했다.

성묘(成廟 성종)가 윤비(尹妃)를 폐위하려 할 때에 두 형제가 누님에게 자문을 구하니, "아들이 동궁(東宮)으로 있는데, 그 어미를 죄 주고서 어찌 국가가 편안히 탈이 없겠느냐?" 하였다. 그리하여 충정공은 병을 핑계로 논의에 참석하지 않았고, 문정공은 왕의 생각과 의논을 달리하여 벼슬에서 갈렸다.

그 후 폐주(廢主 연산군)가 황란(荒亂)해져서 '윤비(尹妃)의 폐위가 마땅하다.'고 논의한 자는 다 죽였는데 문정공이 홀로 면하니, 사람들이 모두 그 누님의 뛰어난 식견에 탄복하였다.

두 형제가 누님의 충고를 받아들이는 방법이 달랐는데, 형은 병을 핑계 대고 참석치 않았으며, 동생은 동궁을 위해 폐비할 수 없다고 반대하다가 좌천당했다. 허균은 허종이 병을 핑계 대고 회의에 참석하지 않았다고만 기록했는데, 후대 기록에는 허종이 종침교를 지나다가 다리에서 떨어져 다쳤으므로 회의에 참석치 못했다고 구체적인 이유를 들었다.

허종이 살던 집이 어디에 있었기에 경복궁으로 출근하다가 종침교를 지나게 되었을까? 조선 후기의 종합인문지리서인 『동국여지비고(東國輿地備考)』 제2편 「한성부 북부」 편에 그들 형제가 살았던 집, 즉 강징의 외가가 소개되어 있다.

> 허종(許琮)의 집이 인달방(仁達坊) 사직단(社稷壇) 앞 길가에 있었다. ○ 종(琮)이 일찍이 상중(喪中)에 있었는데 성종(成宗)이 사직단에 일이 있어서 갔다가 돌아올 때에 종의 집에 들러서 그가 있는지 없는지를 물었다. 당시에 이 말을 들은 사람 가운데 감격하고 분발하지 않는 이가 없었다. ○ 종이 그때 아우 침(琛)과 함께 살았으므로 그 집 앞의 다리를 종침교(琮琛橋)라고 부른다.

이 기사에는 두 가지 이야기가 실려 있다. 성종이 사직단 앞에 있던

그의 집에 찾아간 적이 있을 정
도로 신임했다는 이야기와 그
집 앞의 다리를 형제 이름을 따
서 종침교(琮琛橋)라고 불렀다
는 이야기이다.

『동국여지비고』 같은 지리
지에는 형제의 이름을 따서 종
침교(琮琛橋)라고 적혀 있지만,

세종문화회관 모퉁이에 종침교 표석이 세워져 있다.

민간에서는 "허종이 떨어진 다리"라는 뜻으로 종침교(琮沈橋)라고도 표
기하였다. 그래서 다산 정약용은 『문헌비고(文獻備考)』의 잘못을 바로
잡는 글에서 "'2호는 남쪽으로 흘러 금청교와 종침교를 지난다.[二號,
南流經禁淸橋·琮沈橋.]'고 했는데, 내 생각에는 허종과 허침이 이 다리에
이르러 말에서 떨어진 것으로 다리 이름을 삼았으니 '침(沈)'자는 마땅
히 '침(琛)'자로 써야 한다.[案許琮·許琛, 至此橋墜馬, 因以名橋, 沈當作琛.]"
고 수정 의견을 냈다.

강징의 이모인 백세할머니의 전기를 좌의정을 지낸 유언호(兪彦鎬,
1730~1796)가 「백세부인전(百歲夫人傳)」이라는 제목으로 지어 후세에 전
하였다. 그 첫 부분은 이렇게 시작된다.

백세부인(百歲夫人)은 양천(陽川) 허손(許蓀)의 딸로, 평산(平山) 신영
석(申永錫)의 아내이다. 그의 수명이 103세나 되었으므로, 세상 사람들이
백세부인이라 불렀다.
부인에게 종(琮)과 침(琛)이라는 아우가 있었는데, 누이와 아우들이 아
래 위에 살았다. 그 집이 한양성 서북쪽에 있었는데, 두 집안이 당시에
저명한 성씨였으므로 나라 사람들이 그 동네를 신허동(申許術)이라 불렀

으니, 바로 지금의 사직동(社稷衕)이다.

百歲夫人。陽川許薞之女。平山申永錫之妻也。以其壽百有三歲。世稱
百歲夫人云。夫人有弟曰琮·琛。姊弟下上。其宅在城西北。以兩家爲時著
姓。國人仍號爲申許衕。卽今之社稷衕也。

허씨부인의 아들 신원(申援)의 재주와 문장이 뛰어나 당시 선비들에
게 추앙받았는데, 안평대군(安平大君)이 친하려 하자 부인이 말렸다.
후에 수양대군이 계유정난을 일으켜 안평대군을 교동으로 유배보냈다
가 사사(賜死)케 하자, 사람들이 부인의 식견에 탄복하였다.

백세할머니의 가장 널리 알려진 전설은 연산군의 생모 윤씨(尹氏)의
폐비 정청(庭請)에 관한 이야기이다. 여러 야사(野史)에 조금씩 다른 이
야기가 전하는데, 유언호는 「백세부인전」에서 백세할머니가 아우 허
침이 정청에 참여하지 못하게 붙들었다고 한다. 이 형제들이 누님을
어머니처럼 여겨 조정에 나아갈 때마다 누님을 찾아와 문안드렸는데,
마침 허침이 감형(監刑)을 맡은 직책에 있었으므로 백세할머니가 억지
로 서너 차례나 시간을 끌어 다른 사람이 그 직책을 대신하게 하였다.
동생이 억지로 붙든 이유를 묻자, "국모를 죽게 하고서 그 아들이 왕이
된 뒤에 후환이 없을 수 있겠느냐?"고 설명했다고 한다.

남편 신영석의 이름은 『중종실록』 22년(1527) 9월 17일 기사에 한
번 보인다.

신영석(申永錫)의 아내 허씨(許氏)의 상언(上言)을 정원에 내리면서 이
르기를, "이줄(李苗)은 반정(反正) 초기에 무반(武班)으로서 잘못된 말이
있어서 죄를 입은 것은 조정이 다 알고 있다. 이제 이미 나이가 늙고 귀양
간 지도 또한 20년이 되었으니 관대하게 놓아주는 것이 어떻겠는가? 대신

에 수의하라." 하니, 대신이 의논하여 아뢰었다.

　"이줄이 당초에 조정을 요란하게 하고자 하였는데 납교(納交) 당시의 뜻은 알 수 없습니다. 귀양 간 지가 이미 오래고 그 나이도 또한 죽음이 임박하였으니 오직 위에서 재단(裁斷)하는 데 달렸습니다."

　(왕이) '놓아주라.' 전교하였다.

　이 기사의 앞에 허씨 부인의 이름이 나오지 않아 그 배경을 알 수 없지만, 이줄(李茁)이 중종반정 초기에 말을 잘못해 20년 유배되어 있었는데, 허씨 부인이 왕에게 "이제는 관대하게 놓아 달라"고 청하여, 왕이 승정원에 의견을 물었다는 것이다. 결국 이줄은 풀려났는데, 이제는 용서받을 때가 되었는데도 다들 잊고 있던 사람을 허씨 부인이 살려냈다는 뜻이다 왕조실록에 남편 신영석이나 아들 신원의 행적이 보이지 않는데, 벼슬도 없는 허씨 부인의 호소가 왕에게 전해지고 왕도 그 호소를 들어주었으니, 중종도 허종 허침 형제의 누님이 현명하다는 사실을 알고 있었음이 분명하다.

2. 행장을 대신한 큰 외삼촌 허종의 졸기

　강징의 큰 외삼촌 허종의 생애와 인품을 가장 객관적으로 보여준 기록은 『성종실록』 25년(1494) 2월 14일 기사에 실린 졸기(卒記)이다. 사관(史官)이 재상의 한평생을 평가한 기록이니 허위나 과장이 있을 수 없다.

　　우의정(右議政) 허종(許琮)이 졸하니, 철조(輟朝)·사부(賜賻)·조제(弔

祭) · 예장(禮葬)을 예와 같이 하였다.

허종의 자(字)는 종경(宗卿)이니, 고려(高麗) 시중(侍中) 허공(許珙)의 후손이다. 심지와 기질이 침중하고 원대하였다. 젊어서 벗과 더불어 같이 지내고 있는데, 도둑이 들어 의복과 신을 다 가지고 갔으므로, 모든 사람들이 다들 원망했지만, 허종은 기꺼운 양으로 조금도 이에 개의치 않았다.

경태(景泰) 병자년(1456)에 생원시(生員試)에 합격하였고, 천순(天順) 정축년(1457)에 문과(文科)에 제3위로 합격하여 처음에 의영고 직장(義盈庫直長 종7품)에 제수되어 세자 우정자(世子右正字)를 겸임하였다.

기묘년(1459)에 통례문 봉례랑(通禮門奉禮郎)과 지제교(知製敎)에 제수되었다. 세조(世祖)가 일찍이 천문을 익히도록 명하였는데, 이때 마침 일식(日食)이 일어난 것을 보고 허종이 그 식분(食分)을 추산(推算)하여 올리고, 아울러 소(疏)를 올렸다. 이단(異端)을 배척하고 언로를 열어 주며, 유전(遊畋)을 절제하고 경연(經筵)에 임어할 것 등의 일을 개진(開陳)하였는데, 그 말이 매우 강직하였다.

(세조가) 명하여 불려 들어가매 힐책하기를, "십순(十旬)을 돌아가지 않았거나 면(麪)으로 희생[牲]을 대신하는 따위의 내 과실이 없거늘, 네가 하(夏)의 태강(太康)과 양(梁)의 무제(武帝)를 나에게 비유하는 것은 무슨 까닭이냐?" 하고 거짓 위엄과 노기를 가하면서 상투를 잡고 끌어내리어 곤장을 치도록 명하는데도 허종이 조금도 두려워하는 빛이 없었고, 어긋남 없이 응대하였다. 임금이 말하기를, "참으로 장사(壯士)로다." 하고, 드디어 잔을 올리라 명하니, 그 진퇴하는 동작이 옹용(雍容)하므로, 갑자기 겸선전관(兼宣傳官)을 제수하였다. 세조가 여러 명신에게 나누어 주어 불경을 읽게 하면서 말하기를, "허종은 불도를 좋아하지 않으니 주지 말라." 고 한 적도 있었다.

경진년(1460)에 평안도 도절제사 도사(平安道都節制使都事 종5품)에 제수되고, 신사년(1461)에 형조 도관 좌랑(刑曹都官佐郎 정6품)에 제수되었으며, 임오년(1462)에는 함길도 관찰사 도사(咸吉道觀察使都事)에 제수되었다가 갈리어 정언(正言 정6품)이 되었다.

계미년(1463)에 지평(持平 정5품)에 제수되었다가 성균 직강(成均直講 종5품)으로 옮겨 예문 응교(藝文應敎 정4품)를 겸임하였고, 갑신년(1464)에 사예(司藝 정4품)로 승진되었다. 이때 한명회(韓明澮)가 평안도 순찰사(平安道巡察使)가 되어 허종을 종사관으로 삼았는데, 일이 있을 때마다 임금에게 품지(稟旨)를 받아야 했으므로 반드시 허종을 보내곤 했다. 이해 겨울에 승정원 동부승지(承政院同副承旨 정3품)에 발탁 제수되었다.

성화(成化) 을유년(1465) 가선대부(嘉善大夫 종2품)에 승진하여 함길도 절도사(咸吉道節度使 종2품)에 제수되었다. 병술(1466)년 봄에 부친상(父親喪)을 당하여 강효문(康孝文)으로 대체하였는데, 정해년(1467)에 이시애(李施愛)가 강효문을 죽이고 반란을 일으키자 기복(起復)하여 다시 절도사가 되었다. 반적(叛賊)을 평정하고 나서 허종이 종용히 진정시켜 북방이 안정을 되찾자, 정충출기포의적개공신(精忠出氣布義敵愾功臣)의 칭호를 내리고 숭정대부(崇政大夫 종1품)에 가자(加資)하여 양천군(陽川君)에 봉(封)하였다.

무자년(1477)에 모친의 병으로 소환되고, 기축(1478)년에 평안도 관찰사(平安道觀察使 종2품)가 되었다가 몇 달 만에 다시 불러 돌아와서 바로 대사헌(大司憲 종2품)이 되었다. 장영기(張永奇)란 도적이 전라도에서 일어나니 허종을 절도사로 삼아 적(賊)을 사로잡았으며, 소환된 지 얼마 안되어 병조 판서(兵曹判書 정2품)에 제수되었다.

신묘년(1480)에 순성좌리공신(純誠佐理功臣)의 칭호를 내렸고, 정유년(1486)에 예조 판서(禮曹判書)가 되었다. 이 해에 건주 야인(建州野人)이 요동(遼東)을 침범해 들어가니, 허종에게 명하여 평안도를 순찰케 하였다. 겨울에 의정부 우참찬(議政府右參贊 정2품)에 제수되어 바로 좌참찬에 승진되었다.

무술년(1487)에 임금이 장차 왕비를 폐하려고 하는데도 아무도 감히 말하지 못하였는데, 유독 허종이 한(漢)나라 광무(光武)와 송(宋)나라 인종(仁宗)의 과실을 들어 그 불가함을 극력 진달하니, 임금의 마음이 풀렸다. 이해 가을에 조모상(祖母喪)을 당하였는데, 경자년(1489)에 기복(起復)되어 평안도 순찰사(平安道巡察使)가 되었고, 신축년(1490)에 호조 판서(戶曹判書)에 제수되었다. 임인년(1491)에 의정부 우찬성(議政府右贊成 종1품)에 승진되고 계묘년(1492)에 세자 이사(世子貳師)를 겸하였다.

을사년(1494)에 모친상(母親喪)을 당하였고, 정미년(1496) 가을에 이조 판서(吏曹判書)에 제수되었다. 무신년(1497) (명나라) 한림 시강(翰林侍講) 동월(董越)과 급사중(給事中) 왕창(王敞)이 조서(詔書)를 받들고 왔는데, 허종이 원접사(遠接使)가 되어 응대와 주선이 절도에 맞으므로, 두 사신이 존경하고 감복하였다. 작별하게 되자 눈물까지 흘리면서 말하기를, "공(公)이 일찍 북경에 조회하러 와서 중국 조정으로 하여금 해외에도 이런 인물이 있음을 알게 하기를 바랍니다. 하늘 위에는 몰라도 인간(人間)에는 둘도 없을 것입니다." 하였다. 가을에 병조 판서로 옮겨 곧 숭록대부(崇祿大夫)에 가자(加資)되었다.

기유년(1498) 영안도(永安道)에 와언(訛言)이 돌아 인심이 불안하자, 허종을 명하여 관찰사로 삼고 보국숭록대부(輔國崇祿大夫 정1품)에 승진시켰다. 신해년(1500)에 임기가 차서 마땅히 체임(遞任)되어야 할 터인데, 장차 니마거(尼麻車)를 정벌하려 하므로 그대로 유임하고 있다가, 역마(驛馬)를 타고 들어와 뵙기를 명하여 임금 면전에서 그 방략(方略)을 진달하니 드디어 북정도원수(北征都元帥)로 삼았다.

허종이 명을 받고 돌아가 각 부서(部署)에 여러 장수들을 배치하여 오랑캐의 부락에 다다르니, 오랑캐들이 두려워하여 모두 도망하므로 드디어 그들의 집과 여막을 모조리 불사르고 돌아왔다. 임금이 도승지 정경조(鄭敬祖)를 보내어 선온(宣醞)을 가지고 가서 영접해 위로하게 하였다.

임자(1501)년에 대광보국숭록대부(大匡輔國崇祿大夫) 의정부 우의정에 진계(進階)되었는데, 이에 이르러 병이 위독함을 듣고 임금이 중관(中官) 안중경(安仲敬)을 보내어 뒷일을 물었다. 허종이 이미 위중하여 눈을 뜨고 목구멍 소리로 말하기를, "원컨대 전하께서는 종말을 삼가기를 처음같이 하소서." 할 뿐이었다. 향년이 61세였다. 시호를 충정(忠貞)이라 하였으니, 임금을 섬기되 신절(臣節)을 다함을 충(忠)이라 하고, 곧은 도(道)를 동요하지 않음을 정(貞)이라 한다.

사신은 논한다. 허종은 성품이 관후(寬厚) 간중(簡重)하고 자태와 의표가 빼어나고 위연(偉然)하였으며, 수염 또한 아름다워서 바라보는 자 누구나 그가 대인 군자(大人君子)임을 알았다. 아무리 창졸간이라 해도 조급한 말이나 장황한 안색을 짓지 않았으며, 일에 임하여는 임금의 희로(喜怒)에 의해 끌려가지 않고 확고한 소신대로 하였다. 서적을 널리 보았고 잡예(雜藝)에도 통하였으며, 더욱 성리학에 조예가 깊었다. 평생 산업을 다스리지 않아 거처하는 곳이 좁고 누추한데도 태연하게 지냈다. 문무(文武)의 재능을 겸비하여 장상(將相)으로서 물망이 중하여 그 한 몸이 국가의 경중에 연계되었는데, 북정(北征)의 거조를 당시의 논의가 애석해 하였다.

재상이 서거했다 해도 대부분의 졸기가 몇 줄에 그쳤는데, 허종의 졸기는 몇 장이나 이어져 마치 행장을 지은 듯 자세하다. 그는 그만큼 왕과 조정의 신임을 받은 재상이었다.

3. 중국인들과 한시 창화가 자연스러웠던 허종

명나라 사신 동월(董越)과 왕창(王敞)이 허종과 헤어지며 눈물까지 흘린 것은 응대와 주선이 절도에 맞으므로 존경했기 때문만은 아니고, 그가 중국인만큼 한시를 잘 지어 자연스럽게 의사를 소통했기 때문이다. 그래서 중화사상에 가득찼던 동월도 "해외에도 이런 인물이 있음을 알리고 싶다"고 감탄했던 것이다.

허종(許琮, 1434~1494)이 살던 시기는 대체로 중국 명나라의 경태(景泰), 천순(天順), 성화(成化), 홍치(弘治) 시기에 해당한다. 명나라 태조(太祖) 때에 『홍무정운(洪武正韻)』을 반행(頒行)하였는데, 이 운서는 중국뿐만 아니라 조선에도 큰 영향을 끼쳤다. 세종(世宗)이 『훈민정음(訓民正音)』을 창제한 후, "우리나라는 대대로 중국을 섬겼는데 언어가 통하지 않아 반드시 전역(傳譯)에 의지해야 한다."는 이유로 가장 먼저 『홍무정운』을 번역하게 하였다.

『홍무정운』을 번역했지만 이 책은 한자음을 정확하게 확인할 때에만 필요한 운서(韻書)였으므로, 세종은 신숙주에게 명하여 직접 중국어를 사용하는 역관들을 가르치는 교재 『직해동자습(直解童子習)』을 편찬하게 하였는데, "정음(正音)으로써 한어(漢語)를 번역하여 글자 밑에 작은 글씨로 쓰고, 또 우리말로 그 뜻을 풀이하라."고 하였다.

역관들의 중국어 발음이 정확하지 않았던 이유는 "한음(漢音)을 배우는 사람이 몇 다리를 건너서 전수한 것을 그대로 받아들인 지가 이미 오래이기에 잘못된 것이 퍽 많아, 종(從)으로는 사성(四聲)의 빠르고 느림을 어지럽게 하고, 횡으로는 칠음(七音)의 맑고 흐림을 상실하였기" 때문이다. "게다가 중국의 학자가 옆에 있어 정정해 주는 일도 없기 때문에, 노숙한 선비나 역관으로 평생을 몸 바쳐도 고루한 데 빠지고 말았다."고 성삼문(成三問)은 인식하였다.

어릴 때 『천자문』부터 시작하여 평생 중국의 고전을 공부했지만 정작 중국어는 제대로 하지 못했다는 뜻이다. 『훈민정음』을 창제하는 과정에 성삼문이 명나라 한림학사 황찬(黃瓚)에게 음운을 자문받기 위해 요동(遼東)에 13번이나 다녀왔다는 이야기가 전설처럼 전해지는 것도 그 때문이었다.

『직해동자습(直解童子習)』이 간행되자 성삼문이 서문을 지으며 "이제는 중국인이 옆에 없어도 중국어를 정확하게 발음할 수 있고, 운학(韻學)에도 밝아질 수 있다"고 자신만만하게 선언하였다. 그러나 이 책을 배운다고 해서 실제 운학에 통달할 수 있는지도 확실치 않지만, 이 책은 중국어를 직업으로 삼은 역관들이 배우던 회화책이라 일반 시인들이 시를 지을 때 사용하던 운서와는 관련이 없었다.

조선시대 시인들이 우리말과 성조체계가 전혀 다른 한자의 운(韻)을 전부 암송하는 것은 불가능하기 때문에, 시인들에게 운서는 필수도구였다. 심지어는 과거시험을 볼 때에도 운서를 가지고 들어갔다.

세조는 과거 시험장에 운서를 가지고 들어가지 못하게 명했으며, 명종은 응시자들에게서 압수한 운서를 돌려주라고 명했으니, 과거 시험장에 운서를 가지고 들어가는 것이 얼마나 오랫동안 용인되었는지는 확실치 않지만, 한시를 지을 때에 필수도구라는 점은 분명하다.

시인들 사이에 여러 가지 운서가 통용되는데도 국가에서 다시 운서(韻書)를 편찬하는 이유는 국가시험인 진사시(進士試)의 1차 과목인 과시(科詩)의 채점 기준을 통일하기 위해서였다.

『동국정운(東國正韻)』이 간행되자 예조에서는 당연히 『동국정운』을 과시(科詩)의 채점기준으로 활용하자고 건의하였다. 『동국정운』이 과시의 채점 기준으로 정착되면 당연히 온 나라의 선비들이 시험 준비를 하기 위해서 『동국정운』의 운목(韻目)에 따라 시를 지어야 했다. 그러려면 응시자들이 모두 『동국정운』을 가지고 있어야 했다. 『동국정운』은 5년 전인 1447년에 편찬되어 이미 간행되었지만, 적게 찍어 응시자들이 구입할 수 없었기에 다시 간행하자고 건의한 듯하다. 그러나 이러한 건의는 실현되지 못했다.

『동국정운』은 여전히 응시자들이 구입하기 힘들었고, 성종 때에 와서는 운서 교정에 관한 의견이 나왔으며, 결국 『동국정운』은 실용성이 없어 국가나 시인들이 활용하지 않고 여전히 중국의 『예부운(禮部韻)』

에 따라 시를 지었다.

이러한 현상은 중국도 마찬가지여서, 『해수집(海叟集)』, 『녹피자집(鹿皮子集)』, 『죽거집(竹居集)』 같은 명초(明初)의 일부 시집들은 『홍무정운(洪武正韻)』을 사용하기도 했으나, 『홍무정운』이 명대 시가(詩歌) 성률(聲律)의 기준이 되지는 못하였다. 『사고전서』의 편찬자들이 말한 바와 같이 "결국 명나라가 끝날 때까지 천하에 행해지지 못하였다." 명나라 중기의 교세녕(喬世寧)이 말한 것처럼 "『홍무정운』은 장주(章奏)에서나 사용되었을 뿐, 생도들이 이를 준수하지 않고 학관들도 박정(駁正)하지 않아 … 시인들이 『홍무정운』과 『예부운』을 함께 썼던" 것이다.

한국에 현존하는 『배자예부운략(排字禮部韻略)』, 즉 『예부운』의 최고 판본은 1464년에 간행한 것으로, 성암고서박물관에 소장되어 있다. 이 책은 평성상(平聲上) 15운, 평성하(平聲下) 15운, 상성(上聲) 29운, 거성(去聲) 30운, 입성(入聲) 17운, 모두 106운부(韻部)를 포함하고 있다. 『예부운』의 106부는 조선시대 운서의 표준이 되었다.

허종이 살던 시대의 조선 시인들은 근체시(近體詩)를 지을 때 어떤 운서(韻書)에 의거했을까? 먼저 그 시기에 사용한 운의 표준을 확정해야만 시의 합률(合律) 여부를 확인해볼 수 있고, 그 시의 성취 여부를 평할 수 있다. 그러기 위해서는 명나라 사신과 창화하면서 존경받았던 시인의 경우를 예로 들어 분석해볼 필요가 있다. 중국인과 공식적으로 창화하려면 국가적인 위신을 지키기 위해서라도 엄격하게 격률을 지켜야 했으며, 우리나라 운서가 아니라 중국에서 당시 사용하던 운서에 맞아야 했기 때문이다.

청나라 학자 주이준(朱彝尊, 1629~1709)은 『황화집(皇華集)』에 실린 허종(許琮)의 시를 평하면서 "화답한 시에 당인(唐人)의 풍격이 있다.[繼

和之作綽有唐人風格]"고 하며, 동월(董越)이 허종의 시에 대해 "음률(音律)이 해창(諧暢)하다."고 감탄한 것이 헛된 칭찬이 아니라고 증언하였다.

명나라 효종(孝宗)이 즉위하자 우춘방우서자 겸 한림원시강(右春坊右庶子兼翰林院侍講) 동월(董越)과 공과우급사중(工科右給事中) 왕창(王敞)이 1488년에 조사(詔使)로 조선에 와서 접반사(接伴使) 허종과 창화하였다. '홍치 원년무신반칙 유사(弘治元年戊申頒勅諭使)' 부분은 『황화집(皇華集)』 권10~12에 실려 있는데, 허종의 시가 170수 실려 있다. 그 가운데 14수만 허종 스스로 운(韻)을 선택하여 지은 시이고, 나머지는 모두 명나라 두 사신의 시에 차운(次韻) 화답한 시이다.

접반사(接伴使)가 먼저 운을 정하지 않고 명나라 사신의 시에 차운하는 것이 관례였다. 조선에서 진사시(進士試)에 과시(科詩)를 출제하는 목적이 사대(事大) 응대(應對)의 인물을 육성하는 데에 있었으므로, 문과 출신의 허종은 급박한 상황에서도 운율에 어긋나지 않게 하루에 10여 수씩 명나라 사신의 시에 차운하여 지었다.

창화의 상대방인 동월(董越)로부터 "음률(音律)이 해창(諧暢)하다."는 평을 들었으니, 이때에 사용한 운서가 명나라 사신이 사용한 운서와 같았을 것이다. 그러나 시를 화답하는 현장에서 운서를 들쳐 가며 운목(韻目)을 확인할 수는 없었으므로, 허종의 머릿속에 운서(韻書)의 체계가 완벽하게 기억되고 있어야만 완벽한 차운시가 가능하였다.

『황화집(皇華集)』 권20에 실린 명나라 사신 왕창(王敞)의 시 〈안성관을 지나가며[過安城館] 2〉의 원문은 "屋角桃花片片飛, 天涯誰遣送春歸. 莫言花謝渾無賴, 柳絮池塘綠正肥."인데, 이 시에 쓰인 글자들을 『홍무정운』과 『평수운(平水韻)』의 운에 따라 검증해 보니, 어떤 운서로 검증해보더라도 평측은 모두 "仄仄平平仄仄平, 平平平仄仄平平. 仄平平仄

平平仄, 仄仄平平仄仄平"이며, 칠언절구의 측기식(仄起式) "(仄)仄平平仄仄平, (平)平(仄)仄仄平平. (平)平(仄)仄平平仄, (仄)仄平平仄仄平"에 부합된다. 하지만 『평수운』으로 본다면 이 시는 수구(首句)에서 입운(入韻)하는 칠언절구이고, 『홍무정운』으로 본다면 이 시의 운각(韻脚)은 "귀(歸)", "비(肥)"이며 "회(灰)", "지(支)" 두 운부(韻部)로 분속(分屬)되니 이는 출운(出韻)이다.

허종이 스스로 운을 선택한 시 가운데 〈날마다 모시고 노니 맑은 흥취가 넉넉하였다. 다만 서로 헤어진 지 얼마 안 되어 생각하니 나도 모르게 서글퍼지므로 '등산임수송장귀(登山臨水送將歸)'라는 일곱 글자로 운자를 삼아 내 심정을 담아서 두 대인이 가르침을 구한데 대해 삼가 받들어 올린다[日日陪遊, 淸興足矣. 但相別無幾, 思之不覺悵然. 因以 '登山臨水送將歸'爲韻以寄下情, 謹奉兩大人求敎]〉7이라는 시를 예로 들어 보더라도 위에 설명한 정황과 비슷하다.

> 아득한 연파에 흰 갈매가 날아가니
> 강좌의 풍광이 천하에 으뜸일세.
> 해국의 산천은 보기 어려우니
> 그대 하루도 고향에 돌아갈 생각하지 않은 날이 없으리.
> 煙波渺渺白鷗飛。江左風光天下稀。
> 海國山川難着眼、知公無日不思歸。

이 시도 칠절평기식(七絶平起式)에 부합되며 『평수운』으로 말한다면 "미(微)"운으로 역시 수구(首句)에서 입운(入韻)하였다. 『홍무정운』으로 말한다면 "희(稀)", "귀(歸)"운으로 "지(支)", "회(灰)" 두 운부(韻部)의 출운(出韻)을 사용한 것이 된다.

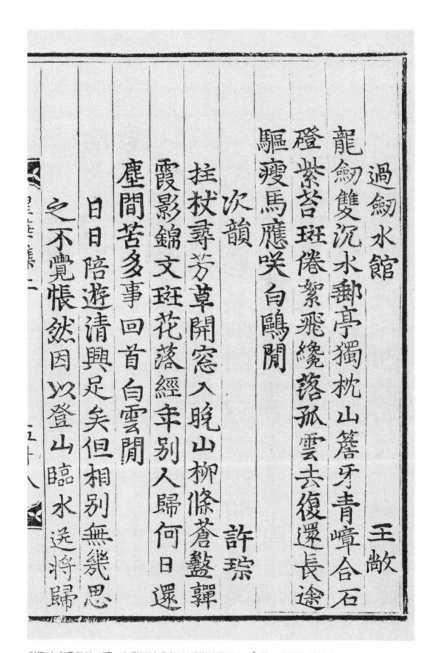

過劍水館　王敞

龍劍雙沉水郵亭獨枕山簷牙合石
磴紫苔斑倦絮飛繞路孤雲去復還長途
驅瘦馬應哭白鷗閒

次韻　許琮

挂杖尋芳草開窓入晚山柳條蒼藍轡
霞影錦文斑花落經年別入歸何日還
塵間苦多事回首白雲閒
日日陪遊清興足矣但相別無幾思
之不覺悵然因以登山臨水送將歸

허종이 차운하여 지은 시 뒷부분에 "日日陪遊淸興足矣…"라는 제목이 실려 있다.

이로 볼 때『황화집』에 실린 동월(董越), 왕창(王敞), 허종(許琮) 세 사람의 창수(唱酬)는『평수운』을 사용한 것이지『홍무정운』을 사용한 것이 아님이 명백하다. 그러나 명나라 사신이 먼저 시를 짓는 자리에서 허종이 운서를 찾아가며 창화한 것이 아니라 곧바로 차운하여 지었으니, 허종은『평수운』의 운목 체계가 중국인처럼 이미 체득(體得)되어 있었음을 알 수 있다.

조선시대 사대부들이 평생 한시를 지으면서도 실수하는 이유를 장유(張維)가『계곡만필(谿谷漫筆)』에서 이렇게 설명하였다.

근체시(近體詩)는 성률(聲律)을 위주로 하는 것이라서 압운(押韻)하는 규정이 몹시 엄격하다. 그래서 방운(旁韻)을 통용하는 것도 율가(律家)에서는 크게 금기(禁忌)로 여기고 있다. 그런 가운데에도 옛사람들의 시를 보면 어쩌다 통운(通韻)한 것이 눈에 띈다. 다시 말하면 동(東)·동(冬)이나 지(支)·미(微), 어(魚)·우(虞), 진(眞)·문(文), 경(庚)·청(靑) 등의 운(韻)은 그래도 서로 통운할 수가 있다는 뜻이니, 그 운의 음(音)이 서로 어울리기 때문이다.

하지만 가(歌)와 마(麻)의 두 운(韻)으로 말하면 중국의 음이 본래부터 동떨어지게 다른데, 우리 동방의 음이 잘못 전해진 탓으로 판별해 내기가 가장 어렵게 되어 있다. 그래서 우리 동방의 시인들이 이 두 개의 운부(韻部)를 으레 통압(通押)하는 경우가 많은데, 정포은(鄭圃隱) 같은 통유(通儒)의 시를 보아도 속습(俗習)을 면치 못하고 있으니, 정말 개탄할 만한 일이다. 나는 일찍부터 이렇게 생각해왔다. "우리 동방의 시편(詩篇)이 이런 금법(禁法)을 범하는 한, 아무리 절창(絶唱)이더라도 결코 선집(選集)에 끼일 수는 없다."[1]

1　張維, 卷一. "近體以聲律爲主, 最嚴於用韻, 故通用旁韻, 爲律家大禁. 古人或間有通韻

한시를 지을 때에 운서를 계속 찾아보면 가(歌)와 마(麻)가 서로 다른 운임을 쉽게 알 수 있지만, 일상적으로 시를 짓다보면 어느 정도 운서의 체계에 익숙해져 일일이 찾지 않게 된다. 그런 상황에서 가(歌)와 마(麻)의 중국 음을 생각하기 전에 우리나라 음가가 먼저 떠올라, 당연히 통압하는 범위로 생각하고 오류를 저질렀다는 설명이다. 이를 보면 우리나라 시인의 통압(通押)은 우리나라의 방음(方音)과 관련이 있으며, 개별적이거나 우연한 상황이 아님을 알 수 있다.

조선 전기의 종합인문지리서인 『신증동국여지승람』 제영(題詠)의 상당수가 동월(董越)과 왕창(王敞)이 지은 글이라는 점을 알고 나면, 그들과 맞서 겨루며 칭찬을 듣고 존경을 받았던 허종의 시가 어느 정도의 수준이었는지 짐작할 수 있다.

허종의 시가 명나라 사신 동월(董越)에게 "음률(音律)이 해창(諧暢)하다."는 칭찬을 듣거나, 『황화집』에 실려 중국에 전해지자 『명시종(明詩綜)』이라든가 『정거당시화(靜居堂詩話)』에 실리고 이백년 뒤 청나라 학자 주이준(朱彝尊)에게서 "화답한 시에 당인(唐人)의 풍격이 있다."고 칭찬들은 것은 당연했다. 강징도 외삼촌 허종에게서 시 짓는 법을 배웠겠지만, 그가 지은 시가 많이 남아 있지 않은 것이 아쉽다.

者, 如東冬, 支微, 魚虞, 眞文, 庚靑等韻, 猶可相通, 以其音叶故也. 若歌麻二韻, 漢音本自逈別, 而東土音訛, 最難辨別. 故我東詩人, 例多通押, 雖以通儒如鄭圃隱, 亦未免俗, 殊可慨也. 愚嘗謂我東篇什犯此禁者, 雖稱高唱, 決不可入選."

4. 작은 외삼촌 허침의 졸기

강징의 작은 외삼촌 허침은 형보다 11년 뒤에 세상을 떠났는데, 그의 졸기는 『연산군일기』 11년(1505) 5월 16일 기사에 실려 있다.

좌의정 허침(許琛)이 졸(卒)하였다.

침의 자(字)는 헌지(獻之)이니, 양천현(陽川縣) 사람이며, 고려의 전리 판서(典理判書) 허금(許錦)의 4세 손이다.

어려서부터 일찍 총명하였고, 이미 자라서는 널리 듣고 잘 기억하여, 경사자집(經史子集)을 훑어보고는 잊은 적이 없었다. 성화 을미년(1475)에 급제하여, 사헌부 감찰(監察 정6품)·성균관 전적(典籍 정6품)을 지냈다.

성종이 문학하는 조사(朝士)를 가려서 사가독서(賜暇讀書)할 적에 침이 첫째로 뽑혔고, 예문관 부수찬(副修撰 종6품)·홍문관 부교리(副校理 종5품)·사헌부 지평(持平 정5품)·병조 정랑(정5품)·지제교(知製敎)에 제수되었다. 임인년(1482)에 진현시(進賢試)에 급제하여 시강원 필선(弼善 정4품)에 제배수되고, 무신년(1488)에 보덕(輔德 종3품)으로 올랐다가 곧 홍문관 직제학(정3품) 겸 예문관 응교(應敎)로 옮겼다. 경술년(1490)에 승정원 동부승지(정3품)에 초수(超授)되어, 전직하여 좌승지에 이르렀다.

임자년(1492)에 전라도 관찰사(종2품)에 특별히 초수되었다가, 경직(京職)으로 돌아와 사헌부 대사헌(大司憲 정2품)이 되고, 예·이·호·형(禮吏戶刑) 4조의 참판(종2품), 경상·경기 두 도의 관찰사를 지냈다. 임술년(1502)에 이조 판서(정2품)에 특별히 초수되고, 계해년(1503)에 의정부 우참찬(右參贊 정2품)으로 옮겼으며, 갑자년(1504)에 발탁되어 우의정(정1품)에 제배되었다가 곧 좌의정으로 올랐다.

공이 늘 임금이 음황(淫荒)하고 정사가 문란한데도 바로잡아 간하지 못함을 근심하더니, 드디어 고질이 되어 병이 위독해지자 약을 들지 않고 '빨리 죽고 싶을 뿐이다.' 하였다. 나이 62세에 죽었다. 문정(文貞)이라 시

호(諡號)하니, 널리 듣고 많이 봄이 문(文)이요 청백하고 수절함이 정(貞)
이다.

공의 성품이 고요하고 욕심이 적으며 단정하고 정중하며 온화하고 순수
하여, 순화(純和)한 기가 얼굴에까지 나타났다. 그러나 그 마음속은 굳세
고 발라서, 일을 대하면 의연하여 범할 수 없었다. 집에 있을 때에는 산업
을 영위하지 않고 오직 종일 글을 읽을 뿐이며, 효성과 우애가 지극한 본성
에 나왔다. 교제도 담박하여 거짓이 없으며, 시문(詩文)을 지으면 고요하
고 간명하였다. 짓기를 좋아하지 않되 지으면 반드시 통속을 벗어났으므
로, 그 덕업과 문장이 형 허종(許琮)과 명성을 나란히 하였다.

시사(時事)가 이미 그른 때에 상치되어 그 평소의 뜻을 펴내지 못하였
으나, 일에 따라 미봉하여 도움이 또한 많았다. 죽을 때는 집에 남은 재
물이 없어 겨우 상구(喪具)를 장만하니, 사람들이 그 맑은 덕에 더욱 탄
복하였다.

5. 『신증동국여지승람』에 열녀로 기록된
   강징의 작은 외숙모 유씨

작은 외삼촌 허침의 아내 유씨도 남편 형제의 인품에 어울리게 열녀
로 이름났다. 조선 전기의 종합인문지리서인 『신증동국여지승람』 권3
「한성부 열녀」에 허침의 아내가 성종(成宗)의 딸인 공신옹주(恭愼翁主)
다음에 기록되어 있다.

유씨(柳氏) : 좌의정 허침(許琛)의 아내이다. 침이 세상을 떠나니 시묘(侍
墓)살이를 하며, 아침·저녁으로 친히 재물을 장만하였다. 연산조 때에 상
기(喪期)를 단축하는 법이 엄하였지만, 그래도 예절을 지켜서 3년상을 마
쳤다. 지금 임금(중종) 2년(1507)에 정문을 세워 표창하였다.

강징의 작은 외숙모 유씨부인이 삼년상을 철저하게 지킨 사연은『신속삼강행실도』에도 실려, 언문 설명과 함께 그림으로도 그려져 널리 전해졌다.

유씨여묘(柳氏廬墓)

유씨는 서울 사람이니, 좌의정 허침(許琛)의 아내이다. 침이 죽으니 여묘(廬墓) 살이를 하며 아침저녁으로 손수 장만하여 전(奠)을 올렸다. 연산군(燕山君) 때에 단상법(短喪法)이 엄했지만 여전히 예법을 지키며 삼년상을 마쳤다. 공희대왕(중종) 때에 정려(旌閭)를 내렸다.

柳氏。京都人。左議政許琛妻也。琛歿。廬墓。朝夕親具奠饌。燕山時。短喪法嚴。猶守禮以終三年。恭僖大王朝旌閭。

허침의 아내 유씨 다음에 5명이 한성부의 열녀로 더 기록되었는데, 이 가운데 박씨와 김씨 2명이 진양강씨 문중의 며느리들이다.

박씨(朴氏) : 승지 강경서(姜景敍)의 아내이다. 연산조 무오년(1498)에 경서가 곤장을 맞고 귀양가게 되니, 박씨가 걱정하고 상심하여 제대로 먹지 않은 채 해를 넘겨 세상을 떠났다. 지금 임금(중종) 2년(1507)에 정문을 세워 표창하였다.

강경서의 아내 박씨부인이 귀양 간 남편을 걱정하느라 식사도 못하다가 죽어 정문에 세워진 사연이『신속삼강행실도』에도 실려, 언문 설명과 함께 그림으로도 그려져 널리 전해졌다. 언문을 요즘 철자법으로 옮겨 보면 다음과 같다.

『신속삼강행실도』에 「유씨여묘(柳氏廬墓)」라는 제목으로 유씨부인이 삼년상 지키는 모습과 정문이 그려져 있다.

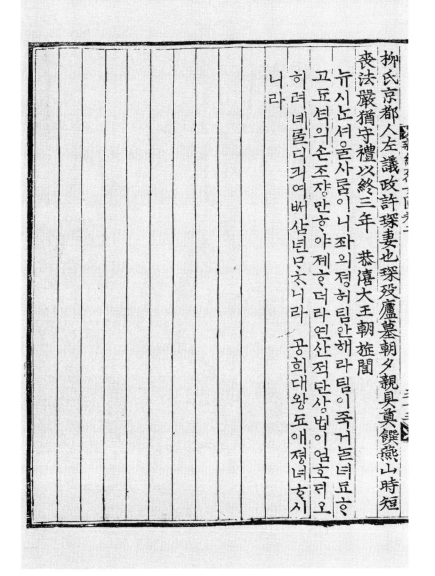

柳氏京都人左議政許琛妻也琛歿廬墓朝夕親具奠饌燕山時短
喪法嚴猶守禮以終三年　恭僖大王朝㫌閭

뉴시는셔울사름이니좌의졍허팀안해라팀이죽거놀녀묘ᄒᆞ
고됴셕의손조장만ᄒᆞ야졔ᄒᆞ더라연산적단상법이엄ᄒᆞ더오
히려녜룰디킈여벼삼년ᄆᆞᄎᆞ니라　공희대왕됴애졍녀ᄒᆞ시
니라

연산군 시절에 삼년상을 단축하라는 명령이 내렸지만 철저하게 삼년상을 지킨 유씨 부인의 절행을
언문으로 설명하였다.

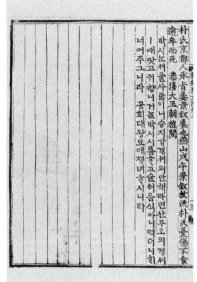

「박씨불식(朴氏不食)」 제목 아래 음식을 먹지 못 하는 박씨 부인과 정문이 그려져 있다.

박씨 부인의 절행이 언문과 한문으로 설명되어 있다.

박씨불식(朴氏不食)

박씨는 서울 사람이니, 승지 강경서의 아내라. 연산 무오(년)에 경서가 매 맞고 귀양 가거늘 박씨 시름하고 슬퍼 음식 아니 먹더니, 해 넘어 죽으니라. 공희대왕 조에 정려(旌閭)하시니라.

朴氏, 京都人, 承旨姜景敍妻也。燕山戊午, 景敍杖流, 朴氏憂傷不食, 逾年而死。恭僖大王朝旌閭。

강경서의 본관은 진주(晉州), 자는 자문(子文), 호는 초당(草堂)으로 강원우(姜元祐)의 증손이다. 김종직(金宗直)의 문인으로 1477년 문과에 급제하여 정자가 되고, 1497년 문과 중시에 급제하여 사헌부 집의가 되었는데 이듬해 무오사화에 죄를 입어 결장(決杖) 100, 유(流) 3,000리,

봉수군(烽燧軍) 정노간(庭爐干)으로 정역(定役)시키는 처벌을 받아 회령에 유배되었다. 이때 아내 박씨가 남편을 걱정하며 밥도 제대로 먹지 못하다가 세상을 떠난 것이다.

강경서는 1501년에 방환되어 직첩이 환급되었으며, 대사간으로서 시정(時政)을 논하면서 납간(納諫)·친현사(親賢士)·흥학교(興學校) 등 12개항을 건의하였다. 남효온(南孝溫)·권경유(權景裕) 등과 더불어 사장(詞章)·정사(政事)·절의·효행 등으로 이름이 높았으며, 예조판서에 추증되었다. 시호는 효열(孝烈)이고, 저서로는『초당집(草堂集)』이 있다.

『신증동국여지승람』권3「한성부 열녀」조에 강형(姜詗)의 아내 김씨 부인도 열녀로 소개되어 있다. 강형(姜詗)은 통계공의 맏아들 안수(安壽)의 증손자이니, 강징에게는 재당질이다. 조선 전기 한성부의 대표적인 열녀들이 강징의 외가와 친가에서 나왔으니, 강징은 어려서부터 집안에서 보고 듣는 것이 모두 공부였다고 할 수 있다.

6. 청백리로 선정된 작은 외삼촌 허침

허침의 졸기는 "죽을 때는 집에 남은 재물이 없어 겨우 상구(喪具)를 장만하니, 사람들이 그 청덕(淸德)에 더욱 탄복하였다."고 끝나, 그가 청백리였음을 강조하였다. 그의 시호도 청백함을 강조하였으니, 역시 졸기에 "문정(文貞)이라 시호(諡號)하니, 널리 듣고 많이 봄이 문(文)이요 청백(淸白)하고 수절(守節)함이 정(貞)이다."라고 설명하였다.

고종 때 영의정이었던 이유원(李裕元)이 지은『임하필기』「상신 청백리(相臣淸白)」항목에 "황희(黃喜), 맹사성(孟思誠), 허침(許琛), 구치관

(具致寬), 이준경(李浚慶), 이원익(李元翼), 심수경(沈守慶), 이항복(李恒福), 유성룡(柳成龍), 김상헌(金尙憲)" 등을 들었으니, 조선 오백년에 대표적으로 꼽혔던 청백리 재상 허침의 말 없는 가르침이 강징에게 이어졌을 것이다.

허목이 당대 문장가로 꼽았던 하곡(荷谷) 허봉(許篈)이 『해동야언』 권3 「연산군」 첫 항목에서 어질고 슬기롭게 처신한 허침의 행적을 이렇게 소개하였다.

폐주(廢主 연산)가 세자(世子)로 있을 때 문정공(文貞公) 허침(許琛)은 필선(弼善), 사문(斯文) 조지서(趙之瑞)는 보덕(輔德)이 되었는데, 폐주가 날마다 놀며 장난치기를 일삼고 학문에는 전혀 마음을 두지 않았다. 다만 성묘(成廟 성종)의 엄한 훈계가 두려워서 억지로 서연(書筵)에 나가기 때문에 동궁의 관원들이 비록 마음을 다해서 진강(陳講)하여도 마음에 두지 않았다.

조지서는 천성이 굳세고 곧아서 매양 진강할 때면 책을 그 앞에 던지고 말하기를, "저하(邸下)가 학문에 힘쓰지 않으면 신은 마땅히 전하께 아뢰겠습니다." 하니, 폐주는 매우 괴로워하여 원수같이 그를 보았다. 그러나 문정공은 그렇지 않고, 부드럽고 순한 말씨로 조용히 마음을 열어 깨우쳐 주니 폐주가 매우 좋아하였다.

하루는 동궁의 관원이 진강하려고 입시하였다가 벽 사이를 쳐다보니 큰 글자로 "조지서는 큰 소인(小人)이오, 허침은 큰 성인(聖人)이다."라고 쓰여 있었다. 이를 들은 사람은 조지서에 대하여 매우 위태롭고 두렵게 생각하였다.

즉위하여 갑자사화가 일어나자 먼저 조지서를 목베고, 그 집을 적몰하였다. 문정공은 우의정으로 있으면서 비록 폐주를 바로잡지는 못하였으나, 매양 명을 받고 의금부에 앉아서 죄수를 논할 때마다 여러 방도로 힘을 써서 구제하여 살린 사람이 매우 많았다. 파직하고 집에 돌아오면 반드시

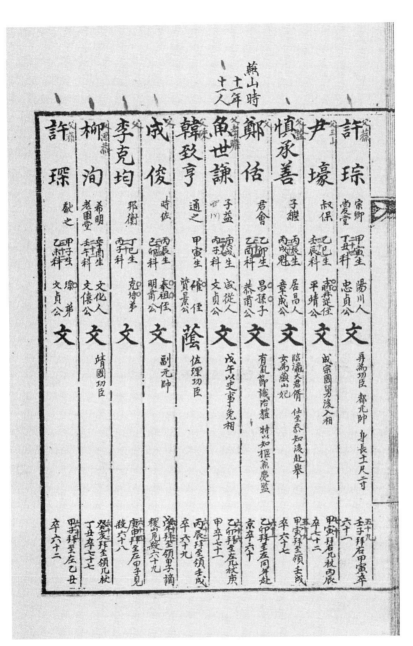

『국조고사』에 허종과 허침 형제의 명단이 연산군 시대의 재상 명단으로 실려 있다.

피를 두어 되[升]나 토하였는데, 분한 마음과 번민으로 인해 죽었다.

조지서는 한갓 올바르게 인도하는 것만 마음으로 삼아 사람과 역량(力量)을 잘 헤아리지 못하여, 심하게 저촉을 당하여 더욱 참혹한 화를 받았으니, 소광(疏廣)과 소수(疏受) 두 사람이 기미를 알고 멀리 물러나 마침내 위기를 면한 것과는 거리가 멀다. -『사재척언』

큰 외삼촌 허종은 강징과 나이 차이가 많아 같은 조정에서 벼슬한 적이 거의 없다. 연산군이 즉위하던 해에 허종은 세상을 떠났다. 그러나 작은 외삼촌 허침과는 성종, 연산군 치하에서 함께 벼슬을 했으며, 동궁 시절의 연산군을 가르쳤던 이력도 함께 지녔다. 문장가로 이름났던 허침의 문집이 남아 있지 않아서 구체적인 근거를 찾아볼 수는 없지만, 연산군을 부드럽게 타이르며 가르쳤던 허침이 생질 강징에게 경연(經筵) 스승의 모범을 보였음을 알 수 있다.

7. 어머니의 친정에서 빚던 진도(珍島) 홍주(紅酒)

이 시기에 강징의 외가에서 진도(珍島) 홍주(紅酒)가 전국적인 지명도를 가진 술로 부각된다. 전라남도 무형문화재 제26호 기능보유자인 허화자씨는 허종의 먼 후손인데, 막걸리학교 허시명 교장이 허화자씨 집에 찾아가서 홍주를 마시다가 그의 가게 창문 밑에 세워져 있는 문화재 안내문을 읽어보며 책에 이렇게 소개하였다.

조선 성종 때에 우의정을 지낸 허종(1434~1494)이라는 인물이 있었는데, 그의 부인이 홍주를 잘 빚었다. 연산군의 생모 윤씨의 폐비를 논하는 어전회의가 열리던 날이었다. 회의 소식을 접한 허종의 부인은 남편에게 일부러 홍주를 권했다. 홍주를 마신 허종은 대궐로 향하다가 낙마하여 회의에 참석하지 못하고 말았다. 훗날 연산군이 왕위에 오르고 나서 윤씨의 폐비에 관여한 신하들은 죄다 화를 입었는데, 허종의 집안만은 무사할 수 있었다.

허종의 5대손이 허대(1586~1662)인데, 그는 임해군의 처조카였다.

1608년에 광해군이 즉위하자, 신하들은 왕의 형 임해군을 역모죄로 몰아 진도로 유배 보내놓고, 임금께 사후 응낙을 청했다. 광해군은 "어찌 내 형님을 멀리 진도까지 보낼 것이냐." 하며 강화도 교동으로 모시라고 어명을 내렸다. 충청도 아산까지 내려갔던 임해군의 행렬은 강화도로 길을 바꾸게 되었다.

이때 임해군의 부인 허씨는 사옹원에서 일하던 친정 조카 허대(임해군은 1603년에 사옹원의 자문직인 도제조에 임명되었고, 그 영향력으로 허대가 사옹원에 들어갔던 것으로 보인다)에게 "너의 고숙이 역모죄로 몰려 진도로 귀양을 떠났다. 너희들 신변도 위험할 것이니 처자식을 데리고 진도로 내려가 고숙을 보살펴라." 하고 부탁했다. 허대는 즉시 진도로 향하면서 술을 좋아하는 임해군을 위해 '고조리'(진도에서는 고소리를 이렇게 부른다)까지 가져갔다. 그러나 임해군은 강화도로 가버렸으니, 허대는 혼자 외따로 떨어지는 신세가 되고 말았다. 이듬해 임해군은 영창대군과 함께 사약을 받고 세상을 떠났고, 허대는 아예 진도에 눌러앉아 진도의 양천 허씨 가문을 열게 되었다. 진도 홍주는 남도 문인화처럼 바로 이 집안에서 유래되었다는 것이다.[2]

허화자 명인은 진도 입향조(入鄕祖)인 허대의 11대손이다. 소줏고리의 귀때에서 떨어지는 술방울은 지초(芝草) 뿌리를 거쳐 술통에 담기며

2 허시명, 『풍경이 있는 우리 술 기행』, 웅진닷컴, 2001, 270-272쪽.

붉은 빛과 해초 향을 머금은 40도 소주가 된다. 강징의 외가에서는 어떻게 지초를 술에 끌어들였을까?

허준이 지은 『동의보감』에 기창(氣脹) 치료제로 여러 약초들을 홍주로 반죽하여 환을 만드는 처방이 나오거니와, 허종도 본초학과 의학에 조예가 깊어 『향약집성방(鄕藥集成方)』을 언해하고, 『신찬구급간이방(新撰救急簡易方)』과 『의문정요(醫門精要)』를 편찬하였으며, 내의원제조(內醫院提調)를 겸임하며 김순몽(金順蒙)·하종해(河宗海) 등의 명의(名醫)들을 가르쳤다. 홍주에 관련된 인물로 허종 이전의 이름이 보이지 않으니, 허종-허준-허대-허화자 등을 거치면서 양천허씨 집안의 가양주(家釀酒)가 전국적인 명주인 진도(珍島) 홍주(紅酒)로 발전하지 않았을까?

허종이 누님의 충고를 받아들여 가양주인 홍주를 마시고 출근하다가 다리에서 떨어져 다치는 바람에 목숨을 살린 것만은 분명하다.

8. 양천 허씨 친정 남매들의 친목 모임 변화회(邊和會)

강징의 후손이 〈6대 조모 허씨 변화회(六代祖母許氏邊和會)〉라는 고문서를 간직하고 있는데, 내용은 다음과 같다.

6대 조모 허씨 변화회(六代祖母許氏邊和會)

봉정대부 행 군자감 주부 신영석 처 허(奉正大夫行軍資監主簿申永錫妻許)
의정부 우의정 양천부원군 허종 처 한(議政府右議政陽川府院君許琮妻韓)
통정대부 상주목사 박임종 처 허(通政大夫尙州牧使朴林宗妻許)

강징 외가의 화회문기 끝에 필집으로 참석한 강징이 서명하였다.

절충장군 전라도 수군절도사 홍임 처 허(折衝將軍全羅道水軍節度使洪任妻許)
현신교위 행 사맹 강이행 처 허(顯信校尉行司猛姜利行妻許)
상의원 직장 조영 처 허(尙衣院直長趙穎妻許)
가선대부 병조참판 겸 동지춘추관사 허(嘉善大夫兵曹參判兼同知春秋館事許)
○○ 성균 유학 김(成均幼學金)
계공랑 행 홍문관 저작 겸 경연 집의 강(啓功郎行弘文館著作兼經筵執義姜)

이 문서는 여러 가지를 생각하게 한다.

변화회(邊和會)가 자주 모이는 친목회의 이름은 아니다. '허씨변(許氏邊)'은 '허씨쪽'이라는 뜻이고, 화회(和會)는 재주(財主)가 생전에 노비나 토지 같은 재산을 분급(分給)하거나 유언으로 조처하지 않고 사망한 경우에 분쟁의 소지를 막기 위하여 상속 당사자들이 서로 합의하여 재산을 나누는 것을 말한다. 이때의 기록을 화회문기(和會文記)라고 한다.

이 문서는 말하자면 강징의 5대손이 간직하고 있던 허종 허침을 비롯한 2남 6녀의 화해문기 뒤에 서명한 기록이라고 볼 수 있다. 허손의 유산을 합의하여 나누면서 신영석의 아내인 백세할머니부터 나이 순서대로 이름을 적었는데, 딸들은 '누구의 처 허씨'라고 적었다. 여기서 허씨가 아닌 사람의 이름이 3명 적혀 있는데, '허종 처 한[許琮妻韓]'은 허종이 세상을 떠난 뒤였기에 아내 한씨를 적은 것이며, '성균 유학 김(成均幼學金)'은 6명의 사위 가운데 일찍 세상을 떠난 군수 김성(金城)의 아들 이름을 적은 것이다. '계공랑 행 홍문관 저작 겸 경연 집의 강(啓功郎行弘文館著作兼經筵執義姜)'은 필집(筆執)으로 참석한 강징(姜澂)을 가리킨다.

8남매가 서열에 따라 차례로 이름을 적었는데, 5녀인 김성의 처 허씨가 세상을 떠났기에 김성의 아들 유학 김○가 6녀인 '조영 처 허씨' 다음에 이름을 적었다.

화해문기에는 재주의 자녀들이 재산 분배 내역을 합의한 뒤에 서명하거나 도장을 찍었다. 〈허씨변화회(許氏邊和會)〉문기 작성에 9명이 참여했는데 남성 3명(아들 허침, 외손자 김○, 강징)은 수결(手決)을 하고, 여성 6명(허손의 따님 5명과 맏며느리 한씨)은 도장을 찍었다. 여성들이 외부로 보내는 편지나 문서에 한자를 쓸 수 없었던 당시 관습에 따라 수결하지 않고 도장을 찍은 것인데, 이들이 모두 크고 작은 도장을 찍은 것을 보면 강징의 어머니 양천허씨는 평소에도 이러저러한 활동에 참여했음을 짐작할 수 있다.

강징은 32세 되던 1497년 1월 4일 저작(著作 정8품)에 임명되었으며, 같은 해 7월 16일 경연(經筵)에서 연산군의 질문에 답변한 기록이 보인다. 허종은 1494년에 세상을 떠났으니, 당연히 이 모임에 참석할 수 없어 아내 한씨가 참석하고 이름을 적었다. 허손의 유산을 이때에 나눈 것은 장남 허종이 관리하다가 그가 세상을 떠나자 분배한 것이 아닐까? 화해문기 본문이 보이지 않아 이들이 상속받은 재산의 규모를 알수는 없지만, 아들 딸 가리지 않던 이 시대의 관습에 따라 나이 순서대로 이름을 적고, 사이좋게 나누어 가졌으리라 짐작된다. 이 문서를 통해 허종 허침 형제의 가르침과 가정교육뿐만 아니라, 재산의 일부도 강징에게 전해졌음을 짐작할 수 있다.

3장

마음을 비우고 살려 했던 강징의 생애

1. 언심이라는 자와 심재라는 호의 뜻

옛사람들은 이름을 지을 때에 경전에 근거하고 항렬자에 따라 지었으며, 자(字)나 호(號)도 역시 경전에 근거하여 지었다. 스승이나 집안 어른이 관례(冠禮) 때에 자를 지어주면서, 그 의미를 설명하는 자설(字說)도 함께 지어 주었다.

강징의 자는 언심(彦深)인데, 이는 징(澄)이라는 이름과 관련하여 지은 것이다. 강징이 받은 자설은 남아 있지 않지만, 고려 말엽의 문장가 이곡(李穀)이 최강(崔江)에게 지어준 「심보설(深父說)」에서 그 뜻을 짐작할 수 있다.

계림(雞林) 최군(崔君)이 그의 이름을 고치고 나에게 자(字)를 지어 주기를 청하면서 이렇게 말하였다.

"우리나라 사람들이 자식의 이름을 짓든가, 자기의 이름을 짓는데, 모두들 인(仁)·의(義)·예(禮)·지(智)·용(龍)·봉(鳳)·구(龜)·인(麟)·공(公)·경(卿)·보(輔)·필(弼)·방(邦)·국(國)·주(柱)·석(石) 등, 이런 수십 자에서 벗어나지 않습니다. 그러므로 열 사람이 모이면 서로 비슷한 사람이 7·8명이 됩니다. 그리하여 혹 문제가 일어나게 되면 서로 저촉되어 분쟁을 면하지 못합니다.

처음에 나의 이름이 지(濟)였기에 내 생각으로는 남들과 다르리라고 했더니, 근자에 어떤 범죄한 자가 나의 성명과 음이 서로 비슷하였습니다. 그러므로 강(江)이라고 고쳤으니, 이는 다른 사람이 흔히 쓰지 않는 이름을 고른 것입니다. 그대가 이에 대하여 가르쳐 주기를 바랍니다."

내가 이렇게 말하였다.

"이름을 강(江)이라고 지었다면 자(字)를 꼭 지을 필요가 어디 있는가. 산은 높기 때문에 쳐다볼 수 있으며, 물은 깊기 때문에 헤아릴 수 없다. 그 강이라는 물건은 물 중에 큰 것이다. 그 근원은 멀고 그 흐름은 길다. 또한 모든 개천을 능히 받아들여 동쪽으로 흐르게 하기 때문에 그렇게 크게 된 것이며, 크기 때문에 그렇게 깊게 된 것이며, 깊기 때문에 헤아릴 수 없으므로 침범하지 못한다. 자라와 악어와 용과 물고기들이 여기서 살고 있으니, 이로써 그것이 헤아릴 수 없이 큰 것을 볼 수 있으며, 하늘이 이로 인하여 남과 북의 한계가 생겼으니, 이로써 그것이 침범할 수 없음을 볼 수 있다.

모든 물건의 이치는 깊이를 헤아릴 수 없어야만 침범할 수 없게 되는 것이니, 마음을 가지는 것이나 일을 처리하는 데에 있어서도 모두 그렇지 않은 것이 없다. 감히 이것으로 심보(深父)를 권하며[彦] 책임을 메우려 한다."

언(彦)자는 흔히 '클 언', 또는 '선비 언'으로 새기는데, 이곡은 최강에게 자설을 지어 주면서 "권한다"는 뜻으로 썼다. 위의 글에서는 최강(崔江)이라는 이름에 맞게 심보(深父)라는 자를 지어 주면서 "(남들이 그대의) 깊이를 헤아릴 수 없게 살라"고 권한[彦] 것이다.

중국에서는 육징(陸澄)의 자가 언심(彦深)이고, 위담(魏澹)의 자가 언심이다. 조선시대에는 어영준(魚泳濬)의 자가 언심이고, 김준(金濬)과

최환(崔渙)의 자가 언심이다. 모두 이름자에 삼수변(氵)이 들어간 사람들의 자를 언심이라고 지은 것을 보면, 강징(姜澂)에게 자를 지어준 어른이 "맑으면서도 깊게 살기를 권한다"는 뜻으로 언심이라는 자를 지어주었음을 짐작할 수 있다.

강징의 호 심재(心齋)는 『장자(莊子)』 「인간세(人間世)」에서 나왔는데, "오직 도는 텅 빈 곳에 모이니, 텅 비게 하는 것이 바로 심재이다.[唯道集虛, 虛者心齋也.]"라고 하였다. 마음을 재계한다는 뜻이다. '심재'라는 두 글자가 나온 앞뒤 단락은 다음과 같다.

안자(顏子)가 일찍이 공자(孔子)에게서 마음을 재계하라는 말씀을 듣고 말하였다.

"저는 집이 가난하여 술도 마시지 않고 훈채(葷菜)도 먹지 않은 지가 여러 달이 되었으니, 이만하면 재계라고 할 수 있겠습니까?"

그러자 공자가 말하였다.

"그것은 제사(祭祀) 때의 재계이지, 마음의 재계가 아니다."

안자가 다시 물었다.

"마음의 재계란 무엇입니까?"

공자가 말하였다.

"너는 뜻을 전일하게 가져서 귀로 듣지 말고 마음으로 들을 것이며, 마음으로도 듣지 말고 기로써 들어라. 듣는 것은 귀에서 그치고, 마음은 부합하는 데서 그치지만, 기는 텅 빈 것으로 온갖 것을 다 포용하느니라. 오직 도는 텅 빈 데에 모이는 것이니, 텅 빈 것이 바로 마음의 재계이다.[若一志 無聽之以耳 而聽之以心 無聽之以心 而聽之以氣 聽止於耳 心止於符 氣也者 虛而待物者也 唯道集虛 虛者心齋也]"―『장자(莊子) 인간세(人間世)』

송나라 학자 사양좌(謝良佐)가 "경(敬)은 항상 깨어 있게 하는 방법이요, 심재(心齋)는 일마다 놓아 버리는 것이니, 그 도리가 같지 않다.[敬是常惺惺法 心齋是事事放下 其理不同]"라고 한 말이 『상채선생어록(上蔡先生語錄)』에 보인다.

『진산강씨세감(晉山姜氏世鑑)』에 호를 소재(小齋)라고 기록했지만, 다른 문헌에서는 용례가 보이지 않는다.

진주강씨 공목공파 선조들의 이름이나 자, 호도 경전에 근거하여 지었다.

희안(希顔)이라는 이름과 경우(景愚)라는 자의 관계는 『논어(論語)』 「위정(爲政)」편에 보인다. 공자가 "내가 안회(顔回)와 더불어 온종일 이야기해도 내 말을 어기지 않아 어리석은 사람처럼 보였지만, 물러간 뒤에 사사로이 거처하는 것을 살펴보니 또한 충분히 발명하였다. 안회는 어리석지 않구나!'[子曰 : '吾與回言終日, 不違如愚, 退而省其私, 亦足以發, 回也不愚!']"라고 하였다. 회(回)는 안회(顔回)이고, 희(希)자와 경(景)자는 둘 다 바라고 경모(景慕)한다는 뜻이니, 안회를 흠모한다는 뜻으로 희안(希顔)이라는 이름을 짓고 안회처럼 어리석기를 경모한다는 뜻으로 경우(景愚)라는 자를 지은 것이다.

동년(同年)인 보한재(保閑齋) 신숙주(申叔舟)가 「제강정랑 희안 자설 시권(題姜正郎希顔字說詩卷)」이라는 시를 지어 설명했는데, 『보한재집』 제4권에 실려 있다. 『노자(老子)』 45장에 "크게 교묘한 것은 졸렬한 것처럼 보인다[大巧若拙]"라고 한 구절을 가져다가, 어리석기를 경모하라[景愚]고 권면하였다.

사내가 학문에 뜻을 두면 성현이 되리니
나와 순임금이 어떤 사람인가 제 하기에 달렸다네.

가슴 속의 참된 즐거움은 예와 이제가 따로 없으니
깁옷과 대주발로도 저마다 도심에 변함 없네.
男兒志學聖賢歸。予舜何人在有爲。
胸中眞樂無今古、紃綺簞瓢各不移。

천연에서 도의 참된 맛을 보는 것이니
허실(虛實)을 가지고 유무(有無)를 분별치 마소.
예부터 대교(大巧)란 졸한 듯하다 했으니
그 누가 진우(眞愚)가 어리석지 않음을 알아보랴.
要自天然味道腴。休將虛實辨有無。
從來大巧寓若拙、誰識眞愚是不愚。

기미(幾微)를 외인이 알 수 없으니
고요히 생각하고 정신을 집중하여 모든 것을 잊었네.
상 위에 있는 책 또한 읽지 않노라니
봄바람이 얼굴 스치고 버들가지 드리워지네.
幾微不放外人知。靜慮凝神坐忘時。
床上有書亦不讀、春風拂面柳絲垂。

희맹(希孟)이라는 이름과 경순(景醇)이라는 자의 관계는 맹자에서 연유되었다. 다산 정약용이 황해도 곡산부사로 재임 중에 곡산 선비들을 시험하면서 「선비에 대하여 묻는다[問儒]」고 출제하였는데, 이 제목을 설명하면서 "안자(顔子)·증자(曾子)·자사(子思)·맹자(孟子)가 다같이 유종(儒宗)인데도 순유(醇儒)라는 지목이 홀로 맹자에게만 돌아갔다"고 하였다.

순유는 결백하고 정직한 유교의 선비이다. 한유(韓愈)가 「독순자(讀荀子)」라는 글에서 "맹자는 순수하고도 순수하고, 순자(荀子)와 양자(揚

子)는 크게 순수하지만 작게 흠이 있다.[孟氏, 醇乎醇者也, 荀與揚, 大醇而 小疵.]"라고 하였다. 희(希)자와 경(景)자는 둘 다 바라고 경모(景慕)한다 는 뜻이니, 맹자를 흠모한다는 뜻으로 희맹(希孟)이라는 이름을 짓고 순유(醇儒)를 경모한다는 뜻으로 순유(醇儒)라는 자를 지은 것이다.

2. 29세에 문과에 급제하다

강징은 29세 되던 1494년 문과 별시에 급제하였다. 진사에 합격한 지 8년 만에 급제하였으니, 적당한 나이에 급제한 편이다. 성종 시대에 실시된 마지막 문과시험이었는데, 『국조문과방목』에는 "갑인년 4월에 시행하였다."고만 기록했을 뿐, 날짜나 시험제목이 밝혀져 있지 않다.

그러나 이 시기의 『성종실록』을 살펴보면 별시를 치른 기록이 몇 군데 보인다. 우선 『성종실록』 25년(1494) 4월 12일 기사에 선비들에게 책문(策問)을 실시한 기록이 실려 있다.

임금이 인정전(仁政殿)에 나아가서 친히 선비들을 책문(策問)하였다. 그 책문은 이러하였다.

"하늘의 글[天文]이 있고 땅의 글[地文]이 있고 사람의 글[人文]이 있는 데, 사람의 글과 하늘의 글, 땅의 글이 다르거나 같은 적이 있는가? 결승(結 繩) 이전에도 또한 글이 있었는가? 하도 낙서(河圖洛書) 중에도 하늘·땅 ·사람의 글이라고 말할 만한 것이 있었던가?

(요임금이나 순임금이 다스리던) 당(唐)·우(虞)·3대(三代) 때에 임금과 신하 사이의 주고받은 말이나, 스승과 제자 사이의 문답한 말이나, 길거리 의 야비한 말도 모두 경적(經籍)에 실려 글이 되었다. 후세에 순자(荀子)

·동중서(董仲舒)·양웅(揚雄)·왕충(王充)이 글을 짓는 데 뜻을 두었으나, 『육경(六經)』과 더불어 견줄 수 없는 것은 무엇 때문인가?

문장은 시대와 더불어 흥하기도 하고 쇠하기도 하였으니, 송나라나 원나라의 문장이 한나라나 당나라 문장에 미치지 못하고, 한나라나 당나라의 문장이 3대의 문장에 미치지 못하는데, 그 미치지 못하는 까닭은 무엇인가?

한유(韓愈)의 문장이 8대(八代)의 쇠약할 때에 일어나고, 구양수(歐陽修)의 문장이 인의(仁義)·예악(禮樂)의 설(說)을 나타냈는데, 후세의 사람들이 과연 모두 고문(古文)을 하는데 능하지 못하였는가? 염락관민(濂洛關閩)의 여러 선생들이 말을 하여 글을 만드는 데 『육경』을 안팎으로 따르니, 그 글은 무엇을 근본으로 한 것인가? 그 상세한 것을 얻어 들을 수 있겠는가? 그대 대부(大夫)들은 이를 강론한 소양이 있을 것이니, 각각 마음을 다하여 대답하라."

문과 식년시(式年試)에는 대개 33명이 응시했는데, 1494년 별시에는 22명이 입장하였다. 문과의 2차 시험에 선발되어 3차 시험인 전시(殿試)에 입장한 22명은 모두 급제가 정해져 있었고, 임금이 친히 시험장에 입장하여 시험문제를 제출하고 독권관(讀券官)들이 갑과(1등), 을과(2등), 병과(3등)의 등수만 심사하는 절차만 남아 있었다. 이날 함께 급제한 동방(同榜)들의 문집이나 시권이 남아 있지 않아서 이들이 제출한 답안을 확인할 수 없어 아쉽다.

성종은 이날 모화관(慕華館)에 거둥하여 무과(武科)도 시험하고, 내금위(內禁衛) 김형보(金荊寶) 등 22인을 뽑았다. 『성종실록』 4월 14일 기사에 "문과(文科)에 한훈(韓訓) 등 22인을 뽑았다."고 하였으니, 이날 합격자 발표를 한 셈이다.

보통 문과 급제가 발표되면 급제자들이 합격자 교지인 홍패(紅牌)와

강징이 문과에 병과 7인으로 급제하고
받은 교지

『문과방목』에 강징의 이름이
병과 7인으로 실려 있다.

어사화(御賜花)를 하사받고 삼일유가(三日遊街)를 하는 것이 관습이었
는데, 마침 온 나라에 가뭄이 심하여 잔치를 벌일 분위기가 아니었다.
사간원 정언(司諫院正言) 김사지(金四知)가 왕에게 와서 "한재(旱災)가 너
무 심하여 나라에서 바야흐로 금주(禁酒)하고 있으니, 청컨대 신급제(新
及第)도 유가(遊街)하지 말게 하소서."라고 청하자, "좋다."고 전교하였
다. 강이행과 강징 부자는 아쉽게도 삼일유가를 하지 못했을 뿐만 아니
라 자기 집으로 친척과 친지를 초대하여 성대하게 자축하는 문희연(聞
喜宴)도 국가시책에 따라 베풀지 못했을 것이다.

3. 시와 문장을 잘 지었던 강징

강징의 문집이 남아 있지 않고, 다른 사람의 문집에도 강징의 문장이 실린 것은 없다. 지금 확인할 수 있는 강징의 시는 강원도 관찰사로 부임했다가 삼척 죽서루에 들러 지은 칠언율시 2수와 인빈각에서 지은 시뿐이다. 그렇지만 그가 기본적으로 시를 짓고 문장을 지었던 것만은 분명하다.

조선시대 문관들은 소과(생원 진사시)에 합격한 뒤에 성균관에 입학하여 문과에 급제할 때까지 오랜 기간에 걸쳐 독서를 했을 뿐만 아니라 시와 문장을 배우고 지었다. 진사와 문과의 과거시험 과목이 대체로 글쓰기였기 때문이다 관원의 기본 임무는 행정과 소통이다. 소통이란 상의하달(上意下達) 즉 왕의 뜻을 백성들에게 전하고, 하의상달(下意上達) 즉 백성들의 뜻을 왕에게 전하는 일이다. 특별한 경우에는 조선 정부의 뜻을 중국이나 일본 조정에 전하고, 외국에서 온 사신을 응대하는 일도 맡았는데, 이 모든 일이 다양한 형식의 글쓰기를 통해서 이루어졌다.

진사시(進士試)는 부(賦) 1편, 고시(古詩)·명(銘)·잠(箴) 중 1편으로 정해졌지만, 실제로는 명·잠이 출제되는 경우는 거의 없었다. 부(賦)와 고시(古詩)를 1편씩 지은 셈인데, 고시는 평소에 별로 짓지 않던 36구 내외의 칠언고시를 지었기에 과시(科體詩)라고도 불렸다. 진사시와 생원시에 각각 100명씩 합격자를 정하여 문과에 응시할 자격을 주었는데, 해마다 낙방생이 쌓이다 보니 실제 응시자는 엄청나게 많았다.

문과의 고시 과목은 초장에서 사서의·오경의·논(論) 중의 2편(뒤에는 四書疑·義 1편, 論 1편), 중장에서 부(賦)·송(頌)·명(銘)·잠(箴)·기(記)

중의 1편(뒤에 부 1편)과 표(表)·전(箋) 중의 1편, 종장에서 책(策) 1편을 각각 고시하였다. 왕실에 경사가 생겼을 때에 치르는 증광문과의 과목은 비교적 간단하였다.

강징은 29세 되던 1494년 문과 별시에 급제하였다. 진사에 합격한 지 8년 만에 급제하였으니, 10대 후반은 진사시 과목인 과체시를 주로 연습하고, 20대의 8년 동안은 문과 초장 중장 종장의 과목들의 예상문제를 내어서 열심히 습작(習作)했을 것이다. 강징이 응시했던 1494년 문과 별시(別試)의 책문(策問)이 『성종실록』 25년(1494) 4월 12일 기사에 실려 있다.

> 하늘의 글[天文]이 있고 땅의 글[地文]이 있고 사람의 글[人文]이 있는데, 사람의 글과 하늘의 글, 땅의 글이 다르거나 같은 적이 있는가? 결승(結繩) 이전에도 또한 글이 있었는가? 하도 낙서(河圖洛書) 중에도 하늘·땅·사람의 글이라고 말할 만한 것이 있었던가? (줄임)
> 한유(韓愈)의 문장이 8대의 쇠약할 때에 일어나고, 구양수(歐陽修)의 문장이 인의(仁義)·예악(禮樂)의 설(說)을 나타냈는데, 후세의 사람들이 과연 모두 고문(古文)을 하는데 능하지 못하였는가? 염락관민(濂洛關閩)의 여러 선생들이 말을 하여 글을 만드는 데 『육경』을 안팎으로 따르니, 그 글은 무엇을 근본으로 한 것인가? 그 상세한 것을 얻어 들을 수 있겠는가? 그대 대부(大夫)들은 이를 강론한 소양이 있을 것이니, 각각 마음을 다하여 대답하라.

이 문제에 대해 답변하는 글이 바로 대책(對策)이다. 이 문제는 문학에 관한 문제이지만, 쌀값이나 소금값을 안정시키는 방법을 묻는 문제가 출제되는 경우도 있으니, 말 그대로 왕이 예비 신하들에게 대책을 세우라고 명한 것이다. 강징은 3차시험 즉 임금 앞에서 치러진 전시(殿

試)에 병과 7인으로 급제하였으니, 답안지를 잘 작성했음이 분명하다. 여러 차례의 전쟁 중에 답안지는 분실되고 합격증인 홍패(紅牌)만이 문중에 남아 있어 아쉽다.

조선시대에 승문원(承文院)와 홍문관(弘文館)이 이름 그대로 문장을 관장했으며, 성적이 높은 급제자를 홍문관에 배정하였다. 강징은 승문원을 거쳐 주로 홍문관에 근무했으며, 사헌부나 승정원에 근무하다가도 다시 홍문관으로 돌아왔다.

당나라에서 626년에 수문관(修文館)을 개칭해 홍문관이라 했는데, 두 기관 모두 이름 그대로 문장을 관장하는 곳이다. 도적(圖籍)을 수장, 정리, 교정하고 생도를 교육하며 조정의 제도와 의례에 관한 논의에 참여하는 직무를 맡았다. 고려시대에는 995년 숭문관(崇文館)을 개칭해 홍문관이라 했고 학사를 두었다.

조선시대에는 학술적인 관부이자 언론 삼사(言論三司)의 하나로서, 정치적으로도 중요한 기능을 담당하였다. 홍문관직은 청요직(淸要職)의 상징이었으므로 홍문관원이 되면 출세가 보장되었다. 조선시대의 정승·판서로서 홍문관을 거치지 않은 사람은 거의 없었다. 1463년에 양성지(梁誠之)의 건의에 따라 장서각(藏書閣)을 홍문관이라 했는데, 이때의 홍문관은 장서기관(藏書機關)이었을 뿐이다. 1478년에야 비로소 학술·언론기관으로서의 홍문관이 성립하였으니, 강징은 제1세대 홍문관 관원이었던 셈이다.

강징은 35세 되던 1500년 1월 20일에 홍문관 부교리(副校理 종5품)에 임명되었다. 3월 11일에 연산군이 강징에게 사복시 정(司僕寺正) 이세분(李世芬)의 제문을 짓게 하였는데, '교리(校理 정5품) 강징'이라고 칭하였다. 강징이 문인으로 이름난 관원은 아니었지만, 홍문관 관원들은 왕이 지을 글을 대신 지어주는 임무도 맡았으므로, 연산군의 이름으로 어제 제문(御製 祭文)을 지은 것이다.

『연산군일기』에는 강징이 지은 시의 제목이 여러 편 보인다.

> 부제학 강징이 아뢰었다.
> "신이 본직에 제수되었는데, 지극히 분수에 지나치니 사면하기를 청합니다."
> 전교하였다.
> "만일 어질다면 여기에 그치지 않았을 것이니, 사면하지 말고 본사(本司)로 물러가 사은 율시(謝恩律詩)와 겸하여 봄·소나무·대나무·꽃·버들에 대한 율시 각 1수씩을 지어 바치라." -10년(1504) 1월 18일

홍문관의 우두머리는 대제학(大提學 정2품)인데, 문관만이 할 수 있었으며, 조선의 문장을 저울질한다고 하여 문형(文衡)이라고도 하였다. 자타가 인정하는 조선 최고의 문장가가 맡았는데, 홍문관 소속이 아니고 다른 기관의 관원이 겸직하였다.

부제학(정3품)은 홍문관의 실무 책임자였기에, 강징이 "지극히 분수에 지나치니 사면하기를 청한다."고 하자, 연산군은 한 수 더 떠서 사은 율시(謝恩律詩), 즉 부제학에 제수된 은혜를 감사하는 율시를 지으라고 명하였다. 칠언율시는 일곱 자씩 여덟 구로 된 정형시이다. 연산군은 게다가 "봄·소나무·대나무·꽃·버들에 대한 율시도 각 1수씩을 지어 바치라."고 하였으니, 강징이 이 정도는 거침없이 지을 것이라고 알고 있었던 셈이다.

강징은 두 달 뒤에 왕의 비서실인 승정원으로 옮겨서 동부승지, 우부승지, 좌부승지를 두루 거쳤는데, 연산군이 8월 4일에 강징에게 또

율시를 지어 바치라고 명하였다.

> "승지 박열(朴說), 강혼(姜渾), 강징(姜澂) (줄임) 등은 또한 '비온 뒤에 호수를 감상하다[雨後賞湖]'라는 율시(律詩)를 지어 올리라."
> 또 전교하였다.
> "승지들은, '찬 기를 견디는 건 동쪽 울밑 국화인데[耐寒唯有東籬菊] 금 꽃송이 한창피어 새벽에 더욱 곱네[金蘂繁開曉更淸]'라는 것으로 글제를 삼아 율시를 지어 바치라."

이날도 율시 2수를 지어 바치라고 명하였다. 승정원은 왕의 비서실 이었으니, 아마 더 자주 시를 지을 일이 있었을 것이다.

연산군만 측근 신하들에게 시를 지으라고 명한 것이 아니라, 중종 도 시를 짓게 하였다.

> 칠덕정(七德亭)에 거둥하여 습진(習陣)을 관람하였다. 상의 명으로 '안 불망위(安不忘危)'를 제목으로 오언율시를 짓게 하였는데 시신(侍臣)들이 다 지어 바쳤다. 김안로(金安老)가 수석을 차지하였는데 표범 가죽 1장을 하사했고, 소세양(蘇世讓)·심언경(沈彦慶)·강징(姜澂)에게도 각각 별조 궁(別造弓)을 1장씩 하사했다. ─『중종실록』 29년(1534) 9월 25일

김안로는 당시 조정의 문단을 관장하는 대제학이었고, 소세양도 김 안로 이후의 대제학이었으며, 심언경도 중국 사신이 오면 접대할 정도 로 시를 잘 짓는다고 인정받던 신하였다. 여러 신하들 가운데 강징이 이런 대표적인 문인들과 비슷하게 인정받은 것을 보면 강징도 웬만큼 인정받던 시인이었음을 알 수 있다.

4. 강징의 생애를 평가하여 정사룡이 지은 신도비

당나라 시인 두보(杜甫)가 친구의 아들 소혜(蘇徯)를 위로하며 지어 보낸 시 「군불견(君不見)」에서 "장부는 관 뚜껑을 덮고 나서야 만사가 비로소 결정되는 법이네[蓋棺事始定]"라고 하였다. 지금의 불운을 극복하고 열심히 살라는 권면이기도 했지만, 사람이 죽고 나면 모든 행위도 끝나게 되어 그동안의 행적을 평가하게 된다는 뜻이기도 하다.

그 이름을 오랫동안 잊지 않게 새겨두는 돌이 비석이다. 종2품 이상의 고관이나 공신에게는 쓸 이야기가 많아서, 묘갈이나 묘표보다 규모가 더 큰 신도비를 세울 수 있게 하였다. 강징의 신도비는 당대 최고의 문장가인 정사룡(鄭士龍, 1491~1570)이 지었는데, 강징이 자신의 할아버지 정난종(鄭蘭宗)의 신도비 비문을 써준 인연을 고마워하며 지은 것이다.

정사룡은 영의정 정광필의 조카로 예조판서를 지낸 문신인데, 명나라에 두 차례나 사신으로 다녀오고 홍문관 대제학을 지낸 당대 최고의 문장가였다. 대제학은 문형(文衡)이라는 별칭만 보아도 알 수 있듯이 당대 문단을 공식적으로 이끄는 지도자였으니, 대제학 정사룡이 지은 신도비명은 개인의 의견이나 평가를 넘어서서, 강징의 생애에 대한 조정의 평가라고도 볼 수 있다.

조선국 가의대부 예조참판 겸 오위도총부 부총관 강공 신도비명 (有明朝鮮國嘉義大夫禮曹參判兼五衛都摠府副摠管姜公神道碑銘 幷序)

세상에서 보첩(譜牒)에 크게 드러나고 훈벌(勳閥)로 두드러진 씨족을 말하는 사람들은 모두 진양강씨(晉陽姜氏)를 일컫는다. 다른 성씨가 융성

예조참판 강공 신도비명. 머리 부분(강선구 사진)

하다 해도, 이와 대등한 씨족은 없다.

휘 시(蓍)가 고려 말에 벼슬이 상의문하찬성사(商議門下贊成事)에 이르셨고, 휘 회중(淮仲)은 공조참판(工曹參判)에 이르셨다. 휘 안복(安福)은 형조정랑(刑曹正郎)으로 형조참판에 추증(追贈)되셨고, 휘 이행(利行)은 이조판서(吏曹判書)에 추증되셨으니, 형조정랑 이하는 모두 (심재)공이 귀하게 된 덕분에 나중에 고귀하고 높은 벼슬을 더 내린 것이다.

판서공이 증 영의정(贈領議政) 허손(許蓀)의 따님에게 장가들었는데, 아름답고 덕망이 있는 배필이어서 훌륭한 아드님을 두셨다. 공의 휘는 징(澄)이고, 자는 언심(彦深)이다. 성화(成化) 병술년(1466)에 태어났는데, 남보다 뛰어나게 영특하여 스스로 글을 읽을 줄 알았다. 외삼촌 충정공(忠貞公) 허종(許琮)이 보고 기이하게 여겨, 데려다가 자제들과 함께 가르치고 인도하기를 더하였다. (심재)공이 타고난 자질이 원래 높기도 하였지만, 학식이 정밀하고 통달하게 된 것은 실로 충정공의 큰 가르침에 힘입은 것이다.

나이 겨우 약관(弱冠)에 사마시(司馬試)에 합격하여 성균관(成均館) 유생(儒生)이 되었는데, 동료들 가운데 시험 볼 때마다 수석을 차지하니 명성이 더욱 커졌다.

갑인년(1494) 여름에 과거에 급제하여 처음에는 승문원(承文院) 권지(權知)[1]로 소속되었다가, 예문관(藝文館)에 뽑혀 들어가 검열(檢閱 정9품)이 되었다. 관각(館閣)의 제공(諸公)들이 모두 칭찬하였다. 대교(待敎 정8품)로 전직되었다가 또 홍문관(弘文館) 저작(著作 정8품)으로 옮겼으며, 박사(博士 정7품), 부수찬(副修撰 종6품), 수찬(修撰 정6품), 부교리(副校理 종5품), 교리(校理 정5품)에 두루 올랐다.

나라 제도에 문학(文學) 유신(儒臣)을 선발하여 매달 과제를 주어 글을 짓게 하여서 장려하는 제도가 있었다. 공이 다섯 번이나 남다른 등수를 차지하였으므로, 두 계단을 올려 부응교(副應敎 종4품)로 승진되었다.

공이 경연관(經筵官)으로 있던 8년 동안 강독(講讀)을 맡을 때마다 말이 유창하고 생각은 간절하여, 좌우에서 경청하지 않는 사람이 없었다.

충청도에 요사스런 중이 있었는데, 자기가 '사람들의 손과 발이 마비되는 병을 고칠 수 있다'고 어리석은 백성들을 거짓으로 현혹시켜, 원근에서 사람들이 물밀 듯이 찾아왔다. 혹시라도 뒤쳐질까 걱정하며 맞이해 갔다. 어쩌다 나쁜 말이 돌았다.

공이 왕명을 받고 가서 국문(鞫問)하여, 그 정황을 캐어물었다, 간특한 짓을 다 밝혀내어 옥사(獄事)를 처리하니, 당시 여론이 통쾌하게 여겼다.

돌아와서 사헌부 장령(司憲府掌令 정4품)을 제수받고, 얼마 안 되어 직제학(直提學 정3품)으로 뛰어 배수되었다. 이어 부제학(副提學 정3품)으로 발탁되었다가 다시 승정원 동부승지(承政院同副承旨 정3품)로 옮겼다. 우부승지로 전보되었다가, 특별히 두 품계를 더하여 좌부승지로 승진하였다.

---

1 문과(文科)에 급제한 사람을 승문원·성균관(成均館)·교서관(校書館)에 배치시켜 권지(權知)라는 임시직 이름으로 실무를 익히게 하는 일을 분관(分館)이라고 한다. 이 중에서 승문원에 분관되는 사람들이 나중에 가장 빨리 출세하였으므로 중요하게 여겼다.

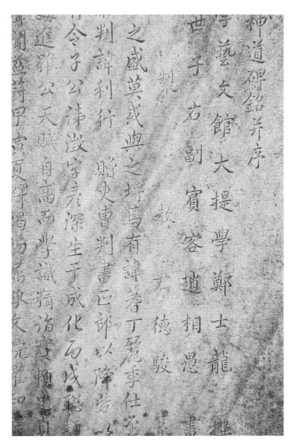

오른쪽부터 비문을 지은 정사룡, 글씨를 쓴 조상우, 전서(篆書)를 쓴 윤덕준의 이름이 보인다.

이때 연산군(燕山君)의 음학(淫虐)이 나날이 심해져 간신(諫臣)들을 내쳐 죽였는데, 공이 '사냥을 하시지 말라'고 충간했던 것을 소급해 문제 삼아 낙안군(樂安郡)에 유배시켰다.

이듬해에는 또 일찍이 사찰을 옮겨 창건하는 것을 논한 상소를 찾아내어 옥(獄)에 갇혔다. 죄가 장차 예측할 수 없는 지경이 되었는데, 마침 중종(中宗)의 반정(反正)으로 풀려날 수 있었다. 원종공신(原從功臣)에 참여하여, 곧 강원도 관찰사(觀察使 종2품)에 제수되었다. 백성들이 포악하고 가혹한 정치를 겪으며 세금을 체납하고 달아나 거의 없었으므로, 공이 힘을 다해 어루만지며 불러 모았다.

임기가 다 되어 동지중추부사(同知中樞府事 종2품)로 옮겼다가, 성절사(聖節使)[2]로 충원되어 북경(北京)에 갔다. 빠른 걸음으로 반열에서 걷는 동작이 예의에 어긋나지 않아, 중국 사람들이 그의 너그럽고 중후한 마음씨에 감복하였다.

돌아와서 어버이를 봉양하기 위해 외직을 요청하였다. 전주 부윤(全州府尹 종2품)에 보임되자, 부지런하면서도 간편하지 않게 다스렸다. 또 학교 정책을 수행하여 끌고 나가기에 게으르지 않았다. 만기가 되자 내직으로 들어와 추부(樞府)에 임명되었다가, 예조 참판(禮曹參判 종2품)으로 옮겨져 부총관(副摠管)[3]을 겸직하였다.

중종이 일찍이 향산구로(香山九老)와 낙중(洛中)의 기영 선현(耆英先賢)을 가려뽑아 그려서 병풍을 만들게 하였다. 신용개(申用漑)에게 그 끝에 발문(跋文)을 짓게 하고, 공에게 명하여 여러 노인들의 이름과 관직, 그리고 그들이 지은 시문을 쓰게 하였다.

홍문관에서 명도잠(明道箴)을 올리자 또 공에게 명하여 써서 올리게 하였다. 공의 필법(筆法)이 본래 힘차고 아름다워서 명성이 한 시대에 떨쳤으므로, 임금이 칭찬하기를 마지 않으며 많은 하사품을 내렸다.

얼마 뒤에 부친상을 당하였다. 상을 마치자, 동지중추부사 겸 부총관을 제수하였다.

신사년(1521)에 지금 황제가 제위(帝位)를 이어받고 한림원(翰林院) 수찬(修撰) 당고(唐皐)와 병과(兵科) 급사중(給事中) 사도(史道) 등을 보내어

---

2 성절사는 명나라나 청나라 황제나 황후의 생일을 축하하기 위해 보내던 사신인데, 청나라 때는 성단사(聖旦使)라고도 했다. 정례 사행이어서, 정조사(正朝使)·동지사(冬至使)와 더불어 삼절사(三節使)라고 하였다. 강징은 정덕제(正德帝) 무종(武宗)의 생일을 축하하기 위해 1508년 7월 7일에 출발하여 12월 30일에 돌아왔다.

3 오위도총부의 종2품 관직이다. 도총부의 부책임자로서 오위(五衛)의 입직(入直)·행순(行巡) 등을 감독, 지휘하였으나 뒤에 오위제가 유명무실화하자 관명만 남게 되었고 임기는 1년이었다.

조칙을 반포하게 되자, 조정에서 의논하였다.

"두 사신이 (중국에) 들어가서 우리나라 문물을 찬미할 것이고, 중국 조정의 인사들이 우리 사신을 만나면 반드시 서로 의논할 것이니, 사신을 선발하는데 신중하지 않을 수 없다."

이때 공이 이미 존호사(尊號使)로 선발되었는데, 특별히 고쳐서 진하사(進賀使)로 가게 되었다.

북경(北京)에 도착하여 황제가 그의 학식을 보려고 하자, 진신(縉紳) 사대부(士大夫)들도 모두 눈을 닦으며 기다리고 있었다. 공이 예부(禮部)에 글을 올리자, 미리 보기를 청함이 대단하였다. 낭사(郎舍)가 공의 사리(詞理)와 필치(筆致)를 보고는 아름다움을 찬탄하면서 따로 1부를 쓰게 하여 사사로이 감상할 거리로 삼았다. 상서(尚書)도 또한 탄복하면서 특별히 갖추어 황제에게 아뢰니, 황제가 칙령을 내려 문관 4품의 반열에 따를 것을 허락하였다. 이는 전에 없던 일이었다.

돌아와 복명(復命)하자 임금이 불러들여 보시고 그 전말(顚末)을 물으셨다. 그 아름다움을 극진히 칭찬하시고, 특별히 수(守)[4] 지중추부사(知中樞府事 종2품)에 임명하셨다. 이어 외직으로 나가 경주 부윤(慶州府尹 종2품)에 보임되었다. 절조가 소탈하면서도 학교를 정비하는 정치가 전주 부윤으로 있을 때와 비슷하면서도 더한 점이 있었다. 교체되어 첨지중추부사(僉知中樞府事 종2품)에 제수되고 지중추부사(知中樞府事)로 승진되었다가, 예조 참판(종2품)에 전보되었다.

을미년(1535)에 공이 늙었음을 이유로 들어 사직할 것을 청하였지만, 임금이 위로하며 윤허하지 않았다. 1년 뒤에 공이 병으로 누워 집에서 세상을 떠나니, 춘추 71세였다. 부음(訃音)이 들리자 조정에서는 정부를 이틀간 폐하고, 부의를 내려 제사지내게 하였으며, 인부를 주어 장사 지내도록

---

4 품계와 관직이 일치하지 않은 관원에게 주던 칭호가 행수(行守)인데, 관직이 품계보다 높은 경우를 '수(守)'라 하였다. 직함을 쓸 때에 '수(守)'를 품계 뒤 관사명 앞에 쓰게 되어 있었다.

하였으니 모두 특별한 은혜이다.

공은 성품이 단아하고 행실이 진중하였으며, 항상 글 짓고 글씨 쓰는 것을 스스로 즐겼다. 하루라도 책을 보지 않는 날이 없었고, 비록 한가하게 집에 있을 때라도 반드시 엄숙하고 단정하게 앉았으며, 말하고 웃는 것이 구차하지 않았다. 자제들이 배운 것을 질문하면 비로소 기쁜 얼굴로 마음을 터놓고 말하였으며, 사사로운 일은 말하지 않았다.

공은 사람을 접대할 때에 한결같이 너그럽고 대범하여, 비록 집에서 부리는 노복들이 잘못을 저질러도 또한 성내지 않았다. 평생 자신을 보양하기에는 몹시 박하여, 따뜻하게 입고 배불리 먹는 이야기는 입에 올리지 않았으며, 남을 경계할 때에는 반드시 이렇게 말하였다.

"거친 옷이나 거친 음식 부끄러워하는 것을 학자는 크게 경계해야 한다. 사치가 나의 명예를 더럽히는 것처럼 여겨서, 간소한 생활하기에 힘쓰기를 마치 맛있는 음식을 좋아하듯이 하라."

어떤 사람이 공이 오랫동안 한직에 있는 것에 대하여 말하자, 이렇게 대답하였다. "다만 직임을 제대로 수행할 수 있을까 걱정할 뿐이다. 2품 관직이 나에게 이미 과분한 것이니, 여기서 다시 무엇을 더한단 말인가?"

만년에는 조용한 곳에 작은 집을 짓고, 주위에 꽃과 나무를 심어놓고 지팡이에 짚신 차림으로 그 사이를 거닐며 인간 세상과 서로 접촉하지 않았다. 평소에 시 짓기를 잘하였는데, 노년에 지은 시 가운데 더욱 사려(思慮)와 운치(韻致)가 있다.

공의 배위(配位) 정씨(鄭氏)는 오천(烏川)의 명망 있는 집안의 자손인 휘 미(湄)의 따님으로 현숙하고 법도가 있었는데, 공보다 먼저 세상을 떠났다. 모두 다섯 아들을 두었는데, 장남은 희(僖)니 신창현감, 그 다음은 의(儀)니 적성현감, 그 다음은 억(億)이니 왕자사부(王子師傅), 그 다음은 엄(儼)이니 병절교위(秉節校尉), 그 다음은 위(偉)니 병조좌랑이다. 측실에서는 두 아들과 두 딸을 두었으니, 준(俊)과 임(任)이다.

희(僖)는 첨지(僉知) 김봉서(金鳳瑞)의 딸에게 장가들었는데 아들을 두지 못했으므로, 아우의 아들 응서(應瑞)를 데려다가 후사를 삼았다. 의(儀)

는 부사 권세형(權世衡)의 딸에게 장가들었는데, 두 아들과 두 딸을 낳았으니 몽서(夢瑞)와 응서(應瑞)이다. 몽서는 진사이다. 맏딸은 구윤덕(具潤德)에게, 둘째 딸은 사인 최○에게 시집갔다. 억(億)은 판관 유응대(柳應臺)의 딸에게 장가들어 세 아들과 두 딸을 낳았으니, 장남은 명서(命瑞)이고, 나머지는 아직 어리다. 엄(儼)은 현감 김효윤(金孝胤)의 딸에게 장가들어 두 아들과 두 딸을 낳았으니, 장남은 창서(昌瑞)이고, 나머지는 아직 어리다. 위(偉)는 감찰 신수견(辛壽堅)의 딸에게 장가들어 두 아들과 한 딸을 낳았는데, 모두 어리다.

나는 어린 사람으로 이 글을 지어 공의 칭송을 욕되게 하였다. 돌아가신 할아버지[5]의 신도비에 새긴 글씨는 실로 공의 필적이니, 공의 묘비명을 지어 달라는 청을 받고 어찌 졸렬한 문장으로 감히 헛되게 알려서야 되겠는가.

명(銘)은 다음과 같다.

강씨는 진주에서 나와	姜自晉出
원수에게서 세계가 시작되었으니,	啓慶元帥
자손 가운데 어진이가 많이 나와	子姓多賢
대대로 그 아름다움을 이루었네.[6]	世濟其美
길게 이어온 가업을	遙遙緖業
찬성공이 회복하셨도다.	贊成恢之
4대만에 공이 태어나시어	四傳有公
크게 나래를 떨치셨으니,	丕振羽儀
옥당(玉堂)에 몸 담아 있으며	盛之玉堂

---

5 정사룡의 할아버지인 익혜공(翼惠公) 정난종(鄭蘭宗)의 신도비명을 대제학 남곤이 짓고, 강징이 글씨를 썼다.

6 정사룡의 문집인 『호음잡고(湖陰雜稿)』에는 이 두 구절이 "요동 땅의 나쁜 기운을 소탕하여[蕩掃遼氛] 나라의 걸음을 풀어주셨네.[以紓國步]"로 되어 있다.

임금께 학문을 논하셨도다.	動目論思
중추부에서 정사를 살피고	密勿中臺
지방관으로 나가 선정을 베푸셨네.	旬宣外寄
임용될 때마다 공적이 있었으니	擧有績效
그 노고를 평가한다면,	簡其勞勘
판서나 재상으로 삼아	宜長卿曹
국정에 참여함이 마땅하건만,	俾陪國論
만년까지 예조 참판이었으니	晚貳春省
어찌 그리도 밀어주는 이가 없었던가.	豈乏推輓
우수(迂叟)처럼 동산을 꾸미고	園闢迂叟
정절(靖節)처럼 술항아리를 열어,	樽開靖節
조용하게 마음 편히 살며	我持恬默
세상 만사에 서투른듯 지내셨네.	與世用拙
벼슬이 끝내 덕에 차지 않았건만	竟不滿德
후손들을 넉넉히 주셨도다.	乃裕于嗣
백세토록 복과 효성이 이어져	百世祚孝
지금도 다함이 없으니,	其尙不匱
내가 그 시종을 명으로 지어	我銘終始
후세에 전하노라.	惟後之遺

『주역』 「점괘(漸卦) 상구(上九)」에 "기러기가 공중으로 점차 나아가
는 것이다. 그 깃이 의법이 될 만하니 길하다.[鴻漸于陸, 其羽可用爲儀,
吉.]"라고 하였다. 공영달(孔穎達)이 소(疏)에서 "높은 곳에 있으면서 그
위치를 가지고 스스로를 얽매지 않으면 그 깃털은 다른 것의 의표가
될 만하니, 귀하고 본받을 만하다.[處高而能不以位自累 則其羽可用爲物之
儀表 可貴可法也]"라고 설명했다. '우의(羽儀)'는 높은 지위에 있으면서
재덕을 겸비하여 남의 모범이 되는 사람을 뜻하는 말로 사용되었으

녹음 속의 신도비를 확인하
는 적암 강정구. 필자. 수암
강희설

강징 신도비(강선구 사진)

니, 정사룡이 강징을 높은 지위에 올라 남의 모범이 되었다고 칭송한 것이다.

강징이 32세부터 검토관(檢討官 정6품)으로 경연에 참여하였다. 검토관은 성종(成宗) 때 집현전의 후신인 홍문관(弘文館)의 정6품관인 수찬(修撰) 2명과 종6품인 부수찬(副修撰) 2명 가운데서 겸임하였다. 이들은 임금에게 경전과 역사 등을 강의하고 함께 현실 정치에 적용하여 토론하는 논사(論思)를 맡아보았다. 논사(論思)는 학사(學士)가 경악(經幄)에서 임금과 학문을 논하고 계책을 건의하는 것을 말하는데, 이 글에서는 임금을 가까이에서 모시며 자문하는 신하라는 뜻으로도 썼다.

순선(旬宣)은 두루 다스려 왕명을 펴는 것으로, 목민관 가운데서도 관찰사의 임무를 가리킨다. 『시경』 「강한(江漢)」에 "왕께서 소호(召虎)에게 명하여, 와서 두루 다스리며 와서 베풀게 하시다.[王命召虎, 來旬來宣.]"한데서 나온 말이다. 강징이 41세에 강원도 관찰사, 44세에 전주 부윤으로 나아가 선정을 베푼 공을 치하한 것이다.

우수(迂叟)는 송나라 재상인 사마광(司馬光, 1019~1086)의 호로, 자는 군실(君實)이다. 인종(仁宗) 때 진사에 합격한 후 한림학사, 권어사중승 등을 역임하다가 왕안석(王安石)의 신법에 극력 반대하여 추밀부사를 사퇴하고 외직으로 나갔다. 1071년 서경어사대에서 물러난 후 15년 동안 낙양(洛陽)에 살면서 역사서를 편찬하는 데 전념하였다. 철종(哲宗)이 즉위하여 태황태후인 선인황후(宣仁皇后)가 정치에 참여하자 재상으로 임명되었고, 범순인(范純仁)·범조우(范祖禹) 등을 기용하여 신법을 철폐하고 옛 제도를 회복하였다. 온국공(溫國公)에 봉해졌으며, 시호는 문정(文正)이다. 『자치통감(資治通鑑)』을 편찬하였고, 『사마문정공문집』 등의 저술을 남겼다.

사마광이 일찍이 낙양에 살면서 국자감(國子監) 곁에 땅을 얻어 독락원(獨樂園)을 짓고, 〈독락원기(獨樂園記)〉를 지어 스스로 한가로이 물러나 지내는 즐거움을 술회하였는데, 조선 선비들이 이 글을 즐겨 읽으며 그같이 한가롭게 살기를 꿈꾸었다.

정절(靖節)은 동진(東晉)의 처사 시인 도잠(陶潛)의 사시(私諡)인데, 연명이라는 자로 더 널리 알려졌다. 도연명은 본디 음률을 알지 못하여 줄이 없는 거문고 하나를 가지고서 술이 거나할 때마다 어루만지며 자기의 뜻을 부쳤다. 술항아리를 여는 것[開樽]이 그의 가장 큰 즐거움이었다.

두보(杜甫)가 〈병적(屛跡)〉 시에서 "세상일에 졸렬함으로 내 도를 보존하니, 숨어 사는 생활이 물정에 가깝구나.[用拙存吾道 幽居近物情]"라고 하였다. 생계나 세상살이에 서툰 덕분에 본성을 보존한다는 뜻이다. 이 글에서는 강징이 말년에 안산에 은거하여 세상에 나아가지 않음을 뜻한다.

신도비에는 왕조실록에 실리지 않은 행적이 보이는데, 예를 들면 명나라에 사신으로 다녀와서 경주 부윤(종2품)으로 부임하여 전주 부윤 때보다 더 훌륭하게 다스렸다는 기록이 보인다.

그러나 관원으로서의 행적이 실록에 다 실리는 것은 아니다. 강징

경주 부윤에 임명되어 전주 부윤 때보다 더 잘 다스렸다는 기록은 『중종실록』에 빠져 있다. 신도비 탁본

『경주부 선생안』에 적힌 강징의 부임 기록

사후에도 집안에 교지가 남아 있어서 가장(家狀)을 작성하고 정사룡이 비문에 그 사실을 기록한 것인데, 『중종실록』에는 경주 부윤 임명 사실이 빠져 있지만, 역대 경주 부윤들의 명단을 기록한 『경주부 선생안(慶州府 先生案)』에는 강징이 가의대부(嘉義大夫 종2품) 품계로 기축년(1529) 2월 11일 부임하여 9월 2일에 동지중추부사(同知中樞府事)로 돌아간 자취가 보인다. 이 시기 『중종실록』에는 1528년 10월 10일 이후 1534년 4월 14일 전까지 5년 6개월 동안의 행적이 보이지 않는데, 이 시기에도 경주 부윤이라든가 동지중추부사 등 종2품 관직을 계속 유지한 것이 확인된다.

신도비에 길게 적힌 한평생을 문학적으로 함축한 사언시가 바로 명(銘)인데, 정사룡은 『주역』이나 『시경』의 문장을 끌어와 강징이 왕을 보좌하여 정치에 헌신하던 젊은 시절을 칭송하고, 강징이 안산에 은거하여 편안하게 노닐던 만년 생활을 사마광이나 도연명, 두보의 한가로운 즐거움에 비유하였다.

"벼슬이 끝내 덕에 차지 않았건만 후손들을 넉넉히 주셨도다.[竟不滿德, 乃裕于嗣.]"라는 구절이 강징의 생애를 가장 간결하게 보여준다.

종2품 참판으로 오랜 세월 정무에 종사하다가 끝내 재상의 반열에 오르지 못했지만, 일곱 아들의 후손이 창성하여 『서경』「홍범(洪範)」에서 말한 수(壽), 부(富), 강녕(康寧), 유호덕(攸好德), 고종명(考終命)의 오복(五福)을 맘껏 누렸다고 할 수 있다.

洪淑　曹繼商　姜澂　宋欽　李賢輔　尹殷輔　柳溥　洪景霖　洪彥弼　四

70세 넘도록 정2품 이상 관직에 있으면 기로소(耆老所)에 들어가게 되는데,
『기사경회록(耆社慶會錄)』에 71세 강징의 명단이 보인다.

5. 후손들에게 물려준 안산 웃버대

1392년 조선 개국과 함께 한양(漢陽)이 도읍이 되자, 개성에서 벼슬하던 통정공 통계공 형제가 경기(京畿)에 터를 잡았고, 그 후손들도 혼인을 통하여 이 일대에 토지를 상속받으며 정착하였다. 강회백의 손자 강희맹은 20대 초반에 함양에 머물렀는데, 아들이 없는 숙부 강순덕에게 입양된 덕분에 함양에 있던 좌명공신 일등 이숙번의 농장을 상속받았다. 숙모가 이숙번의 딸이었으니, 자연스럽게 양자 강희맹에게 다시 상속된 것이다.

이숙번의 처인 외할머니 정씨가 '외손자 강희맹이 임의로 자신의 재산을 처분하려 하니 상속재산을 되돌려 달라'고 왕에게 청원하자, 의정부에서 '재산권은 부모의 임의 권한'이라고 유권해석을 내려, 강희

강징의 신도비 왼쪽 하단에 우물이 보이고, 왼쪽 상단이 집과 정자 터이다.

서당 유지비(遺址碑)

맹의 함양 농장은 외할머니 정씨에게 돌아갔다. 그러나 외할아버지 이
숙번이 물려준 안산(安山) 일대의 농장과 노비는 그대로 보전하여, 경
기도 안산 일대에 진주강씨의 기반이 마련되었다.

　강징이 1535년 늙었음을 이유로 들어 사직할 것을 청하였지만, 임
금이 위로하며 윤허하지 않았다. 그러나 실제로 정사에 참여한 기록은
보이지 않아, 이즈음에는 안산 집에서 책이나 읽으며 조용히 지낸 것으
로 보인다. 정사룡이 신도비명에 쓴 것처럼, 안산 조용한 곳에 작은
집을 짓고, 주위에 꽃과 나무를 심어놓고 지팡이에 짚신 차림으로 그
사이를 거닐며 인간 세상과 서로 접촉하지 않았다.

　"평소에 시 짓기를 잘하였는데 노년에 지은 시 가운데 더욱 사려(思
慮)와 운치(韻致)가 있다."고 했으니, 심재(心齋)라는 자호 그대로 이즈
음에는 마음을 비우고 모든 것을 받아들이며 인생을 달관한 처사처럼
살았을 것이다.

　30년이나 종2품 고관 직에 있었으며 관찰사나 부윤같이 높은 지방
관도 역임하였으니 상당한 재물을 모을 수 있었겠지만, 평생 자신을

보양하기에는 몹시 박하여 따뜻하게 입고 배불리 먹는 이야기는 입에 올리지 않았다고 한다. 자녀들을 경계한 말 한 마디에도 안산 집에 머물던 그의 모습이 엿보인다. 이 집 주변에 강징이 마시던 우물이 남아 있고, 평소에 후학들을 가르치던 서당 터가 남아 있다.

"거친 옷이나 거친 음식 부끄러워하는 것을 학자는 크게 경계해야 한다. 사치가 나의 명예를 더럽히는 것처럼 여겨서, 간소한 생활하기에 힘쓰기를 마치 맛있는 음식을 좋아하듯이 하라."

그가 안산 집에서 병으로 누웠다가 71세로 세상을 떠나니, 춘추 71세였다. 부음(訃音)을 들은 조정에서는 정무를 이틀간 폐하고, 부의를 내려 제사지내게 하였다. 인부를 보내어 장사 지내도록 하였으니 모두 특별한 은혜이다.

자손들과 함께 살던 안산 웃버대에 부부 쌍분으로 묘를 조성하였지

묘를 살펴보는 강희설, 허경진, 강정구

강징 부부의 쌍분과 석물

만, 처음부터 신도비가 세워졌던 것은 아니다. 집안에서 강징의 생애를 정리하여 가장(家狀)을 작성한 다음, 명망 있는 문장가에게 행장(行狀)을 지어달라 부탁하여 신도비명을 받는 게 당시 관례인데, 현재 강징의 행장은 보이지 않는다.

강징이 이미 할아버지 정난종의 신도비 글씨를 써 주었기에, 정사룡은 강징에 대해 너무도 잘 알고 있었다. 명망 있는 문장가가 지은 행장을 보아야만 그가 기록한 행적을 믿고 신도비명을 짓는 법인데, 정사룡은 가장(家狀)만 보고도 신도비명을 지었을 가능성이 있다. 신도비문이나 그의 문집에는 신도비를 세운 시기가 밝혀져 있지 않다. 비문을 지은 정사룡의 벼슬을 지중추부사 대제학으로 썼는데, 정사룡이 1545년에 지중추부사가 되고 1554년에 처음 대제학이 되었으니, 아마도 1554년 이후에 지었을 것이다. 강징 사후 20년 후의 일이다.

신도비가 실제로 세워진 것은 또 그로부터 150년 뒤의 일이다. 신도비 우측 3행에 이조참판 조상우(趙相愚) 서(書), 이조참지 윤덕준(尹德駿) 전(篆)이라고 새겨져 있는데, 조상우는 1700년 이조참판에 임명되었고, 윤덕준은 1701년 이조참의에 임명되었다. 조상우는 이어서 형조 예조의 판서를 거쳐 우의정까지 승진했으니, '이조참판 조상우'라고 새겨진 것을 보면 병자호란의 상처가 아물고도 한참 지난 1700년이나

안산시 향토유적 제3호 「강징선생 묘 및 신도비」 안내판

1701년에 이 신도비를 세웠을 것이다.

윤덕준은 해서·초서·전서·예서를 다 잘 써서 당시 사대부들 사이에 윤덕준의 금석지각(金石之刻)이 유행했다 한다. 대제학의 신도비명과 명필의 글씨를 얻기에 170년이나 걸린 셈이다.

170년이 지난 뒤에 신도비를 세우다보니 상황이 달라져, 신도비 측면에 그 사연을 추가로 기록하였다.

우리 선조께서 원래 태부(太傅)라는 관직이 없으셨는데 비명 첫 구절에 '태부(太傅)' 두 글자가 있었으므로 고쳐서 '원수(元帥)'라고 썼다. 요(遼)를 격파하고 공훈을 세웠던 일도 역시 없었으므로 제2구 "요동 땅의 나쁜 기운을 소탕하여[蕩掃遼氛] 나라의 걸음을 풀어주셨네.[以紓國步]"를 "자손 가운데 어진이가 많이 나와[子姓多賢] 대대로 그 아름다움을 이루었네.[世濟其美]"라고 고쳐, 후세의 의혹을 없앴다.

이 산기슭 위의 제1 쌍분은 참판공 선조의 묘이고, 제2 쌍분은 참판공 선조의 장남 감찰(監察) 휘 희(僖)의 묘이며, 제3 쌍분은 참판공 선조의 제2남 판관(判官) 휘 의(儀)의 묘인데, 모두 감향(坎向)이다. 삼가 비석 끝에 기록하여 식별하게 하고자 한다.

다섯 아들이 이 일대에 살며 벼슬하다가 세상을 떠난 뒤에는 강징의 묘 주변에 차례로 묘를 썼다. 병자호란에 피해를 입어 흩어지기 전까지는 대부분 계속 살았으니, 웃버대 일대가 강징 문중의 동족촌이었다. 자손들이 계속 번성하였으니, 정사룡이 지은 신도비명의 마지막 구절이 강징 사후 20년뿐만 아니라 지금까지도 그대로 들어맞았다.

벼슬이 끝내 덕에 차지 않았건만 　　　　　　　竟不滿德
후손들을 넉넉히 주셨도다. 　　　　　　　乃裕于嗣

백세토록 복과 효성이 이어져   百世祚孝
지금도 다함이 없네   其尙不匱

4장

관원으로 성공하다

1. 왕의 스승과 언관으로 인정받다

문과에 급제하면 벼슬길이 시작되는데, 관원으로서 가장 출세가 보장되는 길은 사관(史官)을 거쳐 언관(言官)으로 왕의 옆에서 보좌하는 것이니, 이를 청요직(淸要職)이라 하였다.

삼사(三司)로 통칭되는 사헌부·사간원·홍문관의 관원은 언론 활동을 통하여 왕에게 간쟁하고 백관을 규찰하며, 당하관 이하의 관직을 제수할 때 그 자격을 심사하는 등 정치 기강을 확립하고 선정을 보장하는 역할을 하였다. 그에 따라 의정부와 육조의 낭관 및 언론을 관장한 삼사의 관원은 재주와 식견이 뛰어난 인재 중에서 선발하였고, 대개 단기간에 당상관 이상으로 진출하였기에 청요직으로 불리면서 모든 관원이 선망하는 관직이 되었다.

1) 홍문관 요직을 거치며 벼슬하다

29세 되던 1494년 문과에 급제한 강징은 예문관 검열(檢閱 정9품)로 벼슬 생활을 시작하였다. 1497년 1월 4일 저작(著作 정8품)으로, 3월 2일 박사(博士 정7품)로 빠르게 승진되었는데, 7월 16일 경연(經筵)에서 연산군의 질문에 답변한 기록이 『연산군일기』에 처음 보인다. 언관으로 벼슬생활을 시작했다가, 이때부터 사부(師傅)의 직책을 함께 맡은 것이다. 왕의 스승은 단순한 지식 전달에 그치는 것이 아니라 역사를 통해 왕의 잘잘못을 들춰내고 권면도 하기 때문에 자연스럽게 언관의 역할을 겸하게 된다.

검열은 예문관에 속한 벼슬이고, 저작이나 박사는 모두 홍문관에 속한 벼슬인데, 홍문관은 궁중의 경서(經書)·사적(史籍)의 관리와 문한(文翰)의 처리 및 왕의 각종 자문에 응하는 일을 맡았던 관서이다. 왕의 측근인데다 왕과 자주 만나서 자문에 응하고 왕을 대신하는 글을 짓다 보니 왕에게 인정받을 기회도 많았으며, 출세길도 빨랐다. 따라서 문과급제자들이 가장 원하는 관서가 바로 홍문관이었다. 홍문관직은 청요직(淸要職)의 상징이었으므로, 조선시대의 정승·판서로서 홍문관을 거치지 않은 사람은 거의 없었다. 강징은 처음부터 장래가 보장되는 벼슬길에 들어선 셈이다.

홍문관 관원이 되려면 왕의 이름으로 발표되는 글을 짓는 지제교(知製敎)가 될 만한 문장과 왕을 가르치는 경연관(經筵官)이 될 만한 학문과 인격이 있어야 함은 물론, 가문에 허물이 없어야 했고, 이름이 홍문록(弘文錄)에 올라야 했다. 홍문록이란 홍문관원의 후보로 결정된 사람의 명단인데, 홍문관·이조·의정부의 투표(圈點)를 통해 다득점자의 순으로 결정되었다. 홍문관원에 결원이 생기면 홍문록 중에서 주의(注擬)·낙점(落點)된 사람으로 충원하므로 홍문관원이 되기가 어려웠다. 홍문관원은 모두 경연관을 겸했고, 부제학에서 부수찬까지는 지제교를 겸하였다.

강징의 공식적인 첫 벼슬은 예문관 검열인데, 검열은 예문관의 봉교 2인, 대교 2인과 함께 팔한림(八翰林)으로 불렸으며, 왕실의 역사를 기록하는 춘추관의 기사관을 겸하였다. 그들은 문과 출신들 가운데서 다시 『통감』·『좌전』기타 여러 역사서의 구술시험을 거쳐 선발되었으며, 항상 왕의 측근에서 사실(史實)을 기록하고 왕명을 대필하는 등 권좌에 가까이 있었다. 왕의 비서인 승지와 더불어 근시(近侍)로 불렸으며, 문과 급제자들이 처음 거치는 하급관직이었으나 조선시대의 대표적인 청요직으로 선망을 받았다.

2) 사관이 없는 자리에서 정승을 정하지 못하게 하다

강징의 공식적인 첫 발언은 『연산군일기』1년(1495) 3월 19일 기사에 보인다.[1]

> (왕이) 파평부원군 윤필상·좌의정 노사신·영돈녕 윤호를 불러서 전교하였다.
> "영의정이 여러 번 병으로 사직하려 하였으나 내가 윤허하지 않았는데, 지금 일이 많은 때이니 안심하고 조리하지 못하면 병을 치료하기 어려울 것이다. 좌의정을 영의정으로 올리고 우의정을 좌의정으로 올리고 정괄(鄭佸)을 우의정으로 삼아서 북경에 사신으로 가게 하는 것이 옳겠다."
> 이날 승전 내관(承傳內官) 김자원(金子猿)이 필상 등에게 명령을 전할

---

1 같은 날 기사에서 강징과 직접 관련이 없는 부분은 삭제하였지만, 경연(經筵) 기록은 앞뒤 문맥을 살리기 위해 모두 남겨 두었다.

적에 (왕과 정승 사이에) 가고 온 말이 많았으나, 승지와 사관(史官)이 참석하여 듣지 못하였다. 그러자 대교(待敎) 권달수(權達手)와 검열(檢閱) 강징(姜澂)이 아뢰었다.

"왕명을 내릴 때에는 반드시 승지와 사관이 참석하여 듣게 하는 법인데, 오늘은 그렇지 않았습니다. 그 말씀을 들려주시기를 청합니다."

"대행 왕조(大行王朝)에서 정승을 낼 때에는 반드시 사람을 파하게 하였으므로, 지금도 역시 이와 같이 한 것이다."

라고 전교하자, 달수 등이 아뢰었다.

"국가의 큰일을 대신과 의논하면서 사관이 참예하지 못하는 것은 심히 온당치 못합니다. 또 대행왕(성종)께서 정승을 낼 때에는 비록 다른 사람은 듣지 못하게 하였어도, 사관은 좌우에 있어서 그 시말(始末)을 함께 들었습니다."

그러자 전교하였다.

"지금 영의정·우의정이 다 병이 있어 북경에 갈 수가 없다. 전일에 서연(書筵)에서 정괄을 보니 정승이 될 만한 사람이므로, 지금 영의정을 갈고 정괄로써 우의정을 삼으려 한다."

연산군은 1494년 12월에 왕이 되었고, 강징도 같은 해 문과에 급제하여 검열과 기사관(記事官)을 겸직한 정9품 관원이 되었으니, 두 사람다 경험이 없었다고 할 수 있다. 그러나 강징은 연산군이 사관을 배제하고 정승을 임명한 행위에 대해 "국가의 큰일을 대신과 의논할 때에는 반드시 사관이 참석해서 기록해야 한다"는 원칙을 강조하였다. 연산군이 "부왕인 성종 때에 사람을 피한 자리에서 정승을 정했다"고 변명하자, 강징이 "다른 사람은 듣지 못하게 했어도 사관은 시말(始末)을 모두 들어 역사에 기록하였다"고 반박하였다. 연산군은 결국 이들의 말을 들어, 원칙대로 사관이 있는 자리에서 공식적으로 정승 교체를 전하여 실록에 남게 하였다.

사관은 품계가 낮은 직책이지만, 강징의 젊은 시절인 『연산군일기』에 그의 발언이 많이 보인다.

3) 영의정에게 지록위마(指鹿爲馬)라고 비판하다

실록(實錄)에 실린 예문관 검열 강징의 첫 번째 상소는 '대비(大妃)가 원각사에서 불경 간행하는 것을 그만두게 하시라'는 내용인데, 『광해군일기』 1년(1495) 7월 1일 기사에 실려 있다.

> 예문관 (줄임) 검열 강덕유(姜德裕)·강징(姜澂) (줄임) 등이 상소하였다. "불경(佛經) 박아내는 일을 듣고 놀라움을 이기지 못하였습니다. 전하께서 새로 즉위하시어 능히 선열(先烈)을 계승하시니 중외(中外) 신민이 지극한 정치가 베풀어지기를 상상하고 바라는데, 맨 먼저 이단(異端)의 서적을 박아내어 유신(維新)의 정화(政化)를 상하려 하시니, 신 등이 욕되이 시종(侍從)의 열에 있으면서 전하의 옳지 않은 처사를 보고서 끝내 침묵만 지킬 수 없습니다. 진리를 어지럽히는 불씨(佛氏)의 사설(邪說)을 비록 불에 태워서 영원히 없애지는 못할망정, 공장(工匠)을 모아 날로 천 권씩이나 박아내서 이 세상에 해독을 끼치게 해서야 되겠습니까. 근일에 경악(經幄)의 신하들이 상차하여 논계하였으나, 전하께서 분부하시기를 '이는 자전(慈殿)의 명령이다.' 하시니, 신들이 의혹스럽습니다. (줄임) 또 고정지(藁精紙)를 궐내로 들이라는 명령이 마침 불경 박아내는 시기에 내려지니, 신들이 의심이 없을 수 없습니다. 교서관(校書館)에 간직한 종이는 선왕께서 경적(經籍)을 박아 반포하여 문교(文敎)를 융성하게 하려던 것인데, 이제 이단의 서적을 박아내는 데에 이용하시면 신들은 후세에까지 이것으로써 전하를 논란할까 두렵습니다."

대간과 예문관(藝文館)에 전교하였다.

"불경 박아내는 일에 대해서 경들은, '기미를 살펴 간해서 그만두게 하라.' 하지만, 대비전의 하시는 일을 어떻게 간해서 그만두게 할 수 있겠느냐. 만약 간해서 그만두게 한다면 대비의 마음이 반드시 불안하실 것이다."

강징을 비롯한 언관들의 상소 내용은 두 가지이다. 첫째는 성종(成宗)의 뜻을 받들어 성현(聖賢)의 가르침으로 조선을 유신(維新)하려는 계제에 불경(佛經)을 간행할 수 없다는 것이고, 둘째는 유교 경전을 간행하여 후학들을 양성하려던 종이로 이단 서적을 간행하면 그 비난이 결국 연산군에게 향하게 된다는 경고이다. 연산군은 대비의 마음을 불안하게 할 수 없다고 핑계를 댔지만, 세자 시절부터 유교 경전 읽기를 싫어하던 연산군은 처음부터 경전 간행할 생각이 없었다.

7월 16일 경연에서 『강목(綱目)』을 강하다가, 영사 어세겸이 "임금이 뜻을 성실히 못하고 마음을 바르게 못하시면 반드시 편견에 현혹됩니다."라고 아뢰자, 장령 강겸(姜謙)이 이어서 영의정 노사신이 임금의 판단을 흐리게 했던 실례를 들어서 비판하였다.

노사신(盧思愼)이 사정으로 채윤공(蔡允恭)을 비호하므로 대간(臺諫)이 논박을 했는데, 도리어 대간에게 허물을 돌렸습니다. 그래서 전하께서는 즉위하신 처음에 대간을 가두라고 명령하게 된 것입니다.

노사신이 "(임금께서 대간의 논박을 들어주지 않고 신의 편을 들어주신 것은) 바로 영주(英主)의 용단입니다. 전하께서 간하는 말을 즐겁게 여기지 않은 것은, 사신이 아뢰어서 그르시게 한 것은 아닙니다."라고 아부하고 연산군이 그의 편을 들어주자, 강징(姜澂)이 아뢰었다.

임금과 대신의 과실에 대해서는 대간만이 논박하는 것인데, 대신이 대간(臺諫)에게 자기 일을 말하지 못하게 하려고 드니, 비록 사슴을 가리켜 말이라 해도[指鹿爲馬] 누가 말하겠습니까. 옛말에 '차라리 천자를 거역할 망정, 권신(權臣)을 거역하지는 못한다.'고 한 것이 이를 두고 한 말입니다.

그러자 왕이 말하였다.

"사신의 말은 대개 대간에서 '사(私)'를 끼고 이웃 사람을 비호했다.'고 논박한 때문인데, 재상이 어찌 혼자 궁벽한 곳에 살겠느냐. 또 강징은 '사슴을 가리켜 말이라고 했다.'고 말했는데, 내가 비록 부덕하지만 말을 이같이 해서는 안 된다."

검열 강징은 이튿날인 7월 17일에도 동료들과 함께 상소하였다.

임금과 신하의 사이는 사람의 한 몸과 같아서, 임금은 우두머리라면 삼공(三公)과 육경(六卿)은 팔·다리·가슴·등이요, 대간과 시종은 귀와 눈이요, 내외 여러 유사(有司)는 근기(筋肌)·지절(支節)·혈맥입니다. 사람의 몸이 맥박 하나만 좋지 않으면 병이 되고, 임금의 나라가 관리 하나만 잘못 등용하면 나라가 병드는데, 하물며 삼공(三公)이야 말할 것이 있겠습니까. 삼공이란 만기(萬機)를 돕고 백관들을 거느려서, 한 나라의 우러러 바라보는 바요 모든 관원의 사표가 되는 것인데, 불행히 음흉하고 간사한 소인이 그 지위에 앉게 되면 백관이 해체되는 동시에 국사의 쇠란(衰亂)이 따를 것이니, 두렵지 않겠습니까. (줄임)

영의정 노사신(盧思愼)은 본시 하나의 음험하고 간사한 소인으로 4대의 조정을 내리 섬겨 국가의 대신이 되었는데, 전하께서 즉위하시니 권세를 농간해서 제 마음대로 휘두를 계획을 하여 조종(祖宗) 만세의 기업을 그르치고자 하니, 이는 종묘사직의 죄인입니다. (줄임)

이제 노사신은 승정원에서 승지(承旨)가 좌우에 있고 사관(史官)이 앞에 있는데도 곧 나라 망칠 말을 조금도 두려워하고 꺼리는 기색이 없이 조정의 좌상에 드러내 말하였으니, 이는 조정을 업신여기고 사관도 업신여긴 것이므로 그 화가 임보(林甫)의 정도에 그치지 않습니다. 사신이 이미 (불경에 관한) 이 두 가지 술책으로써 전하에게 시험하여 영합하였으므로 자기 딴은 뜻을 얻은 양 묘당(廟堂)의 위에서 의기양양해 하는데, 홀로 대간이 자기의 일을 논박하였으므로 해치려고 한 지 오래였습니다. 그러다가 마침 상교(上敎)를 받고서 위의 의사에 영합하여 대답하기를 '지당하십니다.' 하고, '기뻐서 치하하기에 겨를이 없습니다.'라고 하였습니다. 이는 간언(諫言)을 거절하는 술법으로써 전하를 영합한 것이니, 그 화가 어찌 두렵지 않습니까.

신들이 또 듣자오니, 사신(思愼)이 대간으로부터 자기를 국문하기를 청하는 것을 보고는 감히 사람들에게 말하기를 '어떻게 나를 국문하겠느냐? 국문을 한다면 나로서도 할 말이 있다.'고 하니, 사신이 이미 나라 망칠 말로써 전하께 아유하였는데, 다시 또 무슨 말을 꾸며 대려는 것인지 모르겠습니다. (줄임) 전하께서 총명 성지(聰明聖智)가 다른 임금보다 뛰어나시고, 또 대간과 시종이 조석으로 논쟁하고 있으니, 어찌 사신의 음사와 간흉을 모르시겠습니까만, 다만 대신이기 때문에 우대하신 것입니다. (줄임) 전하께서는 이미 사신의 간사함을 알고 계시니, 빨리 법에 처치하여 조정에 보여 주소서. (줄임)

예부터 명왕(明王) 명후(明后)라 칭하는 것은 다름 아니라 군자와 소인을 분별하는데 있으며, 임금의 직책도 이에 지나지 않습니다. 군자와 소인은 하나가 자라면 하나는 사그러지는 관계이므로 함께 처하고서는 다투지 않는 일이 없는데, 다투게 되면 군자는 이기지 못하고 소인이 항상 이깁니다. 지금 대간과 시종이 여러 달을 두고 궐문 앞에 엎드려 있어도 아직 윤허하심을 입지 못하오니, 어찌 직을 사퇴하고 물러나는 것이 편안하다는 것을 모르겠습니까만, 선왕께서 발탁하여 전하에게 물려주신 것이기에 위는 선왕의 남다른 은혜를 잊지 못하고, 또 전하를 도울 자가 없음을 차마 볼 수 없어 분을 참고 반열에 나아가 전하께서 깨달으심이 있기를 바라는 것입니다.

노사신은 전부터 왕의 뜻에 영합하여 출세를 거듭했는데, 불경 간행도 왕의 뜻에 맞추어 발언할 뿐만 아니라 왕에게 직언한 언관들을 국문하라고 청하기까지 했다. 강징 등 언관들은 불경 간행뿐만 아니라 영의정을 교체하라고까지 간언하였으며, 간언이 받아들여지지 않아 사직하고 싶지만 "전하께서 깨들음이 있기를 바라는" 마음에 다시 한 번 상소한다고 하였다.

언관들의 상소가 계속 받아들여지지 않자, 사간원의 수장인 대사간(大司諫) 이감(李堪)이 강징의 지록위마(指鹿爲馬)의 고사를 다시 들어 7월 27일 연산군에게 간하였다.

백성의 원망이 날로 일어나면 나라의 근본이 크게 흔들리고 기강이 날로 해이해지면 국가가 장차 위태로울 것입니다. 이러한 위기(危機)를 오직 내간·홍문관·예문관에서만 말할 뿐, 육조(六曹)나 의정부(議政府)에서는 한 마디 말이 없으니, 이는 모두 노사신을 두려워하여 잠자코 말하지 않는 것이므로, 이야말로 진(秦)나라 조고(趙高)가 사슴을 가리켜 말이라 해도 [指鹿爲馬] 사람들이 감히 아니라고 못한 것과 같습니다. 그래서 신은 통곡하는 바입니다.

전일에 전하께서 하교하시기를 '사신이 말한 것은 곧아서 불가할 것이 없고, 대간이 말한 것도 옳다고만 할 수 없으니, 물러가서 생각해 보라.' 하셨는데, 이는 전하께서 인정에 끌리시어 쾌단을 못하시는 것입니다. 대간(臺諫)이 스스로 바르다 하여 명령에 복종하지 아니하였으니 죄줄 만하다면, 노사신은 간사하고 아첨하여 전하를 그르쳤으니, 역시 죄줄 만합니다. 대간이나 노사신을 한꺼번에 죄에 두어 버리시면 조정으로 보아 매우 다행하겠습니다.

강징을 비롯한 언관들은 영의정 노사신을 진나라 권력자 조고(趙高)

에 빗대어, 몇몇 언관을 제외한 조정의 신하들이 노사신의 '지록위마(指鹿爲馬)'에 끌려 제대로 말하지 못하는 상황을 비판하였다. 연산군은 끝내 노사신에게 죄주지 않고 버티었으니, 언관 강징과 연산군의 대립이 이때부터 시작된 셈이다.

4) 광해군 같은 왕자의 스승으로 모범을 보인 외삼촌 허침

연산군은 성종 14년(1483) 2월 6일에 8세의 나이로 세자 책봉을 받았다. 세자는 부왕의 뒤를 계승해야 할 인물이므로 수신제가치국평천하(修身齊家治國平天下)에 관련된 교육을 받아야 한다. 자신을 닦아 인격이 형성되고, 왕실을 바로세우고 국가를 잘 다스려 온 천하의 백성들이 행복하게 살 수 있도록 하는 능력을 길러야 하는 것이다. 이러한 능력을 기르기 위해 조선조에서는 서연제도(書筵制度)를 마련하여 스승을 정하고 그 스승과 함께 책을 읽어 자신의 역량을 키우도록 하였다.

연산군 역시 세자에 책봉된 지 11일 만인 2월 17일에 정창손의 건의로 서연제도가 마련되었다. 세자의 서연(書筵)에는 매일 빈객(賓客 정2품) 1명, 낭청(郎廳) 2명, 대간(臺諫) 각각 1명이 진강하였는데, 아침에는 빈객이 진강하고 낮에는 낭청이 입시하여 아침에 읽은 것과 전에 사흘 동안 배운 것을 복습하였으며, 매달 15일에는 사(師 영의정) 부(傅 좌의정이나 우의정)와 빈객이 모여서 강독하였다. 보름날에는 영의정을 비롯한 서연관들이 모두 모여 강독한 것이다.

『경국대전(經國大典)』 세자시강원(世子侍講院)조에 "왕세자에게 경서(經書)와 사적(史籍)을 강의하여 올리며 도의(道義)를 바르게 계도(啓導)하는 일을 관장한다. 모두 문관을 임용한다. 부빈객(副賓客) 이상은 다른 관사(官司)의 관원이 겸임한다."라고 규정하였다. 서연관으로는 사(師 영의정), 부(傳 정1품 의정), 이사(貳師 종1품, 찬성) 1명, 빈객 2명(정2품), 부빈객 2명(종2품), 보덕(輔德 종3품) 1명, 필선(弼善 정4품) 1명, 문학(文學 정5품) 1명, 사서(司書 정6품) 1명, 설서(說書 정7품) 1명 등을 두었는데, 사부(師傅)는 일정한 시간을 정한 회강 때만 서연에 나가고 주로 보덕과 필선이 실제로 가르쳤다.

연산군은 7월 20일부터 서연을 시작하여, 아침과 낮에 『소학(小學)』을 강독하였다. 8세 어린이가 하루 종일 책만 읽고 토론하는 것은 무리였기에, 김수광은 경연(經筵)에 참석하여 성종에게 "세자가 날마다 서연에서 공부하는 것은 건강을 해칠까 염려되니 매달 여가를 주어 쉬도록 하면서 예절교육도 시키는 것이 좋겠다."고 건의하였다.

그러나 김종직은 "어려서부터 독서하는 습관을 길러야 자립할 수 있으니 열심히 학문하지 않으면 안 된다."고 주장하였다. 성종은 김종직의 발언을 받아들였다. 2월 20일부터 『소학』을 읽기 시작해, 8월 1일에 마쳤다. 완독하기 까지 18개월 만에 책거리 잔치를 베풀어 성종이 세자에게 친히 술잔을 잡게 하고 서연관들에게 술을 마시게 하였다.

그 뒤를 이어 『대학』『중용』『논어』 순으로 독서하였으며, 구두(句讀)와 해석에 치중하였다. 소학은 실천이 중요했기에 세자시강원 보덕 김제신(金悌臣)이 "학문하는 길은 입으로 말하고 귀로 듣는 것만을 귀하게 여기는 것이 아니고 몸소 실행하는 것을 귀하게 여깁니다. 어릴 때부터 어른이 될 때까지 그렇지 아니함이 없습니다."라고 개선을 제시하였다.

강징의 외삼촌 허침은 광해군이 세자 시절에 비슷한 시기에 연산군의 스승이 되었다. 연산군의 스승이 여러 명 있었지만, 가장 성공한 스승은 허침이다. 방손 허봉(許篈)이 『해동야언(海東野言)』을 저술하면서, 허침이 연산군을 가르치며 연산군에게 존경받았던 이야기는 앞에 이미 기록하였다.

허침(許琛, 1444~1505)이나 조지서(趙之瑞, 1454~1504)는 모두 두 차례 과거에 급제한 훌륭한 관원이었다. 조지서가 10년이나 젊은데도 문과에 1년 먼저 급제하고 세자시강원에서도 실무책임자인 상관이었다. 조지서가 상관이었는데, 허봉은 허침의 이름을 먼저 썼다. 공부하지 않으려는 학생의 잘못을 지적하는 것보다 붙들고 타일러서 조금이라도 배우게 하는 것이 연산군 같은 학생을 가르치는 스승의 비결이었다. 허봉은 강직한 스승보다 슬기로운 스승의 사례를 들기 위해, 허침을 주인공으로 하여 이 항목을 역사에 남겼다.

조지서와 강징은 사관과 세자시강원의 시강관을 역임했지만, 같은 시기에 벼슬하지는 않았다. 강징은 29세 되던 1494년 4월 문과에 급제하여 승문원 권지(權知)에 배속되었고, 세자시강원필선·보덕을 역임하던 조지서는 1492년까지 서연관 시강관으로 활동하다가 잠시 공백기를 거쳐 연산군이 즉위한 이듬해 1495년에 창원부사로 파견되었다. 그러나 곧 사직하고 지리산에 은거하여 학문에 전념하다가 4월 20일 연산군에게 봉사(封事)를 올려 묵은 폐습 개혁·법·언로 등에 관해 개선책을 제시하였다.

조지서는 문집이 남아 있지 않고, 「언심이 시를 보내왔기에[彦深見投]」라는 칠언율시 1수가 『동문선(東文選)』에 실려 있다.

맑은 밤에 근심스레 앉아 물시계 소리 헤아리다가
아침이 와 장막을 걷고 산꼭대기를 마주하네.

꾀꼬리는 저녁 빛을 띠고 깊은 나무에서 우는데
제비는 엷은 그늘을 스쳐 짧은 처마에 드네.
누워야 편안한 것은 몸이 게을러졌기 때문이요
집이 가난하나 내가 청렴한 까닭은 아닐세.
평생의 장한 뜻이 다 사그라졌으니
거울 들고 늙은 수염을 비추기 부끄럽구나.
愁坐清宵數漏籤。朝來捲幔對山尖。
鶯銜晚色啼深樹、燕掠輕陰入短簷。
臥穩正因身慣懶、家貧非是我爲廉。
平生壯志消磨盡、羞把菱花照老髯。

이 시기에 언심(彦深)이라는 이름이나 자, 또는 호를 쓰는 인물이
보이지 않아, 강징이 조지서에게 시를 지어 보내자 그가 답시를 보냈을
가능성이 있다. 강징이 지은 시도 남아 있지 않으므로, 이 시를 반드시
강징과 연관시켜 해석할 수는 없지만, 경륜을 지니고도 제대로 펼치지
못하고 물러나 있는 선배 관원의 고심을 엿보기에는 충분하다.

　중종반정 뒤에 조지서가 신원(伸冤)되자, 허침의 방손인 미수(眉叟)
허목(許穆)이 「조시강유사 뒤에 쓰다[趙侍講遺事後題]」라는 글을 지어,
충신 조지서의 넋을 위로하였다.

　　시강 조지서가 연산 때 직간으로 임금의 비위를 거슬러서 극형을 받아
　죽은 일을 두고 사림(士林)에서는 지금까지도 애석해한다.
　　슬프다! 하늘이 선인을 낸 것이 우연이 아닐 텐데 결국 그 몸에 재앙을
　내려 선을 행하려는 자가 경계로 삼게 하는 것은 무엇 때문인가? 전(傳)에
　이르기를 "날씨가 추워진 뒤에야 소나무와 잣나무가 뒤늦게 시듦을 안다."
　라고 하였다. 그러므로 걸(桀)의 시대에는 매백(梅伯)이 있었고, 주(紂)의

시대에는 비간(比干)이 있어 심장을 갈라도 후회하지 않았기에 공자가 '인(仁)하다' 하였다.

비록 크게 혼란한 세상을 만났지만 군자는 의(義)를 곧게 지키고 다른 마음을 먹지 않았으며 충성을 다하고 죽음도 사양하지 않아 죽는 것을 좋아하는 것처럼 여겼다. 그리하여 의가 밝아지고 행실이 더욱 드러나 그 곧은 도를 후세에 빛내어 백대를 분발시키고 충신과 지사들을 장려함이 적지 않으니, 하늘이 선인을 낸 것이 우연이 아님이 참으로 이와 같다.

또 그 부인이 열녀의 행실을 이룬 일도 듣는 이가 목이 메어 매우 슬퍼할 만하므로 내가 드러내어 조시강(趙侍講)의 유사(遺事) 뒤에 쓴다.

5) 광해군에게 사냥을 줄이고 『대학』을 읽으시라고 간하다

연산군 시대는 다른 왕들이 다스리던 시대와 근본적으로 다르다. 연산군이 성장하고 공부하던 과정을 이해해야만 그가 폭군이 된 이유를 알 수 있고, 폭군 아래에서 살아 남았던 신하들의 언행도 이해할 수 있다.

연산군이 폐위되고 동생인 진성대군이 왕으로 즉위하던 날의 기사가 『연산군일기』 마지막 날인 12년(1506) 9월 2일 일기에 실려 있는데, 그 첫 단락은 아래와 같다.

금상(今上)이 경복궁에서 즉위하고, 왕을 폐하여 교동현(喬桐縣)으로 옮겼다.

처음에 왕의 어머니 폐비 윤씨(廢妃尹氏)가 성질이 모질고 질투하였다. 정희(貞熹)·소혜(昭惠)·안순(安順) 세 왕후가, 윤씨의 부도(不道)한 짓이 많음을 보고 매우 걱정하여 밤낮으로 훈계하였으나, 더욱 순종하지 않고 악행이 날로 심하므로, 성종(成宗)이 할 수 없이 의지(懿旨)를 내려 위로 종묘에 아뢰고 〈왕비를〉 폐하였었다.

　　왕은 그때 아직 강보(襁褓) 속에 있었는데, 자라나면서 성종은 그가 어머니 여읜 것을 불쌍히 여기고, 또 적장자(嫡長子)였기 때문에 왕세자로 세웠다. 그런데 시기와 모짐이 그 어미와 같고 성질이 또한 지혜롭지 못하므로 성종은 당시의 단정한 선비들을 골라 뽑아 동궁(東宮)의 관원으로 두어 지성껏 가르치고 이끌게 하였다.

　　왕이 오랫동안 스승 곁에 있었고 나이 또한 장성했는데도 문리(文理)를 통하지 못했다. 하루는 성종이 시험삼아 서무(庶務)를 결재시켜 보았으나 혼암하여 분간하지 못하므로 성종이 꾸짖기를 '생각해 보라. 네가 어떤 몸인가. 어찌 다른 왕자들과 같이 노는 데만 힘을 쓰고 학문에는 뜻이 없어 이같이 어리석고 어두우냐.' 하였는데, 왕이 이 때문에 부왕(父王) 뵙기를 꺼려 불러도 아프다고 핑계하고 가지 않은 적이 많았다. (줄임)

　　이로부터 〈세자를〉 폐하고 싶은 마음이 많았으나 금상(今上)이 아직 어리고, 다른 적자가 없으며, 또한 왕이 어리고 약하여 의지할 곳이 없음을 불쌍히 여겨 차마 못하였다.

　　성종이 승하하자 왕은 상중에 있으면서도 서러워하는 빛이 없으며, 후원의 순록(馴鹿)을 쏘아 죽여 그 고기를 먹으며 놀이 즐기기를 평일과 같이 하였고, 심지어 여러 신하들을 접견하고 교명(敎命)을 내리면서도 숨기고 가리며 거짓 꾸미기를 힘썼는데, 외부 사람들은 알지 못했었다.

　　그 초년에는 선조의 옛 신하들이 많이 남아 있어 아직 조정이 완전하므로 정령(政令)이 문란하지 않았는데, 무오년 주륙(誅戮)이 있는 뒤부터는 왕의 뜻이 점차 방자해져, 엄한 형벌로 아랫사람들을 억제하매, 선비의 기개가 날로 꺾여져 감히 정언(正言) 극론(極論)을 하는 사람이 없으므로 왕이 더욱 꺼릴 것 없어 멋대로 방탕해졌다.

　　『연산군일기』는 중종반정의 주역들이 그를 폐위시킨 뒤에 편찬했기 때문에 연산군의 부정적인 성격이 다소 과장될 수는 있지만, 사초(史草)를 근거로 하여 작성했기 때문에 대부분 사실이라고 볼 수 있다.

조선시대에 폐위된 임금이 연산군과 광해군인데, 『광해군일기』〈총서(總序)〉에 『연산군일기』〈총서〉처럼 "주색에 빠지고 도리에 어긋나며, 포학한 정치를 극도로 하여, 대신(大臣)·대간(臺諫)·시종(侍從)을 거의 다 주살(誅殺)하되 불로 지지고 가슴을 쪼개고 마디마디 끊고 백골을 부수어 바람에 날리는 형벌까지도 있었다."는 식의 기록을 찾아볼 수는 없다.

'무오년 주륙(誅戮)'이란 무오사화(戊午士禍)를 가리키는데, 무오년 직전의 마지막 경연에 강징이 참석하여 아뢴 사실이 『연산군일기』 3년(1497) 12월 18일 기사에 실려 있다.

상참(常參)을 받고, 경연(經筵)에 나아갔다. 시강관(侍講官) 김전(金詮)이 아뢰었다.

"대간(臺諫)은 하루라도 없어서는 안되는데, 요즘 경연에 여러 번 입시(入侍)하지 않으니, 전하께서 대간의 말을 듣지 않았기 때문입니다. 성종조에는 대간이 사직을 하면 아무리 밤중일지라도 반드시 문에 머무르게 하여 부르셨는데, 지금은 하루가 지나도 부르지 않으시니, 이는 대간이 자리만 갖추었을 따름입니다."

검토관(檢討官) 강징(姜澂)이 또한 논하였으나, 대답하지 않았다.

상참(常參)이란 종친부·의정부·충훈부·중추부·의빈부·돈령부·육조·한성부의 당상관, 사헌부·사간원의 각 일원(一員), 경연의 당상관·당하관 각 이원(二員)이 매일 윤차적으로 국무(國務)를 아뢰는 것인데, 『경국대전(經國大典)』 「예전(禮典) 조의(朝儀)」에 규정되어 있다. 일종의 국무회의인 셈이다.

검토관은 홍문관 직원이 겸하던 경연의 관직이다. 강징은 32세 되던 1497년 9월 13일 홍문관 부수찬(副修撰 종6품)에 임명되고, 12월 18일 경연에 검토관(檢討官 종6품)으로 참여하였다. 강징은 아마도 이날 경연의 당하관 직책으로 상참에 참여했다가, 이어서 경연에 참석했을 것이다. 대간은 사헌부와 사간원을 합한 명칭인데, 그들의 간언을 연산군이 들어주지 않자 사직하였다. 그래도 연산군

홍치 10년(1497) 9월 13일 홍문관 부수찬에 임명되며 받은 교지

이 응답하지 않자 홍문관 관원이던 강징이 나서서 간한 것인데, 연산군은 여전히 응답하지 않았다. 강징의 정사년 마지막 간언 이후에 이듬해 무오사화가 싹트기 시작했다.

태조 이성계가 원래 무장(武將) 출신이고 태종도 왕자 시절까지 개인 군사를 거느리고 있었으므로 사냥을 즐겼다. 세종이 『용비어천가』를 짓게 하자, 신하들이 마지막 장인 제125장에 "임금아! 알으소서. 낙수에 사냥가 있으면서 할아버지를 믿으십니까?"라고 간할 정도로 조선 초기 왕들이 사냥을 즐겼는데, 연산군이 가장 심하였다. 『연산군일기』에 수시로 사냥갔던 기록이 보일 뿐 아니라, 사냥 구역을 점점 넓히면서 금표(禁標)를 많이 설치하였다.

강징이 연산군에게 사냥을 줄이라고 권면한 이유는 그 규모가 너무 커서 백성들에게 민폐를 끼치기 때문이다. 『연산군일기』에 연산군의 전교를 통해 그 규모가 기록되어 있다.

오늘 좌·우 응방(鷹坊)으로 하여금 새 사냥을 하게 하되, 두 응방에 각각 갑사(甲士) 정병(正兵)을 4백 명씩 배정하고, 50명씩을 부장(部長) 한 명으로 통솔하게 하며, 또 겸사복(兼司僕) 10인, 내금위(內禁衛) 70인을 보내라. 선전관 이식(李軾) 등 4인에게 승명패(承命牌)를 차고 부장들의 근무 태만을 고찰 단속하게 하라. -『연산군일기』10년(1504) 5월 29일

매 사냥에 동원된 정병이 800명에 이들을 지원하는 병사가 100여 명이고, 지휘 감독하는 장교가 10여 명이니, 천여 명 대부대가 출동하는 지역의 농사꾼이나 나무꾼, 소몰이꾼들에게 끼치는 민폐도 엄청났을 것이다. 그러나 『연산군일기』에 기록된 사냥꾼 규모는 더 커졌다.

온 천하의 사람은 왕의 신하 아닌 자가 없는데, 지금 타위군(打圍軍 사냥꾼)은 4만 명도 못되는 듯하니, 모든 사모(紗帽)를 쓴 인원 및 전직 조사(朝士)들은 모두 품종(品從)을 내어 수(數)를 채우라. -11년(1505) 10월 2일

광릉산(光陵山)에서 사냥할 때에는 운평악 30명을 보내라. -12년(1506) 2월 18일

연산군은 자신이 불러들일 수 있는 사냥꾼 규모가 4만 명이 못 되는 것에 불만을 느껴 징발할 수 있는 모든 인력자원을 사냥꾼에 배속시키라 했고, 사냥할 때에 흥을 돋우기 위해 운평악(運平樂) 30명을 보내라고 했다. 운평악은 여러 고을에 널리 모아둔 악기(樂妓), 즉 음악을 담당하는 기생인데, 이 중에서 뽑히어 대궐 안에 들여온 악기를 흥청(興淸)이라 하였다. 『연산군일기』10년(1504) 12월 24일 기사에 "흥청악(興淸樂)은 3백 명, 운평악은 7백 명을 정원으로 하고, 광희(廣熙)도 또한 증원하라."고 하였는데, 연산군일기 11년(1505) 1월 4일 기사에 '광희악

1천 명'이라고 했으니, 연산군이 운용하는 음악 담당 기생이 2천 명이나 되었다. 그 가운데 일부가 사냥에 동원되어 흥을 돋운 것이다.

연산군은 심지어 사냥한 짐승들을 왕궁이나 성균관에 풀어놓는 만행까지도 저질렀다.

몰래 내관(內官) 무리들을 시켜 나가서 멧돼지를 사냥하여 그것을 견여(肩輿)에 싣고 보자기로 덮어 후원(後苑)의 담을 넘어 대내(大內)로 들여보내게 하고, 바깥 사람들에게는 이를 모르게 하였다. -『연산군일기』 8년(1502) 11월 14일

우리[檻]에 큰 호랑이와 큰 멧돼지를 실어 후원에 들여오기도 하고 혹 호랑이를 대성전(大成殿) 안에 가둬놓고 벽에 구멍을 뚫어 활을 쏘기도 하였다. -『연산군일기』 12년(1506) 2월 13일

광릉산(光陵山)에서 생포한 멧돼지와 사슴을 삼가 간수하지 못하여 죽게 하였으니 응사(鷹師) 등을 국문하라. -『연산군일기』 12년(1506) 3월 6일

사냥의 규모가 차츰 커지자, 강징이 1500년 11월 5일 경연에 시독관(侍讀官)으로 참여하여 『대학연의』를 설명하며 사냥을 중지하고 강독에 참여하라고 간하였다.

조참(朝參)을 받고 경연에 납시자, 특진관(特進官) 윤효손(尹孝孫)이 아뢰었다.

"지난번 사냥 때 더러 밤 2경(更), 3경이 되어서야 돌아오셨는데, 말의 성질이 피곤하게 되면 넘어질 염려가 없을 수 없으며, 먼 길을 갔다 돌아오시려면 어찌 옥체(玉體)에 과로가 되시지 않겠습니까. (줄임)"

시독관(侍讀官) 강징(姜澂)이 아뢰었다.

"『대학연의(大學衍義)』는 곧 성경(聖經)의 근본이요, 『사기(史記)』 같은

것은 모두 지엽인데, 근일에 주강(晝講)이나 석강(夕講)에 나오시지 않으니 마땅치 않습니다."

그러나 대꾸하지 않았다.

『대학』은 제1장에 '수신제가치국평천하(修身齊家治國平天下)'를 말한 것만 보아도 알 수 있듯이 왕자(王者)가 반드시 체득해야 할 책이었지만, 연산군은 경연에 참석해 『대학』을 강독하기 보다는 사냥을 즐겼다. 그랬기에 강징이 '사냥을 줄이고 대학을 읽으시라'고 간하였지만 대꾸하지 않았다. '사냥을 중지하라'는 이 간언이 뒷날 두고두고 강징을 괴롭혔다.

6) 왕자의 스승 홍문관을 혁파하고 광해군이 소설들을 읽다

연산군이 왕이 된 뒤에 재상들이 경연 계획을 세웠는데, 연산군 1년 (1495) 4월 19일 졸곡(卒哭)이 지난 후 『통감강목(通鑑綱目)』과 『대학연의(大學衍義)』를 선정하였다. 그러나 사냥과 주색에 빠진 연산군은 자주 아프다는 핑계를 대고 경연에 결석했기에, 제대로 강독한 책은 거의 없다. 9월에는 4, 5, 6일 모두 3일 동안 경연에 나오다 중단했으며, 발병이 났다고 하여 10월에도 결석하였다.

그나마 연산군이 참석한 날도 독서태도가 너무 형식적이었다. 11월 5일에 모처럼 경연에 참석하자, 헌납 김일손이 독서하는 방법을 아뢰었다.

원하옵건대, 전하께서는 강독할 때에 입으로 장구(章句)를 읽기만 하지 마시고, 옛사람이 한 일의 자취를 대할 때마다 반드시 내 몸에 돌이켜서 깊이 생각하여 마음으로 깨달으소서. 그래야 학문의 공이 나타날 것입니다.

'수신제가치국평천하(修身齊家治國平天下)'라는 글자만 배우지 말고 그 정신을 체득하여 실천하라는 뜻이었다. 『강목(綱目)』을 강독하고 있었는데, 김일손이 그 책을 가리키면서 아뢰었다.

"지금 왕망(王莽)의 일을 보더라도 망이 외척(外戚)에서 일어나 재상지위까지 이르고, 위엄과 권세가 모두 자기로부터 나와서 천하 누구도 무어라고 못하게 한 뒤에야 드디어 찬탈(篡奪)의 계획을 이루었습니다. (줄임) 전하께서도 외척을 등용할 때에는 반드시 이것을 경계로 삼으소서. (줄임) 정사를 하는 중에는 반드시 옛사람의 일을 참작하여 내게 돌이켜 찾아보고, 그 중에서 선한 것을 선택하여 쫓으며 악한 것을 고쳐야 하니, 제왕(帝王)의 학문이란 본디 이런 것입니다."

경연에서 강의하는 목표가 학자처럼 공부하는 것이 아니라 왕도정치에 반영하기 위한 것임을 밝혔다. 경연관으로서는 당연한 말이었지만, 연산군은 이런 말까지도 뼛속 깊이 기억했다가, 몇 달 뒤에 무오사화를 일으켰다. 조카 단종을 죽인 세조를 비판한 〈조의제문(弔義帝文)〉을 사초(史草)에 실었다고 하여 사관 김일손을 능지처참하고, 그의 스승 김종직(金宗直)을 부관참시(剖棺斬屍)하였다. 김종직은 이미 죽었으니, 관을 쪼개어 시신의 목을 벤 것이다.

『연산군일기』를 가지고 확인해보면, 연산군은 첫 해에 경연에 참석한 날이 15일을 넘지 못했다. 그렇다고 책을 읽지 않은 것은 아니다. 연산군 3년(1497) 2월에는 "경연에 나가면 어진 선비를 면접할 뿐만 아니라, 부지런히 글도 보아야 하는데, 안질이 낫지 않는다."는 핑계로 대고 계속 결석하다가 3월에는 "안질이 낫지 않아 가끔『대학연의』를 읽는데, 두어 장을 지나면 두 눈동자가 티끌이 덮인 것처럼 어두워지므로 오래도록 나가지 못한 것이다."라고 핑계를 대었다.

사헌부나 홍문관에서는 연산군이 6년 동안『통감강목(通鑑綱目)』1종도 완독하지 못한 원인이 환관이나 궁첩들을 가까이하고 즐기고 노는 날이 너무 많았기 때문이라고 지적하였으며, 연산군 8년(1502) 4월 20일에는 홍문관에서 "1년 분량의『강목』을 8, 9년이 되도록 완독하지 못하고 있으니, 성리서(性理書) 외에 다른 잡서(雜書)를 보지 마시라"고 권유하였다.

그러나 홍문관이 귀찮고 지겨워진 연산군은 바른말을 듣지 않고 자기가 읽고 싶은 책만 읽기 위해서 홍문관을 혁파하였다. 조선에 일찍이 없었던 일이 일어난 것이다.

> 홍문관은 스스로 왕자(王者)의 스승이라 하여 교만하고 방종하다. 또 이름을 정언(正言)이라 한 것은 말을 바로 하게 한 것이요, 지평(持平)이라 한 것은 공평을 가지게 한 것이요, 집의(執義)라 한 것은 의리를 잡게 한 것이다. 그 이름이 이와 같건만 정언인 자는 말이 바르지 못하고 지평인 자는 공평하지 못하니 모두 혁파하라. 경연관은 직위가 중한 자를 선택하여 윤차(輪次)로 입시하도록 하며, 헌납(獻納)과 장령(掌令) 이상은 3품관을 골라 임명하고, 정언과 지평은 낭청으로 고쳐 대궐에 나와 말을 아뢰지 못하게 하고, 또 경연에도 입시하지 못하도록 하는 것이 어떠하겠는가."
> ─『연산군일기』10년(1504) 12월 26일

홍문관이 얼마나 귀찮고 지겨웠으면 "대궐에 나와 아뢰지도 말고, 경연에도 입시하지도 못하게 하라."고 했을까? 이듬해에는 경연도 폐지하였는데, 중종반정 이후에 가장 먼저 홍문관이 복구되었다.

『대학연의』 독서는 10년을 끌고도 결국 마치지 못했지만, 연산군은 평소에 독서를 많이 했으며, 시도 많이 지었다. 나름대로 문학적 소양이 있던 임금이었다. 홍문관이 없어진 뒤에 그가 읽고 싶어서 사들인 책 목록이 『연산군일기』에 실려 있다.

『전등신화』·『전등여화(剪燈餘話)』·『효빈집(效顰集)』·『교홍기(嬌紅記)』·『서상기(西廂記)』 등을 사은사(謝恩使)로 하여금 사오게 하라."—12년 (1506) 4월 13일

『연방집(聯芳集)』과 기타 볼 만한 책을 연경(燕京)에 가는 사람에게 사오도록 하라."

승정원이 『향대집(香臺集)』·『유예록(遊藝錄)』·『여정집(麗情集)』 등을 적어서 아뢰니, 전교하였다.

"이런 책들을 어떻게 알아 서계(書啓)하였느냐?"

승지 등이 아뢰었다.

"『향대집』과 『유예록』은 『전등신화(剪燈新話)』에 실렸고, 『여정집』은 강혼(姜渾)이 들은 것을 적어서 아뢰었습니다."

"『여정집』을 널리 구득하여 들이라."

(왕이) 일찍이 『중증전등신화(重增剪燈新話)』를 읽었는데, '난영(蘭英)과 혜영(惠英)이 서로 화답한 시(詩) 1백 수를 『연방집』이라 하여 당시 호걸들이 전송(傳誦)하였다' 하였으므로 사오게 한 것이다. 또 '위생(魏生)이 항상 내실에 있으면서 시희(侍姬) 난초(蘭苕)를 거느리고 있었는데, 『교홍기(嬌紅記)』 한 권을 보았다' 하였으므로 『교홍기』가 있는 줄 알았는데, 지금 내린 책이 바로 그 책이다. 앞서 하교(下敎)에 '으슥한 집 죽창이 아직도 예와 같네[竹窓幽戶尙如初]'란 글귀도 역시 여기에 실려 있는데, 한어(漢語)가 있어 해석할 수 없는 데가 많으므로 문자로 주(注)를 달아 간행하

였었다. -12년(1506) 8월 7일

이 해 9월 2일에 중종반정이 일어나 더 이상 소설책들을 사들이지 못했지만, 홍문관이 없어진 뒤에 연산군은 마음껏 전기소설(傳奇小說)과 연애소설들을 탐독하고, 그런 책에 실린 구절들을 넣어서 글을 짓기도 하였다.

홍문관이 혁파되기 몇 달 전에 갑자사화가 일어나면서 강징은 연굴사(演窟寺) 이전을 반대하고 사냥을 삼가라고 간언한 것이 죄가 되어 태형(笞刑)을 받고 유배되었으며, 심지어는 종의 신분으로 강등되었다.

7) 사냥을 삼가시라고 간언한 것이 죄가 되어 유배되고 종이 되다

연산군 4년(1498)에 무오사화가 일어나 김종직을 중심으로 한 사림파(士林派) 수십 명의 신진 사류(士流)들이 사형당하거나 유배되거나 파직당하여 학문의 맥이 끊어졌다. 특히 경연에서 독서토론을 담당했던 표연말(表沿末), 어세겸(魚世謙), 홍귀달(洪貴達), 김전(金詮), 강혼(姜渾), 조위(曺偉) 등이 유배되거나 좌천되었으니, 스승이라기보다는 귀찮게 한 화풀이대상이었던 셈이다.

강징은 연산군 5년(1499) 6월 15일에 홍문관 수찬(修撰 정6품)으로 임명되어 경연에 다시 합류하였다. 이 해 10월 13일 『연산군일기』에 강징이 사냥을 그만두라고 간언한 기록이 보인다.

상참(常參)을 받고, 경연에 드셨다. 대사간 이균(李均)이 아뢰었다.
"강무(講武)는 국가의 큰일이니, 폐지할 수는 없습니다. 그러나 이미 서산(西山)에서 짐승을 잡아 종묘에 천신하였으니, 지금 다시 아차산(峩嵯

山)에서 거행하는 것은 불가합니다. (줄임)"

손주(孫澍)와 강징(姜澂)이 아뢰었다.

"근일에 천재 시변(天災時變)이 자주 나타나니, 전하께서 실지로 부응하셔야지 겉치레로 하여서는 안 됩니다. 금년은 흉년이 들어서 백성들이 매우 빈곤한데, 저번에 이미 강무하여 짐승을 천신(薦新)하였으니 지금 다시 거행함은 불가합니다. 청컨대 정지하소서."

사냥이 아니라 강무(講武)라고 핑계를 대었지만, 지난번에 잡은 짐승을 이미 종묘에 천신하였으니 다시 사냥할 명분도 없었고, 경연에 자주 결석하여 정사도 밀려 있었다. 연산군 자신이 "홍문관은 왕의 스승이다"라고 말했으니, 강징은 언관이자 스승으로서 역할을 다하였다. 강징의 이러한 발언은 『연산군일기』에 수없이 많이 보인다. 그러나 그러한 발언들이 빌미가 되어 유배되고, 종으로까지 전락하였다.

갑자사화가 일어난 원인은 성종이 비밀로 부치게 했던 폐비 윤씨의 사사(賜死) 사건을 임사홍이 연산군에게 밀고하여 복수심을 유발케 한 것인데, 이때 일어난 사건 가운데 하나가 폐비 윤씨에게 형방승지로서 사약을 전하였던 이세좌를 죽인 것이다.

예조판서 이세좌가 1503년 인정전에서 열린 양로연(養老宴)에 참석했다가 어의(御衣)에 술을 엎지른 실수로 연산군의 분노를 사서 무안, 온성, 평해에 유배되었는데, 이듬해 갑자사화가 일어나자 윤비에게 사약을 전한 죄로 곤양군 양포역(良浦驛)에서 자살의 명을 받고 목매어 자결하였다.

이세좌가 신문받기 위해 서울로 잡혀오자, 1504년 3월 16일 연산군이 "전후의 홍문관과 대간(臺諫)으로서 이세좌를 논하지 않은 자를 속히 국문하라."고 명하였다. 같은 날 『연산군일기』에 이때 구속된 간관

(諫官)들의 명단이 이어서 실려 있다.

> 승지 강징(姜澂)·(줄임) 정자(正字) 강홍(姜弘)·(줄임)·전 대사간 강형
> (姜泂)을 의금부 옥에 가두게 하였다.

강징의 이름이 첫머리에 실리고, 이어서 종형제 강홍, 재종질 강형
도 함께 옥에 갇혔다. 이틀 뒤인 18일 기사에 강홍과 강징에게 "태(笞)
40대씩을 속(贖)바치게 하였다."고 기록되었으니, 40대 맞을 죄를 지었
지만, 돈으로 갚으라는 뜻이다. 체형(體刑)을 벌금형(罰金刑)으로 낮춰
준 셈이다.

연산군이 5월 2일 승지들에게 "추후로 논죄하여 죄 주는 것이 사리
에 어떠한가?"라고 묻자, 박열(朴說) 등이 "추후로 논죄하는 것도 지당
하다"라고 답하였다. 간관들이 광해군 자신에게 더 이상 간언하지 못
하게 족쇄를 채우고, 지난날의 발언도 캐어내어 벌을 줄 수 있는 명분
을 만들어낸 셈이다.

지난날 간관들의 발언을 캐어내기 시작하자, 강징이 6월 4일 자복
하였다.

> 승지 박열(朴說)·권균(權鈞)·강징(姜澂)·손주(孫澍)가 아뢰었다.
> "신 등도 혹은 '언로에 방해됨이 있다.'는 계를 범하고 혹은 '밤까지 사냥
> 한다.'는 계를 범하였으니, 퇴대(退待)하라시는 명을 청합니다."
> 전교하였다.
> "그때에 앞장서서 주장한 자가 누구인가?" (줄임)
> 권균·강징이 아뢰었다.
> "경신년(1500) 사냥 때에 장순손(張順孫)·박은(朴誾)이 경연번(經筵番)

으로 입직(入直)하여 논계하고서, 신 등이 이튿날에 사진(仕進)하니, 순손이 '요사이 밤까지 사냥함은 상체(上體)를 노고게 할 것 같으니 아뢰지 않을 수 없다.' 하므로, 신 등이 미처 생각하지 못하고서 같은 말로 아뢰었습니다. 또한 '언로(言路)에 방해됨이 있다'는 말은 통 기억할 수 없어서 앞장서서 주장한 자를 모릅니다."

강징의 발언 내용은 두 가지이다. 하나는 동료 장순손이 '사냥을 삼가시라'고 이미 간언했으므로 직책상 같은 말을 했다는 것이고, 다른 하나는 '언로(言路)가 방해된다'는 말을 먼저 한 동료 이름이 생각나지 않는다는 것이다. 강징도 결국 이날 발언 때문에 유배를 가게 되었지만, 동료에게 1차 책임을 미뤘다고 해서, 이날 발언은 중종반정 뒤에 두고두고 강징의 벼슬길을 가로막았다.

사초(史草)를 작성하고 실록을 편찬하는 춘추관(春秋館) 당상관들이 연산군의 명을 받고 "종묘에 이미 천금(薦禽)을 하였으니 사냥을 정지하는 것이 타당하다"고 논한 관원의 명단을 8월 8일에 보고하였는데, '사헌부 장령(掌令 정4품) 강징'의 이름도 들어 있었다.

연산군이 명하였다.
"사관(史官)이 쓴 글은 직필(直筆)이라고 하였으나, 근래 일로 본다면, 자기가 좋아하는 것은 드러내고 미워하는 것은 폄하(貶下)하여, 모두 자기의 사심에서 나온 것이니, 믿을 것이 못된다. (줄임) 지금 조사하여 보고한 일은, 죄 있는 자는 처벌하고 다시 묻지 않을 터이니, 경 등은 조율(照律)하여 아뢰라."
정승들이 강징 등 간관들의 발언에 해당되는 형벌을 법전에서 찾아내어 아뢰었다.
"천금(薦禽) 일을 논한 자, 대간의 진달(陳達)을 옳다고 한 자는, 모두

'불응위(不應爲) 조의 사리가 중한 자[事理重者]'를 장(杖) 80을 속(贖)바치는 공죄(公罪)에 해당합니다." (줄임)

강징(姜澂)이 공초하였다.

"종묘에 천금하는 일은, 그때에 다른 일을 아뢰다가 우연히 그 일에 미치게 된 것이요, 관사(官司) 안에서 미리 의논된 것이 아니므로 먼저 발설한 사람을 지금 기억할 수 없습니다."

연산군이 명하였다.

"비록 합사(合司)하여 와서 아뢴 것이라 하지만 반드시 먼저 말한 자가 있을 터이니, 모두 심문해야 한다. 대체로 부당한 일을 어지럽게 억지로 아뢰는 것은 국가를 위한 계책이 아니요, 후세의 이름을 닦으려는 것이다. 무릇 이 일에 관련된 사람으로 서울에 있는 자는 가두고, 지방에 있는 자는 잡아오도록 하라."

강징은 '동료들과 함께 아뢰었는데, 누가 먼저 말을 꺼냈는지 기억나지 않는다' 했고, 연산군은 '사냥이 그리 중요한 일이 아닌데도 자기들의 이름을 빛내기 위해 간언했으니 먼저 말을 꺼낸 주범을 찾아내라'고 했다. 8월 10일에 재상들이 "천금(薦禽) 일은 정붕(鄭鵬)과 이자건(李自健)이 공초하기를 '강징(姜澂)이 먼저 말을 했다.' 하였습니다."라고 아뢰었다. 동료들이 강징에게 책임을 미룬 것이다.

자신이 주범으로 몰리자, 승지 강징(姜澂)이 아뢴 내용이 이날의 『연산군일기』에 실려 있다.

정붕과 이자건 등이 천금(薦禽) 일을 신이 먼저 발언하였다 하니, 신이 실로 통절하게 민망합니다. 신의 외숙(外叔) 허침(許琛)이 일찍이 말하기를 '선왕 때에는 10여 일을 사냥한 일이 있기까지 하였으니, 지금 이 2, 3일의 일은 논계할 것이 없다.' 하므로, 신도 또한 마음속으로 '논계함은 부당하다' 여기고, 다른 일을 아뢰러 예궐(詣闕)하였다가 사냥에 관한 일을 아울러 아뢰기를, '2, 3년이 가깝도록 연병(鍊兵)을 하지 않았고, 헌금(獻禽)도 또한 폐할 수 없습니다.' 하였더니, 그때 승지 남곤이나 같이 앉았던 사람들이 모두 신의 말을 괴이하게 여겼습니다. 사초(史草)를 상고하면 알 수 있을 것입니다. 이로 본다면 신이 먼저 발언하지 않은 것이 명백한데, 지금 정붕 등이 스스로 모면하고자 신에게 돌리고, 외부에서 온 자도 또한 반드시 소회로 말하여 마치 함정에 빠뜨리고 또 돌을 던지듯 하니, 신은 스스로 변명할 길이 없습니다.

오랫동안 간관과 사관을 거치며 신중하게 처신했던 외삼촌 허침의 권고를 받아, 어느 정도의 융통성을 보이며 앞장서서 발언하지 않았다는 것이다. 연산군이 "그날의 사초(史草)를 상고하라."라고 명하자, 재상들이 이튿날인 8월 11일에 아뢰었다.

강징(姜澂)이 아뢴 말을 사록(史錄)에서 살펴보니, "근래 2, 3년은 사냥을 하지 않는데, 연병(鍊兵)과 헌금(獻禽)을 모두 폐할 수는 없다."라고 되어 있습니다. 그러나 아뢴 뜻은, "중국 사신 올 날이 임박했으니 사냥하지 마소서"라고 청한 것입니다. 이 때문에 스스로 해명하는 것입니다.

연산군이 "강징의 말한 바를 보니, 먼저 발언한 것이 아니다."라고 판단하였다. 강징에게 "정붕은 경이 먼저 발언하였다 하고, 경에게 물으면 그렇지 않다니, 경은 누가 먼저 발언하였다고 여기는가?" 물었지만, 강징은 여전히 "날짜가 오래되어 기억할 수 없습니다."라고만 대답하였다.

결정적인 증거가 없는 상태에서 강징에게 형벌이 내려졌고, 시간이 지나면서 차츰 더 무거운 죄가 더해졌다.

남곤·강징 (줄임) 등은 태(笞) 50, 성희철 (줄임) 등은 태 40의 형에 처하도록 하라. (줄임)

정승과 승지 등은 가서 형 집행을 감독하고, 강징과 남곤은 고신(告身)을 모두 빼앗고 아주 변방에 정배하라. -『연산군일기』 10년(1504) 9월 18일

강징(姜澂)은 비록 자신이 주창하지 않았다 하여도, 그때 사람들이 모두 주창하였다고 하니, 징(澂)의 죄를 더하여 종으로 삼으라. -『연산군일기』 10년 (1504) 9월 24일

숙부 강이온은 연산군의 승명패(承命牌)를 거역한 죄로 9월 11일 참수(斬首)되고 길거리에 목을 내걸어 백관들이 보게 하였는데, 조카 강징은 "사냥을 금하시라"고 간언했다는 죄로 18일에 전라도 낙안(樂安)으로 유배되고 천한 종의 신분으로 강등되어 수모를 당하였다.

연굴사(演窟寺)라는 절이 소격서동(昭格署洞)에 있었는데, 경복궁 옆이었으므로 왕실의 지원을 받으며 불사를 베풀었다. 조선왕조가 배불숭유(排佛崇儒)의 정책을 펼쳤으므로 조정에서 공식적으로 지원하지는 않았지만 주로 대비들이 이 절을 이용하였고, 후광을 입으려는 자들이 승려가 되어 이 절에 머물기도 하였다.

연산군 9년(1503) 11월 10일에 연산군이 '두 절이 대궐을 내려다본다'는 이유로 연굴사를 철거하라고 명하였지만, 옮겨 지으려 하자 홍문관 직제학(直提學 정3품)으로 시강관이던 강징이 반대하였다.

"(연굴사와 복세암) 이 두 절을 철거하므로 온 나라 신민(臣民)이 모두 통쾌하게 여겼으니, 지금 옮겨 짓는 것은 불가합니다."

왕이 말하였다.

"대비(大妃)의 원찰(願刹)이니, 옮겨 짓는다고 무슨 해로울 것이 있겠

느냐?"

홍문관의 동료들이 합세하여 몇 달 동안 간언하였지만 받아들여지지 않았다. 그러다가 갑자사화가 일어나 강징의 친척들이 수십 명 유배되거나 처형당하고 종이 되자, 연산군이 강징의 연굴사 이축 반대를 다시 문제 삼았다.

강징이 경연(經筵)에서, 연굴사(演窟寺)와 복세암(福世菴)은 옮겨 배치할 수 없다고 아뢰었으니 형신(刑訊)하라. -『연산군일기』 12년(1506) 8월 5일

정승들이 강징의 추안(推案)을 작성하여 올리자, 연산군이 8월 20일에 추안을 내리며 말하였다.

연굴사(演窟寺)에 관한 일은 그때 위에 소혜왕후(昭惠王后)께서 계시므로 함부로 결단하지 못한 것인데, 강징이 굳이 간하였으니 이는 자기 명예를 위한 것이다. 인군(人君)의 기상이란 초년 중년 말년의 뜻이 차이가 있으니, 세종께서 처음에는 불교를 배척하시다가 말년에 와서는 다시 숭상했었다. 이제 강징이 내 마음의 처음과 끝을 알지도 못하고 굳이 계달(啓達)하였으니, 이런 뜻으로 다시 국문하라.

연산군은 임금의 마음도 알아주지 못하고 강징이 자기 이름만 빛내기 위해 반대했다면서, 그에 관해 다시 국문하라고 명하였다. 『연산군일기』에 연굴사에 관한 기록은 더 이상 보이지 않는다. 21일에는 충청도 관찰사가 시 짓는 여인을 뽑아 올려 궁 안에 들이게 하였고, 22일에는 연산군이 두모포에 미행하여 놀았다. 23일에는 후원에서 초금(草琴)을 불며 장녹수와 놀았다. 열흘 남짓 놀다가 9월 1일 밤중에 중종반정

(中宗反正)이 일어나 2일에 진성대군이 즉위하고, 연산군은 폐위되어 교동에 안치되었다.

죽다 살아난 강징은 정국원종공신(靖國原從功臣)에 책록되고, 1년 뒤에 강원도 관찰사(종2품)로 승진하여 부임하였으며, 이듬해 형조참판(종2품)으로 조정에 돌아왔다.

반정 초기에는 옥에서 풀려난 강징에게 공신들이 우호적이어서 원종공신(原從功臣)에 책록해 주었지만, 중종이 그를 신임하여 계속 승진시키려 하자 '사냥을 금하시라고 간언한 것이 문제가 되자 동료가 먼저 발언했다고 변명하였다'는 것을 문제 삼아 끝내 승진을 반대하였다.

정사룡이 강징의 신도비를 지으며 명(銘)의 마지막 단락에서 "임용될 때마다 공적이 있었으니 그 노고를 평가한다면, 판서나 재상으로 삼아 국정에 참여함이 마땅하건만, 만년까지 예조 참판이었으니 어찌 그리도 밀어주는 이가 없었던가"하고 안타까워했지만, 밀어주는 사람이 없었던 것이 아니라 견제하는 사람이 많았던 것이다.

연산군 말년에 열흘 사이에 죽을 뻔하다가 살아난 것은 천만다행이었지만, 중종 30년(1535)에도 예조참판(종2품)이었으니, 중종 치하 30년을 종2품으로만 돌아다닌 진기한 기록을 역사에 남겼다. 29세 되던 1494년에 종9품으로 관직을 시작하여 1536년까지 43년 벼슬생활에 30년을 종2품으로 공직에 종사한 것이다.

8) 단종의 어머니 현덕왕후의 소릉을 추복하다

현덕왕후(顯德王后, 1418~1441)는 화산부원군(花山府院君) 권전(權專)의 딸로, 1431년 세자궁에 선입되어 승휘(承徽)에 올랐다가 1437년 종부시소윤 봉려(奉礪)의 딸 순빈(純嬪)이 부덕하여 폐비된 뒤에 세자빈이 되었다. 1441년 원손(元孫 노산군)을 낳고 3일 뒤에 죽어, 같은 해에 현덕(顯德)이라는 시호를 받았으며, 경기도 안산시 치지고읍산(治之古邑山)에 예장되었다. 문종이 즉위하자 1450년 현덕왕후에 추숭되었으며, 능호는 소릉(昭陵)이라고 하였다. 1454년 인효순혜(仁孝順惠)의 존호가 추상되고, 문종의 신주와 함께 종묘에 봉안되었다.

수양대군이 단종을 폐위하고 즉위하자 1456년에 현덕왕후의 어머니 아지(阿只)와 동생 자신(自愼)이 단종의 복위를 도모하다가 사형당하고, 단종은 1457년에 노산군(魯山君)으로 강봉(降封)되었다. 이에 따라 현덕왕후도 폐위되었으며, 종묘에서 신주가 철거되고, 평민의 예로 개장되었다.

성종 때부터 경연에서 현덕왕후의 추복(追復)이 여러 차례 논의되었으나, 번번이 실현되지 못하였다. 1512년에도 주강(晝講) 석상에서 여러 사람이 추복을 건의했으나 실현되지 못하였는데, 예조 참판이 11월 26일에 동료들과 함께 아뢰었다.

"노산군(魯山君)이 막 탄생하자 소릉(昭陵)이 곧 서거하여 노산군 말년의 일을 소릉은 알지 못하니, 당시의 대신들이 그 아우 권자신 때문에 소릉 폐하기를 청하여 따른 것이지 선왕의 뜻에서 나온 것이 아닌 듯합니다. 당초 폐할 때에 이미 종묘에 고하여 폐출하였더라도, 금번에 이미 실록을 고찰하여 아우의 모반과 관계되지 않음을 알았으니, 능을 복구하고 호칭을 바로잡음이 너무나 당연합니다. 만일 '이미 종묘에서 폐출되었으니, 지금 다시 부묘(祔廟)하기가 곤란하다.' 한다면, 따로 사당을 세우는 것도 의리로 할 수 있는 일입니다."

『중종실록』 이날 기사에 사평(史評)이 실렸다. "이 의논에 있어서,

정부·부원군(府院君)은 모두 복구함이 부당하다고 하였는데, 다른 재상들이 따라 붙는 자가 많았고, 용개 등의 의논에 따르는 사람은 매우 적었다. 그 뒤에 대간(臺諫)과 시종(侍從)이 해가 넘도록 논집하나 상이 조금도 생각해 보려고 하지 않았으니, 하늘이 경계를 보이지 않았더라면, 소릉의 원통한 영혼이 복구될 기회가 없었을 것이다."

사평(史評)은 나중에 실록을 편찬하면서 덧붙인 것이니, '하늘의 경계'란 이듬해인 1512년 3월 2일 종묘에 벼락이 치면서 중종이 반성했기에 소릉 추복 논의가 다시 시작되었음을 가리킨다.

1513년 1월 19일에도 특진관(特進官) 강징(姜澂)과 손주도 아뢰었으나, 모두 윤허하지 않았다. 그러다가 벼락이 친 이튿날인 3월 3일에 강징·유담년·손주·성세순이 의논드렸다.

"소릉의 위호(位號)를 추복해야 된다는 것은 전의 의논에 이미 다하였습니다. 다만 고묘(告廟)하기가 어렵다는 의논 때문에 신 등이 별묘(別廟)를 세우자는 의논을 드렸으나, 부묘(祔廟)가 불가하다는 말이 아닙니다. 폐위한 것이 이미 선왕의 본의가 아니었다면, 추복하고 고묘하면서 어찌 그에 대한 사유[辭]가 없음을 걱정하리까! 이제 만약 추복하신다면 묘제(廟制)가 다시 바르게 되는 것이요, 후세에 또한 선왕의 본의가 아니었음을 알게 될 것입니다."

중종이 전교하였다.

"이제 소릉을 추복하자는 의논을 보니 모두 정의(情義)에 합당하다. 나도 처음부터 추복함이 인정에 합당하다는 것을 알지 못한 것은 아니다. 그러나 그 사이에 어찌 가볍지 않은 일이 없었겠느냐. 나라의 대사는 임금이 독단할 수 없다. 반드시 여러 신하들에게 물어 여망이 일치한 뒤에 택함이 옳다. 이 일은 사체(事體)에 매우 관계되는 것인데, 국

『조야첨재』 제31권 22면에 "니루미 아니오며 그 폐흐오미"까지 실려 있다.

사를 도모하는 대신이 부질없는 계책으로 추복하자는 의논을 드렸겠느냐! 종묘에 고하는 사연은 예관으로 하여금 깊이 헤아려 예에 맞도록 해서 추복하는 것이 옳겠다."

현덕왕후의 능이 문종의 현릉 동쪽에 이장되고, 신주는 종묘 문종실(文宗室)에 봉안되었다. 능호는 현릉(顯陵)으로, 경기도 구리시 인창동에 있다.

강징이 소릉을 추복하자고 아뢴 사건은 한글본 『조야첨재(朝野僉載)』에 실려 있다. 맞춤법은 그대로 두고 띄어쓰기만 하면 아래와 같다.

신용기 쟝슌손 김젼 박열 강징(姜澂) 뉴담년 셩셰슌이 의ᄒᆡ디 소능의
위호롤 맛당이 복ᄒᆞ오믄 젼의에 다ᄒᆞ여습거니와 다만 고묘의 어렵다 ᄒᆞᄂᆞ
의논을 인ᄒᆞ여 신 등이 별노 닙묘ᄒᆞᆯ 의논이 이셔ᄉᆞ오나 가히 태묘의 부치
못ᄒᆞ리라 니ᄅᆞ미 아니오며 그 폐ᄒᆞ오미

임의 션왕의 본의 아니신즉 그 츄복ᄒᆞ와 고묘ᄒᆞ오미 엇지 말 업기롤
근심ᄒᆞ리잇가 이졔 만일 츄복ᄒᆞ오면 묘톄가 다시 귀명ᄒᆞ옵고 후셰의도
ᄯᅩᄒᆞᆫ 션왕의 본의 아니신 줄을 알니이다

2. 외교와 과거시험을 관장한 예조의 관원으로 오래 활동하다

언관 다음으로 오래 봉직했던 관서가 바로 외교와 교육, 과거시험
을 관장하였던 예조(禮曹)이고, 마지막까지 벼슬하던 곳도 예조이다.
그래서 신도비명 제목에도 예조참판 직함이 들어갔다. 『경국대전(經國
大典)』에 예조는 예악·제사·연향·조빙·학교·과거 등에 관한 일을 맡
는 관서로 규정하였는데, 이 가운데 조빙(朝聘 외교)·학교·과거가 특히
중요했다.

1) 외교의 전범을 세우다

강징은 명나라에 두 차례 사신으로 다녀왔는데, 1508년 7월 7일에
황제의 생일을 축하하는 성절사(聖節使)가 되어 북경으로 떠났다가 12
월 30일에 돌아왔다. 특별한 현안 문제가 없었으므로, 실록에서도 강
징의 귀국 보고라든가 중종의 질문을 따로 기록하지 않았다.

강징이 이듬해 8월 2일에 예조 참판으로 임명되자, 사간원 헌납(獻

納) 경숙(慶俶)이 "예조(禮曹)는 사대(事大)하는 관사(官司)로서 국가의 예문(禮文)이 모두 여기서 나오는 것이니, 어찌 이런 사람으로 아경(亞卿)을 삼을 수 있겠습니까. 속히 개정하소서."라고 청하였지만, 중종은 윤허하지 않았다. 조선의 외교 가운데 가장 큰 일이 바로 사대, 즉 중국에 사신을 보내는 일이었으며, 국서(國書)를 예조에서 준비하였다. 강징은 그런 일을 맡을 만한 능력이 없으니 교체하라고 사간원에서 간하였지만, 중종은 강징의 능력을 인정했기에 윤허하지 않았다.

최세진(崔世珍)은 문과에 급제한 문신이지만, 중국에서 온 사신이 한양에 오래 머물게 되면 숙소에 찾아가서 중국어를 배웠다. 전문적인 역관도 있었지만, 그만큼 학문의 깊이를 가지고 중국어를 배우지 못했으므로 사신이 오면 그가 늘 통역하였으며, 그러다보니 사신 접대에 관한 경험도 많아져, 일이 생길 때마다 그를 찾아 해결하였다. 중국과 특별한 문제가 생기면 국서(國書)를 전달하는 사신 말고 질정관(質正官)으로 보내어 그 문제를 해결했는데, 최세진이 자주 질정관으로 파견되었다.

최세진 혼자 모든 문제를 해결하다 보니, 중종은 최세진이 없는 상황이 걱정되어 1520년 3월 20일 조강(朝講)에서 말하였다.

"문신으로 한어(漢語)와 이문(吏文)을 이습(肄習)한 사람이 많지만, 성취된 자가 한 사람이라도 있다는 말은 듣지 못하였다. 사대(事大)하는 일은 아주 중한 일인데, 최세진(崔世珍) 한 사람뿐이니 정말 걱정된다. 마음과 힘을 다해 공부한다면 어찌 이 사람뿐이겠는가?"

특진관(特進官) 강징(姜澂)이 아뢰었다.

"만약 힘을 다해 배운다면 누군들 배우지 못하겠습니까? 다만 각기 직사(職事)에 얽매여 전념할 수가 없어 그럴 뿐입니다. 대개 이문과 한

어는 우리나라 사람에게는 이목(耳目)에 익숙한 것이 아니어서, 반드시 그것만 배운 뒤에야 그 효과를 볼 수 있습니다."

이유청이 아뢰었다.

"요즈음 전강(殿講)할 때에 보니 윤개가 배울 만한 소질이 있습니다."

강징이 아뢰었다.

"윤개는 말의 음조가 분명하여 과연 배울 만한 사람입니다. 만약 전력해서 배운다면 성취할 수 있을 것입니다. 최세진 혼자 이습하는 일을 맡고 있는데, 지금 북경(北京)에 가게 된다면 한양에서 이습하는 사람들이 최세진이 없으니 질문할 데가 없게 됩니다."

중국 사신들을 자주 접대하던 강징은 최세진의 능력과 역할을 잘 알고 있었으므로, 이제는 제2의 최세진을 키우자고 건의한 것이다.

강징이 1521년 12월 16일 사은사(謝恩使)로 표문(表文)을 받들고 북경 (北京)에 갔다. 이듬해 3월 7일에 세종(世宗) 황제가 성균관에 가서 알성 (謁聖)하는 것을 알고, 주객사(主客司)에 관광(觀光)하기를 청하였다. 주 객사가 함부로 허락할 수 없어 예부(禮部)와 의논하자, 예부가 '사신의 웅문(雄文)으로 쓴 큰 솜씨를 보고 싶다.' 하였다. 글씨를 잘 쓰면 허락 하겠다는 뜻이었다. 강징이 문서로 써서 관광하기를 청하자, 예부가 황제에게 청하여 입참(入參)하도록 하였다. 이륜당(彝倫堂) 앞이 좁아서 강징과 서장관(書狀官), 통사 한 사람만 입참하였고, 환궁(還宮)한 다음 에는 경하례(慶賀禮)를 거행하였다. 지난번 조선에 사신으로 왔던 당고 (唐皐)의 집에 통사(通事)를 보내어 문안하게 하였다.

예부 낭중(禮部郎中)이 통사에게 '조선의 『등과록(登科錄)』을 보고 싶 다.' 하므로, 다음에 올 때에 가져다 주기로 하였다. 3월 20일이 정덕황 후(正德皇后)의 탄일(誕日)이었지만, 무종의 삼년상을 마치지 않았으므로 하례(賀禮)받지 않기로 하였다. 강징이 먼저 보낸 통사가 5월 11일에 귀국하여 이런 일들을 조정에 아뢰었다.

중종은 이 보고를 받고 "우리나라는 예의가 있는 나라이니, (황제가) 알성(謁聖)할 때 관광(觀光)하는 것은 좋을 듯하다."고 이해했지만, 왕이 시키지 않은 일을 자기 마음대로 황제에게 청하여 구경한 것은 사신의 본분을 넘어선 짓이라고 문제 삼으려 했다.

그러나 강징이 6월 5일 북경에서 돌아와 복명하자, 중종이 사정전(思政殿)에 나아가 인견(引見)하고, 중국의 사정이 어떠한가를 물었다. 강징은 북경에서 적극적으로 여러 가지를 보고 들었기에 아뢸 거리도 그만큼 많았다.

> "3월 초이렛날 황제가 알성(謁聖)한 다음 경서(經書)를 손에 들고서 질문하고 논란하였는데, 신이 옥하관(玉河館) 주사(主事)를 보고 '나도 유자(儒者)이기에 비록 평시라 하더라도 국자감(國子監) 관람을 청하고 싶었는데, 더구나 성대한 행사를 만나게 되므로 입참(入參)하고 싶은 마음 간절하다.' 하니, 주사가 '당신은 예의가 있는 나라의 유신(儒臣)이므로 그러는 것이니, 두서너 사람들과 참관하게 하겠다.' 하였습니다. 즉시 예부 낭중(禮部郎中) 손존(孫存)에게 통고하자, 손존이 서면으로 알리기를 '당신은 문헌의 나라 문관이므로 입참하고자 하는 것이어서 아름다운 뜻이니, 당신들의 심정을 써 오라.' 했습니다. 이러하기를 두어 번 한 다음에, 신이 대강 서계(書啓)를 만들어 보내자, 즉시 상서(尚書)에게 전달하여 드디어 황제에게 주달(奏達)하니 관광하도록 윤허했었습니다.
>
> 초이렛날 4경(更) 정각이 되자, 서반(序班)이 신 및 서장관(書狀官)과 통사(通事)를 인도하여 국자감으로 갔는데, 황제가 진시(辰時)에 거둥하여 대성전(大成殿)으로 들어가 제사를 거행한 다음 다시 연(輦)을 타고 어로(御路)로 해서 이륜당(彝倫堂)으로 들어갔습니다. 이륜당은 대성전 서쪽에

있었고 뜰의 크기는 우리나라 명륜당(明倫堂) 뜰의 배나 되었는데, 유생(儒生) 3만여 명이 뜰에 입참하였기 때문에 백관들이 다 들어가지 못하여 문반(文班)은 4품(品) 이상, 무반은 도독(都督) 이상만이 반열을 따르고, 외국 사람은 오직 신 등이 입참했을 뿐이었습니다.

또 황제가 이륜당으로 들어갈 적에 군신(群臣)이 어로의 좌우에 늘어서서 지영(祗迎)하되, 역시 국궁(鞠躬)을 하지 않고 단지 공수(拱手)한 채 머리만 숙였으며, 더러는 용안을 쳐다보는 자가 있기도 하였습니다. 국자좨주(國子祭酒)는 동쪽 뜰에 꿇어앉고 사업(司業)은 서쪽 뜰에 꿇어앉았으며, 그 나머지 국자감의 관원들은 뒷줄에 동서로 나누어 꿇어앉았습니다.

전좌(殿坐)한 다음에 동쪽 뜰에 있던 국자 좨주가 황제 앞으로 들어와 절하고 고두(叩頭)한 다음 꿇어앉자, 예부(禮部)가 어전(御前)의 상 위에 있는 책을 가져다 좨주에게 주니, 좨주가 당(堂) 안의 동쪽에 있는 의자 위에 앉아 논난을 하는 것 같았는데, 하는 말은 들을 수가 없었습니다.

동쪽에는 각로 태학사(閣老太學士) 및 육부(六部)의 상서(尙書)가 있고, 서쪽에는 도독(都督) 1품 이상이 있고, 동쪽 뜰 위에는 한림 시강관(翰林侍講官)들이 있었으며, 서쪽에도 또한 그러했습니다.

좨주가 논난을 마친 다음 고두하고 내려오자 서쪽에 있던 사업(司業)이 또한 좨주가 한 의식대로 하였고, 끝난 다음 다례(茶禮)를 거행하는데, 홍려시(鴻臚寺) 관원이 소리를 크게 하여 성지(聖旨)【성지는 대개 제생(諸生)에게 학업에 부지런하기를 권면하는 뜻이었습니다.】를 읽었고, 다 읽자 군신(群臣)이 다섯 번 절을 했습니다.

예식이 끝나고 황제가 거동하자 군신 및 제생이 지송(祗送)하는 예절을 지영(祗迎)할 때처럼 하였고, 군신들은 또한 먼저 대궐로 나아가 지영하였습니다. 황제가 드디어 봉천문(奉天門)으로 나아가자 군신이 진하(陳賀)했는데, 신 등도 역시 입참(入參)했습니다. 진하하는 예가 끝난 다음 국자감의 관원 및 제생은 대궐 뜰에서 음식 대접을 하고, 또한 국자감 관원들에게 논상(論賞)하고, 또 세 분【공자(孔子)·안자(顔子)·맹자(孟子).】의 자손을 뽑아 반열을 따르게 했습니다.

또 우리나라에 왔던 중국 사신 당고(唐皐)를 만나고 싶었으나 만날 길이
없었는데, 따라왔던 두목이 옥하관(玉河館)에 와서 '당고가 당신 나라 통사
를 만나려고 한다.' 하기에, 즉시 김이석(金利錫)을 보내니, 마침 출사(出
仕)하였으므로 그의 아들【우리나라에 데리고 왔던 아들이다.】에게 만나보
지 못하고 간다는 뜻을 말하게 하였습니다.

신이 돌아올 때에 임박하여 당고가 한림원(翰林院)의 사지 서리(事知胥
吏)를 보내 문안하고, 이어 '재상을 만나 당신 나라에 갔다 올 때의 뜻을
말해주고 싶으나 갔다 온 지가 오래지 않아 국법이 매우 두려워 만나보지
못했는데, 시일이 오래 되면 만나보게 될 것이다.' 하였습니다.

중국 사신 사도(史道)는 조반(朝班)에서 신 등이 서 있는 위치와 서로
가까웠고, 그와 함께 서 있는 사람은 중서 사인(中書舍人)과 급사중(給事
中)들이었는데, 서로들 우리나라 일을 이야기하다가 가끔 신 등을 돌아다
만 보았고 역시 사람을 시켜 인사말은 하지 않았습니다.

돌아올 적에는 요동 총병관(遼東摠兵官) 장명(張銘)이 '당고와 사도 두
사신이 여기에 도착하여 말하기를 「당신 나라 국왕께서 성심으로 대접하
며 굳이 머무르기를 청했었으나, 일이 완료되어 오래 머무를 수 없기 때문
에 그렇게 하지 못했다. 대소 신료(臣僚)들도 존경하지 않는 사람이 없었
고, 송별할 적에 국왕께서 계단을 내려와 전송하므로, 우리들도 역시 석별
의 정을 감당하지 못해 나도 모르게 눈물이 떨어졌다. 이 지역은 조선과
서로 가까우니, 만일 조선 사람들을 만나게 되거든 이런 뜻을 전해 주면
좋겠다.」 했다.' 하였습니다.

광녕 도어사(廣寧都御史) 이승훈(李承勳)도 '당고 등이 끊임없이 조선에
서의 일을 말했었고, 또 달자(㺚子)들에게 약탈된 중국 사람들을 조선에서
끊임없이 송환하되 의복과 노자를 넉넉하게 주었었으니, 조정을 공경스럽
게 섬기는 뜻이 있음을 알 수 있는 일이다. 만일 임기가 차 체직하여 돌아
가게 된다면 조정에 진달하여 논상(論賞)하게 하려 한다.' 했었습니다.

옥하관 문을 닫기 전에는 엄하게 금단하지 않았기 때문에 출입할 수
있었는데, 근래에는 매우 엄하게 금단하여 임의로 출입할 수가 없었습니

다. 신이 주사(主事)에게 '중국 조정에서 우리나라 사람들에게 전과는 자못 다르게 한다.'는 뜻으로 말을 하자, 주사가 '당신 나라의 따라온 사람들이 말도 다르고 의복도 다른데, 함부로 다니다가 법에 저촉되게 된다면 매우 불가한 일입니다. 재상이 어찌 하인들을 모두 단속할 수 있겠습니까? 출입을 금단하는 것이 재상에게도 또한 좋은 일입니다. 물건을 매매할 때에는 마땅히 출입할 수 있도록 하여 전연 금단이 없게 될 것입니다.' 하기에, 신이 이런 말을 듣고서는 마음에 매우 합당하게 여겼습니다.

신이 일찍이 듣건대, 지난날에 군관의 자제들이 함부로 다니며 법을 어기게 되자, 예부 낭중(禮部郎中)이 보고서 비방하기를 '예의를 안다는 조선 사람들이 어찌 이러냐?' 했다는 것이나, 또한 주사가 매양 신에게 '만일 유람하고 싶다면 허락하겠다.' 하는데도 신이 사양했었으니, 이로 본다면 우리나라 사람들의 출입을 금단하는 것이 달자(㺚子)들을 대우하듯이 하는 것은 아니었습니다. 서책을 무역하는 것도 역시 금단하지 않았습니다.

또 인삼을 본색대로 입공(入貢)하는 일을 예부에 말하니, 예부의 말이 '이는 곧 공헌(貢獻)에 관한 일이니 통정사(通政司)에 말하라.' 하기에, 즉시 통정사에 말하니, 상서(尙書)가 신 등을 앞으로 나오라고 부르더니 '판삼(板蔘)이 무슨 폐단이 있어서 본색대로 공상(貢上)하려 하는 것인가?' 하기에 '판삼은 합쳐서 붙여[粘付]야 하므로 본질을 잃게 된다면 공상하기가 미안하여 본색대로 공상하고자 하는 것이니, 요동에 이자(移咨)하여 주기 바란다.' 답변하니, 상서가 '허락해야 할 일이다.' 하였습니다.

3월 11일에 존호(尊號)를 올렸고, 15일에는 천하에 조서를 반포하였기에, 신이 예부 낭중 손존(孫存)에게 '우리나라에서도 마땅히 진하(進賀)해야 하는데, 신은 돌아갈 기일이 또한 머니, 요동에 이자하여 본국에 알리도록 하기 바란다.' 하니, 손존이 '전일에 당신의 나라에서 진하할 때는 어디서 듣게 되었느냐?' 하였습니다. 신이 '혹은 요동에서 들어 알기도 하고 혹은 본국 사신이 돌아옴으로 인하여 알기도 했다.' 답변하자, 손존이 '이는 내 소관이 아니니 의제사 낭중(儀制使郎中) 여재(余才)에게 말하라.' 했고, 여재의 말이 '마땅히 상서에게 보고하고 요동에 이자하여 조선에 알리도록 하겠다.' 했었는데, 시행했는지는 신이 알지 못하고 있습니다."

상이 말하였다.

"황제가 이륜당(彛倫堂)으로 나아갈 때 어떤 관(冠)에 어떤 예복을 입었고, 또 나이는 얼마나 되어 보이더냐?"

강징이 아뢰었다.

"황사포(黃紗袍)를 입었고, 아직 관례(冠禮)를 거행하지 않았으므로 원관(圓冠)을 썼으며, 춘추는 16세였습니다."

상이 말하였다.

"내가 듣기에는, 황제가 한 달에 세 차례씩 경연(經筵)에 나아갔다고 했었다."

강징이 아뢰었다.

"하루 한 차례씩 나아갔습니다. 또 전일에는 사신이 표문(表文)을 예부에 바치면 예부가 좌순문(左順門)에서 태감(太監)에게 바쳤었는데, 이번에는 예부의 말이 '배신(陪臣)이 마땅히 직접 표통(表筒)을 가지고 태감에게 바쳐야 한다.' 하기에, 신이 묻기를 '이번에는 어찌 전례와 다르게 하느냐?' 하니, 예부가 '전에 하던 것을 그르다고 여겨 그렇게 하는 것이다.' 했습니다. 신은 사은표(謝恩表), 서장관은 표류인(漂流人)에 관한 사은표를 들고 통사 한 사람과 함께 정문으로 해서 좌순문으로 들어가니, 태감이 나왔기에 신 등이 꿇어앉아 표문을 바쳤습니다."

이날의 보고는 중종이 궁금해 하는 알성(謁聖) 모습을 주로 아뢰었으며, 중국 도서 수입, 인삼, 명나라에 경사가 생겼을 때에 조선에서 비공식적으로 소식을 들었다고 해서 하례(賀禮)하는 사신을 보낼 것인지 등등의 현안 문제들도 아뢰었다. 중종은 강징이 이륜당에서 가까이 본 황제의 모습과 경연(經筵) 문제 등을 구체적으로 물었다. 강징이 왕의 허락도 받지 않고 황제에게 관광(觀光)하고 싶다고 청하여 참관한 것을 불쾌하게 여겼지만, 결국 그 덕분에 예전에 얻을 수 없었던 정보들을 얻게 된 것이다.

명나라에 사신으로 다녀온
문인 일부가 조천록(朝天錄)을
남겼고, 청나라에 다녀온 문인
들은 연행록(燕行錄)을 남겼다.
강징이 중종에게 아뢴 내용은

황제의 대성전 제사에는 4품 문관 이상의 관원만 참
관하므로, 강징에게 참관을 허락하면서 명나라 문
관의 금대를 하사하였다.

조천록 수준으로 상세하다. 중종은 그 뒤에도 현안 문제가 생길 때마다
강징이 보고한 내용을 기억하고 그에 관해 신하들의 의견을 구했다.

6월 7일 조강(朝講)에서 헌납 황사우가 "여연(閭延)·무창(茂昌)에서
야인(野人)들을 내쫓게 된다면 반드시 변방 사단이 생길 것이니 성상께
서 진념하셔야 합니다."라고 아뢰자, 중종이 "사은사(謝恩使) 강징(姜澂)
의 말이 '중국에서 달자(㺚子)들에게 문죄(問罪)할 것'이라고 했다. 그렇
게 되면 반드시 우리나라에 청병(請兵)하게 될 것이다."라고 말하며 대
책을 세우라고 했다.

7월 17일에는 세자의 복장을 어떻게 할 것인지 의논하면서, "사은사
(謝恩使) 강징(姜澂)의 말을 들으니, '황제(皇帝)가 관례를 행하지 아니했
기 때문에 비록 머리는 올리지 않았더라도 관포(冠袍)는 한결같이 예문
(禮文)을 따랐다' 한다."고 하면서 관대(冠帶)를 착용하겠다고 말하였다.

1528년에 황제가 조고(祖考)의 존호(尊號)를 더 올리고 천하로 하여
금 표문(表文)을 올려 하례를 아뢰게 하였기 때문에 진하사(進賀使)를
보내야 했다. 9월 22일 승정원에서 그 여부를 묻자, 중종이 "중국에
하례를 아뢸 일이 있으면 예부(禮部)가 요동에 이자하고 요동이 우리나
라에 이자하여 알리는 것이니, 전에는 강징이 예부에 청하여 이미 규례
를 내었다."고 답하였다. 강징 덕분에 규례가 만들어졌으니, 그대로

따르면 된다는 뜻이다.

2) 과거제도와 권학절목을 정리하다

강징이 예조 참판을 오래 하다 보니, 외교뿐만 아니라 과거시험에 대해서도 달인이 되었다. 세상을 떠나기 2년 전인 1534년 3월에 퇴계 이황이 문과 식년시에 을과 제1인으로 급제하였다. 『중종실록』에는 3월에 치른 문과 시험이 두 차례 기록되었다.

> 근정전에 나아가 유생(儒生)들을 뜰에 모아놓고 부(賦)와 표(表)의 제목을 내어 전시(殿試)를 보였다.【부의 제목은 '민암(民巖)'이고 표의 제목은 '의한조군신하대뢰사공자(擬漢朝君臣賀大牢祀孔子)'이다.】 모화관(慕華館)에 행행하여 무과 전시를 보여 서수억(徐壽億) 등 28인을 뽑았다. -29년 (1534) 3월 8일
>
> 문과 시험을 보여 유학(幼學) 김희성(金希聖) 등 26인을 뽑았다.【강경 (講經)한 사람의 수가 이뿐이기 때문에 33인을 못 채운 것이다.】 -3월 9일

무과 전시(殿試)는 모화관에서 실기 시험으로 치렀으므로 그 자리에서 28명을 뽑았지만, 문과는 필기시험이었으므로 채점을 마친 다음날 발표되었다. 전시에서 33명을 선발하게 되어 있는데, 최종시험까지 오른 응시자가 26명뿐이었으므로 결국 26명이 급제하였다.

'민암(民巖)'이라는 제목은 『서경(書經)』 주서(周書) 소고(召誥)에 나오는 말로, "임금은 감히 뒤로 미루심이 없이 백성들의 어려움을 돌보고 두려워해야 합니다.[王不敢後 用顧畏于民巖]"라고 하였다. 『퇴계집』에는 이날의 답안지가 실려 있지 않지만, 이날 함께 병과 제2인으로 급제한

이윤경(李潤慶)의 『숭덕재유고(崇德齋遺稿)』나 급제하지 못한 조식(曺植)의 『남명집(南冥集)』에는 「민암부(民巖賦)」가 실려 있다. 『남명집』 연보(年譜)에는 "갑오년 봄, 명경시에 나아갔으나 합격하지 못하다[春就明經試不利]"라고 기록되었는데, 남명의 제자들이 급제 여부를 떠나서 이 글이 중요하므로 문집에 넣은 것이다.

중종이 10월에 여러 차례 문신들에게 시험을 치렀는데, 10월 21일에는 사정전(思政殿)에 나아가 통훈대부(通訓大夫 정3품 당하관) 이하의 문신들에게 「기영회도(耆英會圖)」란 제목으로 배율(排律) 10운(韻)을 짓게 하였다. 이 시험에서 퇴계가 수석으로 합격하였다. 퇴계는 7월에 휴가를 얻고 고향에 내려가 부모를 뵈었는데, 연보(年譜)에 기록된 것처럼 "10월에 저작으로 승진하여 조정으로 돌아왔으며, 문신들의 정시(廷試)에서 기영회도 배율 10운을 지어 수석으로 합격하였다."

응시자들이 시험을 치르는 동안, 중종은 시관들과 과거시험에 관한 여러 가지 문제를 토론하였는데, 21일 나세찬의 책문(策文)을 채점할 때 입론(立論)이 바르지 않다고 말썽이 되었다. 답안지는 『천자문』의 글자 순으로 묶었는데, 월자(月字) 시축, 즉 여섯 번째 시축에 들어 있던 나세찬의 답안지가 문제 되자, 중종이 28일 시관들에게 "이 때문에 죄를 줄 수는 없지만 바르지 못한 사람의 글을 제술에 넣는 것은 온당치 못한데 경들의 뜻은 어떠한가?" 물었다.

서지는 "입론(立論)이 바르지 못하면 학문도 바르지 못한 법이니 제술에 넣을 필요가 없다고 하신 상의 전교가 지당합니다." 아뢰었고, 강징은 "선비란, 마음이 발라야 쓰일 수 있습니다. 마음이 바르지 못한 자를 어디에 쓰겠습니까?" 하였다. 중종은 그런 자에게 문관 정시에 응시할 자격을 주는 것이 옳은 지 불만을 표시한 것이다. 나세찬의 대

책은 29일 실록에 전문이 실려 있으며, 시관 김안로(金安老) 등의 전횡과 비리를 통박한 것이 문제가 되어 김안로 일파의 탄핵을 받고 고성(固城)에 유배되었다.

28일에는 이조 판서 김안로는 정사에 참여하러 나가고, 서지와 강징 두 사람만 시관으로 왕을 만났는데, 중종이 명나라의 과거제도를 물었다.

"경들은 전일 북경에 갔던 적이 있었는가? 문인(文人)과 무인(武人)을 시험하여 뽑는 일은 어떻게 하고 있던가? 들은 바가 있으면 아뢰라."

중종이 "들은 바"를 물어본 것처럼, 조선 사신이 명나라 과거시험을 구경할 수는 없었다. 강징이 세종 황제의 성균관 행차와 알성(謁聖)을 구경한 것만도 드문 일이었다. 강징이 아뢰었다.

"신은 북경에 두 번이나 들어갔었으나 문무를 시험하는 것을 본 적이 없었고, 서반(序班)과 통사(通事)의 무리와 유생들에게 들었을 뿐입니다. 중국에서 사람을 시험하여 뽑는 규칙은 별다른 행사가 없고, 다만 3년마다 행하는 과거(科擧)의 규정이 있을 뿐입니다. 초시(初試)는 십삼 포정사(十三布政司)가 뽑아 서울로 올려보내면 그 이듬해 봄에 시험보여 뽑게 되는데 그 숫자가 정해져 있는 것이 아니며, 인재가 나오는 것을 보아서 뽑는다고 합니다. 여기서 뽑는다는 것은 예부(禮部)에서 복시(覆試)를 보여서 뽑는 것을 말합니다. 사장(詞章)은 사서(四書)의 뜻을 가지고 제술하게 하여 뽑는데, 그 분량이 책문만큼 많지는 않습니다. 글자의 수를 따져서 제술하는데, 만약 글자의 수가 많든지 적든지 하면 뽑히지 못합니다. 그 뒤에 전시(殿試)를 시험 보이는데, 뽑는 수는 적게는 2백부터 많게는 3백까지 하여, 그 수가 정해져 있는 것은 아닙니다. 만약 1등으로 입격(入格)하면 한림원(翰林院)에 뽑히며, 이렇게 출신

(出身)된 뒤에야 예부 시랑(禮部侍郞)이 되거나 육부 시랑(六部侍郞)이 되고 태학사(太學士)가 되기까지 합니다. 차등(次等)으로 입격한 사람은, 재주가 있는 자이면 뽑혀서 서길사(庶吉士)가 되고 그 중에 재주가 특출한 사람은 또한 뽑혀서 한림원에 들어갑니다. 그 다음 등급은 지현(知縣)이 되고, 다음 등급은 원외랑(員外郞)이 되며, 다음 등급은 주사(州司)가 됩니다. 육부의 시랑이 다 이렇게 해서 낭(郞)에 들어간 것입니다.

무과(武科) 시험제도는 문과의 제도와는 다르게 무거(武擧)로 불리어지는데, 요동 대인(遼東大人)들이 다 무거 출신이며, 궁시(弓矢)로만 시험하는 것이 아니라 시무(時務)에 대한 것을 제출하여 입격한 무거 출신입니다."

전교하였다.

"황제가 친히 전시의 시제(試題)를 내던가?"

징이 아뢰었다.

"신은 듣지 못하였으므로 알지 못합니다."

마지막 질문을 대답하지 않은 것처럼, 강징은 자신이 직접 들은 이야기만 자세하게 아뢰었다. 강징의 사은사 체험은 여러 가지로 예조의 업무에 전범이 되었다.

11월 9일에 좌·우의정과 예조 판서 참판을 비롯한 몇 대신이 빈청(賓廳)에서 회의하고 유생의 권학 절목(勸學節目)을 입계하였는데, 이 내용도 예조 참판이었던 강징이 마무리하였을 것이다.

1. 유생이 학궁(學宮)에 머물고 있다 하여도 부지런히 공부하지 않는다면 또한 실효를 거두지 못할 것이니, 모름지기 매일 청강(聽講)토록 하며 사장(師長)의 유고 때를 제외하고는 청강하는 날이 아니면 원점(圓點)하는

것을 허용하지 않는다.

1. 유생이 읽은 책은 날마다 서도(書徒)하여 매달 말, 예조(禮曹)에 올려 장부에 기록하고, 불시에 돌아가면서 추생 적간(抽栍摘奸 제비뽑아 검사하기)한다. 친림(親臨)하거나 명관(命官)에게 주재시켜 강(講)하게 하거나 제술(製述)하게 하도록 한다. 세초(歲抄)하거나 반년마다 통산하여 그 분수(分數)의 다소에서 우등한 사람은 급분(給分)하기도 하고 혹은 직부(直赴)하게 하기도 한다. 임시(臨時)하여 특별히 상을 내리며 불통한 사람에게 학벌(學罰)을 내린다.

1. 실학에 정통하여 가르치는 일을 담당할 수 있는 이를 사장(師長)으로 삼아 유생들을 교훈하는 것을 전임시키고 딴 관직은 맡기지 않으며, 제례(祭禮)의 집사(執事)나 그 밖의 다른 업무를 맡기지 않는다. 유생들의 근면과 태만, 통(通)과 불통(不通)을 상고하여 이를 토대로 사장의 전최(殿最)에 반영하고 그 가운데 특히 근면한 자와 태만한 자를 별도로 징계하거나 장려한다.

1. 식년시(式年試)와 팔도의 유생들을 널리 뽑는 별시(別試) 외에 불시에 실시하는 시취(試取)가 있으면 모름지기 학궁에서 청강한 날이 많은 사람을 녹명(錄名)하게 한다. 시취하는 날을 많게 할 것인가 적게 할 것인가는 계품하여 참작한다. 봄·가을에 보이는 유생의 과시(課試)도 학궁에 있는 유생을 시취한다.

1. 정시(庭試) 및 불시에 보이는 시취에서는 생원(生員)이나 진사(進士)로 삼기도 하고, 또는 급제(及第)로 삼기도 한다.

1. 거관 유생(居館儒生) 중에 재능과 학식이 있는 자는 당연히 과거로 선발하며, 생원이나 진사 중에 학궁에 나아가 부지런히 닦았으나 누차 응시해도 합격하지 못한, 나이 40에 이른 자는 성균관에서 해마다 4~5인을 추천하여 남행(南行) 가운데 상당하는 직책에 서용한다.

1. 명색이 유생이라 하면서 학궁에 나가지 않는 사람은 모두 물리쳐 과거 시험에 응시하지 못하게 한다.

1. 적간(摘奸)할 적에 비록 점검을 받았다 해도 평소 학궁에 나아가 청강을 부지런히 하지 않았다면 응시를 허락하지 않는다.

『중종실록』30년(1535) 9월 18일 기사에 "예조 참판 강징(姜澂)이 성균관 유생들에게 음식을 공궤하였다."고 하여, 강징의 이름이 마지막으로 보인다. 늙었음을 이유로 들어 사직할 것을 청하였지만 임금이 위로하며 윤허하지 않았기에, 70세가 된 노인이 「권학 절목(勸學節目)」에 따라 열심히 공부하는 유생들을 격려한 것이다. 마지막 순간까지 예조의 원로 대신으로 종사한 강징이 이듬해 6월 6일에 노환으로 세상을 떠나자, 정무를 이틀간 폐하고, 부의를 내려 제사지내게 하였으며, 인부를 주어 장사 지내도록 하였으니 모두 특별한 은혜이다.

3. 강원도 관찰사와 전주 부윤 시절의 강징

1) 전주 관아에 청연당을 짓다

1392년에 조선이 개국되었지만 고려시대 말의 관제를 계승하여, 중앙과 지방에 문반직(文班職)으로 정1품 이하 900여 개의 정직(正職)과 100여 개 이상의 겸직(兼職)을, 무반직(武班職)으로 4,400여 개의 정직 및 겸직을 두었다. 이후 1485년에 『경국대전(經國大典)』이 편찬되면서 관제와 신분제가 정비되었다.

강징이 활동하던 조선시대 전기에는 문반직으로 정1품 영의정 이하 510여 경직(京職)과, 종2품 관찰사·부윤 이하 810여 외직(外職)이 있었다.

문반직 가운데 가장 중시된 것은 정치를 주도한 의정부·육조(六曹)·삼사(三司) 등에 속한 관직이었는데, 강징은 이러한 관직들을 차례차례 거쳤다. 그러다가 몇 차례 지방 수령으로 부임하였다. 전형적인 관원들은 경력삼아 지방직을 원했으며, 부모를 봉양한다거나 그 밖의 여러 가지 이유로 지방직을 원하기도 했다. 허균 같은 경우에는 그 고을의 토산물을 좋아해서 구체적으로 어느 고을을 정해놓고 부임하려 애쓰기도 했다. 삼사의 언관(言官)이 항상 임금을 대하는 청요직(淸要職)이기는 했지만 날마다 긴장된 생활의 연속인데, 지방 수령은 그 지방의 가장 높은 자리인데다가 업무가 많은 것도 아니어서, 사람에 따라서는 명승 유람과 풍류를 즐기기 위해 지방을 원하기도 했다. 정사룡이 기록한 「신도비명」에 의하면, 강징은 부모를 봉양하기 위해 전주 부윤을 자원했다고 한다.

강징은 성종 25년(1494) 문과에 급제하여 연산군 1년(1495)에 벼슬을 시작했는데, 연산군 때에는 계속 왕을 가까이에서 모시는 사관(史官), 언관(言官), 승정원에만 근무했으며, 연산군 10년(1504)에 낙안으로 유배되었다가 종이 되었다. 중종반정과 함께 유배지에서 돌아와 곧바로 강원도 관찰사(觀察使 종2품)에 임명된 이래, 1509년에 전주 부윤(府尹 종2품), 1520년에 황해도 관찰사, 1524년에 개성부 유수(留守 종2품)에 임명되었다.

지방관으로 임명될 때에는 대개 현감(縣監 종6품)이나 현령(縣令 종5품), 또는 군수(郡守 종4품)부터 시작하게 마련인데, 강징은 연산군 때에 10년 경직에 있으면서 이미 승지(承旨 정3품)까지 승진했으므로, 곧바로 종2품 관찰사에 임명되었다.

그러나 위의 네 지방을 제대로 다스린 것은 아니다. 강원도 관찰사와 전주 부윤은 상당 기간 재임하면서 나름대로 업적을 남겼지만, 나머지 관직은 제대로 활동할 수가 없었다.

중종은 1520년 5월 15일에 강징을 황해도 관찰사에 임명했는데, 5

월 16일 사간원에서 "황해도 관찰사 강징은 방면을 맡는 직임에 맞지 않다"고 아뢰었다. 병마절도사와 수군절도사를 겸임해야 하는 관찰사로 방면을 맡기기에는 적당치 않다는 뜻이다. 강징이 경직에 있을 때에는 아무리 탄핵받아도 허락지 않고 연산군이나 중종 모두 열 번 가까이 거절하다가 마지못해 교체했는데, 이번에는 5월 16일 한 차례 거절했다가 5월 19일에 다시 아뢰자 "강징을 갈도록 하라."고 윤허하였다. 기록에는 없지만, 미처 부임하기도 전에 교체되었을 것이다. 중종이 종2품 자리가 비게 되자 깊이 생각하지 않고 강징을 임명했다가, 반대 의견이 나오자 곧바로 취소한 것이다.

강징이 전주 부윤으로 부임하여 백성을 어떻게 다스렸는지에 대한 기록은 따로 없다. 조선시대의 지방행정구역은 1413년 하륜(河崙)의 건의에 의하여 8도로 구획하였으며, 유도부(留都府) 1, 부 6, 대도호부 5, 목 20, 도호부 74, 군 73, 현 154개로 조직되었다. 관찰사, 부윤, 부사, 목사, 군수, 현령, 현감의 정원이 모두 341명이고, 1년 내지 2년 만에 갈리게 되니, 조선시대 한 고을에 평균 400명 이상의 수령이 부임했으면 연인원 십만여 명이 수령으로 부임한 셈이다.

대부분의 수령들이 정해진 업무만 충실하다 보면 역사에

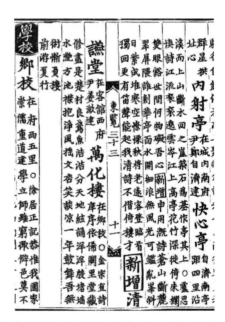

『신증동국여지승람』 제33권 「전주부(全州府)」 누정(樓亭) 조에 청연당이 소개되어 있다.

남을 만한 일이 없게 되는데, 전주 부윤으로 부임했던 강징은 조선의 종합인문지리서인 『신증동국여지승람(新增東國輿地勝覽)』 제33권 「전주부(全州府)」 편에 기록을 남겼다.

청연당(淸讌堂) 객관(客館) 서쪽에 있다. 부윤 강징(姜澂)이 세웠다.

『중종실록』에는 강징이 언제 전주 부윤에 임명되었는지, 확실한 기록이 없다. 몇 년 뒤에 그를 비난할 때에 전주 부윤 시절의 행적을 트집 잡아 말한 사실로 미루어, 그가 전주 부윤으로 부임했음을 확인할 수 있을 뿐이다. 정사룡이 지은 강징의 「신도비명」에 비교적 자세하게 부임 시기를 밝혔다.

(강원도 관찰사) 임기가 다 되어 동지중추부사(同知中樞府事 종2품)로 옮겼다가, 성절사(聖節使)로 충원되어 북경(北京)에 갔다. 빠른 걸음으로 반열에서 걷는 동작이 예의에 어긋나지 않아, 중국 사람들이 그의 너그럽고 중후한 마음씨에 감복하였다.
돌아와서 어버이를 봉양하기 위해 외직을 요청하였다. 전주 부윤(全州府尹)에 보임되자, 부지런하면서도 간편하지 않게 다스렸다. 또 학교 정책을 수행하여 끌고 나가기에 게으르지 않았다.

성절사는 명나라나 청나라의 황제나 황후 생일을 축하하기 위해 보내던 사신인데, 강징은 무종(武宗)의 생일을 축하하기 위해 1508년 7월 7일에 출발하여 12월 30일에 돌아왔다. 그러니 44세 되던 1509년에 전주 부윤으로 부임했을 것이다. 이에 관해서는 같은 시기에 전라도 관찰사로 재직했던 남곤(南袞)의 증언도 있다.

신이 전라도 관찰사였을 때에 강징(姜澂)이 전주 부윤이었는데, 백성을 다스릴 즈음에 조금도 그르친 일이 없어서 백성이 생업에 안정하였습니다. 개성부 유수(開城府留守)는 경직(京職)과 다름없는데, 한성부(漢城府)나 육조(六曹)를 맡은 사람을 낼 수는 없으므로 한산(閑散)한 지위에 있는 사람을 내야 할 것인데, 강징도 넉넉히 맡을 만합니다.

『중종실록』 19년(1524) 1월 23일 기사에 실린 이 말을 통해서 두 가지를 알 수 있다. 남곤은 1511년 11월 25일에 전라도 관찰사로 부임하였으니 강징이 전주 부윤 2년 임기를 다 채웠을 것이라는 점과, 백성을 다스리면서 그르친 일이 없어서 백성들이 생업에 안정하였다는 점이다. 영사(領事 정1품) 남곤이 전라도 관찰사 시절에 함께 일했던 전주 부윤 강징을 기억하고, '그런 사람이라면 개성 유수도 맡을 수 있다'고 중종의 선택을 지지해 준 것이다.

대제학 정사룡은 전주 부윤 강징이 학교(향교) 교육에 힘썼다 했고, 전라도 관찰사 남곤은 백성을 생업에 안정시켰다고 증언했으니, 성공적인 목민관이었음을 짐작할 수 있다. 여기에다 전주 관아 객사 옆에 청연당(淸讌堂)까지 세워 역사에 이름을 남겼다.

청연당은 아마도 1511년이나 1512년에 낙성되었을 테니, 1481년에 50권으로 간행된 『동국여지승람』에 실리지 않았다가 1530년에 속편 5권이 보완된 『신증동국여지승람』에 실리게 되었다. 그러나 조선 후기에 작성된 전주부 지도에는 청연당이 보이지 않는다. 그 사이에 없어진 것으로 보인다.

청연당(淸讌堂) 객사(客舍) 서쪽에 있다. 세조 11년 병술(1466)에 부윤 강징이 건립했다. 연회를 베푸는 곳이다.

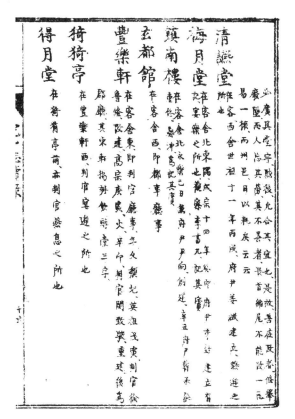

『완산지(完山誌)』에
소개된 청연당

　무술년(1958)에 한문으로 편찬된『완산지(完山誌)』의 정보는 두 가지
이다. 하나는 세조 11년 병술에 건립했다는 점과 연회를 베풀기 위해
세운 건물이라는 점이다. 강징이 세조 때 인물이 아니니 건립연도는
부정확하며, 강징이 병술년에 세운 것도 아니다.『신증동국여지승람』
이 아니라 전주에서 전해지는 자료를 근거로 하여 편찬한 듯한데, "연
회를 베푸는 곳[燕遊之所也]"이라는 다섯 글자만 우리에게 새로운 정보
를 제공해 준다.
　조선시대에는 용도에 맞게 건물을 세우고 그 용도에 걸맞은 이름을

붙였는데, '청연당(淸讌堂)'이라는 이름만 보아도 연회를 베풀기 위해 세운 건물임을 알 수 있다. 『완산지』에는 전주 관아에 있던 여러 건물들이 언제 중수(重修)하고 언제 불에 타 없어졌는지 자세하게 기록했지만, 청연당에 대한 설명은 더 이상 없어 아쉽다.

강징이 다른 벼슬을 받을 때에 전주 부윤 시절의 행적을 거론하며 반대한 언관도 있었지만, 부지런히 다스리고, 교육에 힘썼으며, 백성들의 생업을 안정시키고, 청연당을 세워 전주 관아의 구색을 갖춘 부윤으로 평가받은 점은 기억할 만하다.

2) 관찰사로 강원도 고을들을 순찰하다가 지은 시

(1) 관찰사가 하던 일

조선 전기에 임명된 관찰사는 감영(監營)에 상주하지 않고, 일년 내내 여러 고을을 돌아다니며 관원들을 규찰하였다.

관찰사의 기능은 두 가지이다.

첫째는 지방 수령들을 규찰하였다. 국왕의 특명을 받은 사신으로서 끊임없이 도내를 순력하면서 1년에 두 차례 수령을 비롯한 모든 외관(外官)에 대한 성적을 평가하고 보고하였다. 공정한 성적 평가를 유도하기 위해, 임기를 1년 이상으로 연장하지 않았다.

둘째는 도내의 모든 군사와 민사를 지휘, 통제했고, 독자적으로 일을 처리할 수 있도록

강원도 관찰사로 임명되어 강징이 받은 교지

상당한 정도의 직단권(直斷權)이 주어졌다. 따라서, 각 도의 병마절도사·수군절도사를 겸임하였다.

연산군 시절 낙안으로 유배되었다가 마지막 해인 1506년 8월 20일 한양으로 끌려와 옥에 갇혔던 강징은 기적적으로 중종반정과 함께 옥에서 풀려나 정국공신에 책록되고, 9월 26일 종2품 강원도 관찰사로 부임하였다.

강원도(江原道)는 글자 그대로 가장 큰 고을인 강릉(江陵)과 원주(原州)의 첫 글자를 합하여 만든 이름인데, 속령(屬領)은 1부(府), 1목(牧), 5도호부(都護府), 7군(郡), 12현(縣)이다.

강징은 원주 감영에 머물며 백성들을 다스리지 않고 이듬해 형조참판으로 옮길 때까지 일년 내내 26개 고을을 돌아다니며 민정을 살폈고, 동헌이나 객사에 걸려 있는 시판이 마음에 맞으면 차운하여 시를 짓기도 하였다. 이렇게 지은 시 가운데 칠언율시 3수가 현재 남아 전한다.

(2) 『제현유묵』으로 알려지게 된 칠언율시 「죽서루」 2수

규장각에 『제현유묵(諸賢遺墨)』(奎26618)이라는 서첩이 소장되어 있다. 규장각 홈페이지에서 검색하면 "숙종 35년(1709) 이후 목판본으로 간행된 정몽주(鄭夢周)·강징(姜澂) 등의 편저"라는 설명이 보인다. 크기는 33.7×25.3cm, 1책(10장)이며, "정몽주(鄭夢周, 1337~1392), 강징(姜澂, 1466~1536), 강찬(姜酇, 1647~1729) 등의 시문을 모아 엮은 필첩(筆帖)"이라는 자료소개가 덧붙어 있다.

『제현유묵』의 편집 순서가 바뀌었는데, "次"라는 글자가 오른쪽 첫 줄에, "東來物色"으로 시작하는 시가 왼쪽에 실려야 한다. 그래야 "觀察使姜澂"이라는 글자로 끝나게 된다.

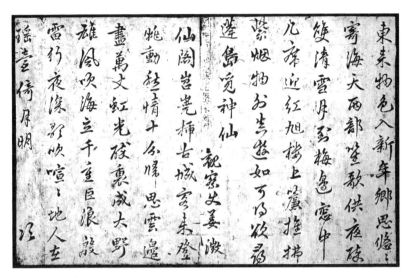

규장각 소장본 『제현유묵』에 실린 강징 친필 죽서루 차운시

이 시의 원문과 번역은 다음과 같다.

차운하다(次)
신선 사는 누각이 옛 성에 높이 꽂혔는데
나그네 올라 바라보니 서글픈 마음 이는구나.
고향 돌아갈 생각 구름 끝에 스러지고
만 길 무지개가 취기 속에 일어나누나.
너른 벌판에 큰 바람이 바다에서 불어오니
천 이랑 거센 물결이 우뢰같이 밀려드네.
밤 깊도록 노래 소리 시끌벅적한데
사람들 달빛에 기대 다락에 앉아 있네.

仙閣岧嶢揷古城。客來登眺動愁情。
十分歸思雲邊盡、萬丈虹光醉裏成。
大野雄風吹海立、千重巨浪殷雷行。

夜深歌吹喧喧地、人在瑤臺倚月明。

동쪽으로 오면서 물색이 새해로 접어들어
고향 생각 유유히 바다 멀리 부쳐 보내네.
생황 불고 노래하며 밤 늦도록 취하자
맑은 눈과 달빛이 매화나무에 비치네.
창가 자리에 기대어 붉은 해를 맞으니
누각의 주렴과 깃발이 자줏빛 노을 속에 흔들리네.
세상 밖에서 참된 놀이를 얻을까 하여
봉래산 찾아가 신선을 만나고 싶구나.

東來物色入新年、鄉思悠悠寄海天。
兩部笙歌供夜醉、雙清雪月到梅邊。
窓中几席迎紅旭、樓上簾旌拂紫烟。
物外眞遊如可得、欲尋蓬島覓神仙。 −관찰사(觀察使) 강징(姜澂)

　강징은 강원도 여러 고을을 돌아다니다가 삼척에서 새해를 맞은 듯
하다. 아마도 주변 여러 고을의 관원과 악인(樂人)들이 모여 잔치를 베
푼 듯한데, 양부(兩部)는 음악을 연주할 때의 좌부(坐部)와 입부(立部)를
가리킨다. 임금이 신하에게 보통 한 부(部)의 음악만 내렸으니, 양부는
성대한 음악을 뜻한다. 삼척부 옆의 고을에서도 악공이 왔기에 양부라
고 표현했을 수도 있다.
　이 시 앞에 제목이 없이 '차(次)'라는 글자만 적혀 있으니, 죽서루
벽에 걸려 있던 선배의 시에 차운하여 지었다는 뜻이다. 현재 죽서루에
걸려 있는 시판들은 대부분 평성(平聲) 우운(尤韻)에 속하는 '류(流)', '루
(樓)', '류(留)', '구(鷗)', '주(州)'를 운자(韻字)로 쓰고 있다. 「죽서루(竹西
樓)」라는 제목에서 '루(樓)'자를 가져오고, 죽서루 앞에 흘러가는 시냇

물, 다락에 머무는 나그네와 갈매기, 고을 등으로 시상이 자연스럽게 이어진다. 누구나 쉽게 쓸 수 있는 글자들인 셈이다.

그러나 강징이 지은 시의 운자는 이와 다르니, 다른 사람의 시에 차운한 것이다. 제1수는 평성(平聲) 경운(庚韻)에 속하는 '성(城)', '정(情)', '성(成)', '행(行)', 명(明)'을 운자(韻字)로 썼으며, 제2수는 평성 선운(先韻)에 속하는 '년(年)', '천(天)', '변(邊)', '연(烟)', '선(仙)'을 운자로 썼다.

세월이 오래 지나면서 죽서루에는 후임 관찰사와 부사들의 시가 계속 늘어났는데, 어느 시기엔가 강징의 시판이 없어졌다. 그래서 후손들이 강징의 친필 시를 목판에 새겨서 출판하여 집집마다 나누어 소장했던 것이다.

(3) 평해군 객사 인빈각에 걸려 있던 시

인빈각(寅賓閣)은 강원도 평해군의 객관 이름이니, '인빈(寅賓)'은 손님을 공손히 맞이한다는 뜻이다. 『서경(書經)』「우서(虞書) 요전(堯典)」의 "희중에게 따로 명하여 동쪽 바닷가 우이에 머물게 하니 그곳이 바로 양곡인데, 떠오르는 해를 공손히 맞이하여 봄 농사를 고르게 다스리도록 하였다.[分命羲仲, 宅嵎夷, 曰暘谷, 寅賓出日, 平秩東作.]"라는 문장에서 나왔다. 평해(平海)라는 고을 이름과 맞추기 위해, '동해 바다에 떠오르는 해를 맞는 공손히 것처럼, 조정에서 오는 손님을 공손히 맞는 집'이라는 뜻을 가져온 것이다.

평해는 작은 고을이지만 관동팔경의 하나인 월송정이 객사 옆에 있고, 그 위에 망양정도 있어서 경치가 좋기로 이름난 곳이다. 그래서 인빈각 대청에는 이달충(李達衷), 이곡(李穀) 같은 고려시대의 이름난

『관동읍지』「인빈각 제영」에 강징이 지은 시부터 다른 운을 썼다.

시인이나 조선 초기의 대제학 성현(成俔) 같은 시인들이 지은 시가 걸려 있었는데, 신천(辛蕆, ?~1339)이 지은 시에 이백년 넘게 차운(次韻)하여 지었기에 운자(韻字)가 같다.

『관동읍지』나『평해군읍지』에 실린 이들의 인빈각 제영(題詠)을 보면 모두 촌(村), 원(原), 원(園), 온(溫), 훤(喧)자를 운(韻)으로 썼다. 스승 안향(安珦)을 문묘(文廟)에 종사(從祀)하게 한 유학자 신천(辛蕆)은 문집이 전하지 않지만 우리나라의 대표적인 시와 문장을 편집한『동문선(東文選)』에 강원도 명승들을 읊은 시가 여러 편 실려 있다. 그가 지공거(知貢擧)로 과거시험을 주관하면서 이달충(李達衷)을 급제시키자, 이달충이 이 시에 차운하기 시작한 것이다.

신천이 인빈각에서 지은 이 시는『동문선』에「평해 동헌(平海東軒)」이라는 제목으로 실려 있다.

붉은 꽃, 짙은 녹음이 마을마다 뒤덮였는데
비온 뒤 넓은 들을 말 가는 대로 맡겨 가네.
성곽을 두른 긴 내가 고향 마을 같으니
산자락의 대 숲은 누구 집의 동산이던가.

벼슬 길엔 채찍 먼저 잡지 못하면서
객지로만 다니느라 자리가 따스할 틈 없어 부끄럽네.
어쩌다 한가한 틈을 얻어 낮 베개에 기댔더니
건너 숲에서 저 고새 수없이 지저귀네.
亂紅濃綠遍村村。信馬平蕪雨後原。
繞郭長川如故里、倚山脩竹問誰園。
宦途幾見鞭先着、客路多慳席未溫。
幸得餘閑欹午枕、隔林無數鵾鴣喧。

첫 구절과 짝수 구절의 끝나는 글자가 모두 평성(平聲)인 원운(元韻)에 속하는 운자들이어서 。부호로 표시하였다. 유곤(劉琨)이 젊어서 지기(志氣)를 자부했는데 조적(祖逖)과 벗이 되었다. 조적이 먼저 등용(登用)되자 친구에게 주는 편지에 쓰기를, "내가 창을 베고 새벽을 기다리며, 조생이 나보다 먼저 채찍을 칠까[先着鞭] 늘 두려워했다."고 했다. 반고(班固)의 「답빈희(答賓戲)」에 "공자가 앉은 자리는 따스해질 틈이 없었고, 묵자의 집 굴뚝은 검어질 틈이 없었다.[孔席不暖 墨突不黔]"고 하였다. 고요하고 경치 좋은 평해 객사에 앉았노라니 소득 없이 바쁘게 달려왔던 벼슬길이 부끄러웠던 것이다.

강가의 인가나 대숲 밖의 저 마을
좌우의 기이한 경치들이 모두 근원을 만나게 해주네.
다시 찾아오니 흰 머리가 친하던 벗들을 놀라게 했건만
몇 점 푸른 산은 옛 동산 저 너머 그대로구나.
넓은 바다를 제압하는 성에는 바람 몹시 사나운데
양곡과 이어진 곳이라 날씨가 늘 따뜻하구나.
우연히 지은 시는 지워 없애야 하니

어찌 퍼뜨려서 사람들 입을 시끄럽게 하랴.

江上人家竹外村。奇觀左右儘逢原。
重游白髮驚親友、數點青山隔故園。
城控滄溟風頗惡、地連暘谷氣常溫。
偶題詩句宜塗抹、豈要流傳衆口喧。

이곡(李穀)이 지은 이 시가 『가정집(稼亭集)』에는 「평해(平海) 객사(客舍)의 시에 차운하다[次平海客舍詩韻]」라고 실려 있는데, 더 정확하게 제목을 쓴다면 「평해 객사에 걸려 있는 신천의 시에 차운하다」라고 해야 할 것이다.

이곡은 충청도 한산(韓山)이 관향이지만 외가는 흥례부(興禮府) 즉 울산(蔚山)이고 처가는 영해(寧海)였으므로, 어렸을 때나 젊은 나이에 이 고을들과 가까운 평해(平海)에 온 적도 있었다. 맹자(孟子)가 학문에 있어서는 스스로 터득하는 것이 중요하다고 강조하면서 "몸의 좌우에서 취해 쓰면 그 근원을 만날 수 있게 된다.[取之左右逢其源]"고 한 말이 『맹자』 「이루 하(離婁下)」에 나오는데, 첫 구절에서 평해의 경관이 자신의 근원을 생각하게 해 준다는 뜻으로 인용하였다.

평해를 양곡(暘谷)과 이어진 곳이라 한 것은 동해 바다에서 해가 뜨기 때문에 한 말이지만, 『서경』 「요전(堯典)」에 나오는 인빈(寅賓) 두 글자와 이어지게 하려는 뜻이기도 하다. '온(溫)'자를 운자로 삼은 것은 평해에 있는 백암온천을 끌어들이기 위한 의도이다.

성현은 45세 되던 1483년에 우승지와 형조참판을 역임하다가 11월에 강원도 관찰사로 부임하여 관내를 순시하다가 평해에 들려 위의 시를 짓고, 당연히 인빈각 벽에 시판(詩板)을 걸었다. 이미 홍문관 직제

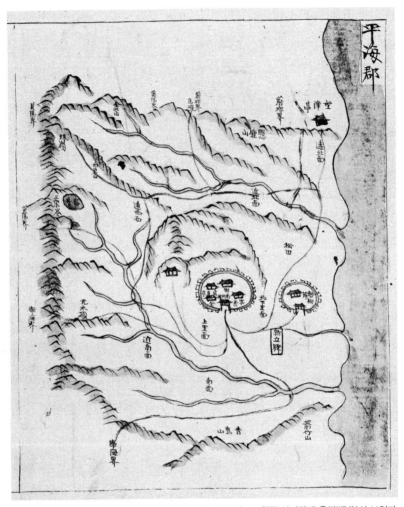

평해군 지도 바닷가에 월송정이 보이고, 왼쪽에 객사 인빈각, 그 왼쪽 산자락에 온정(溫井)이 보인다.
월송정 위에 역시 관동팔경 가운데 하나인 망양정이 보인다.

학, 대사성, 대사간을 모두 지낸 당대 최고의 시인이었으니, 후임 관찰
사들이 당연히 그의 시에 차운해서 시를 지어야 했다.

　강징은 대제학까지 지낸 당대 최고의 시인 성현의 시에 차운하지

않고, 다른 운으로 시를 지었다. 2년 동안 유배지와 옥에서 삶과 죽음의 세계를 넘나들었던 강징은 평해에서 동해 바다를 바라보며 삼신산부터 찾아보았다. 첫 구절부터 선산(仙山)이 나왔으니, 평성(平聲)인 원운(元韻) 다음 운목(韻目)인 한운(寒韻)에서 한(寒), 난(難)자를 가져오고, 통운(通韻)할 수 있는 산운(刪韻)에서 간(間), 산(山), 안(顔)자를 가져다가 칠언율시를 지었다.

바다 속 어느 곳에 선산(仙山)이 있는지
구름과 물 삼천리 바라다보니 눈이 시리구나.
세상을 버리지 못해 날개 돋친 신선과 함께 할 수 없고
단약을 만들지 못해 얼굴은 쇠하였네.
구름을 보다가 문득 고향이 먼 것을 깨달아
마부를 꾸짖지만 촉나라 가는 길 험한 것을 어찌하랴.
남훈전에 기대어 낮꿈을 꾸노라니
오동 꽃가지가 푸른 주렴 사이로 드리워지네.
海中何處有仙山。雲水三千望眼寒。
遺世未能同羽客、鍊丹無計住衰顔。
看雲忽覺鄕關遠、叱馭何堪蜀道難。
倦倚南薰成午夢、桐花垂在翠簾間。

연단(鍊丹)은 도가에서 불로장생의 약을 만드는 일을 말한다. 선경(仙境)에 접어들자, 자연스럽게 연단이 생각났다. 『진서(晉書)』 「갈홍전(葛洪傳)」에 "갈홍이 나이 들어 늙어지자 연단을 해서 수명을 늘려 볼 목적이 있었다. 구루에 단사(丹砂)가 나온다는 소문을 듣고는 자원해서 구루(句漏)의 현령이 되었다."라고 하였다. 내가 지금 선경에 앉아 있지만, 국사(國事)를 살피러 온 것이지 단약을 만들러 온 것이 아니라는

뜻이다.

소동파는 「전적벽부(前赤壁賦)」에 "일엽편주가 가는 대로 만경창파를 타고 가니 호연한 기상은 마치 허공에 의지하여 바람을 타고 가는 듯하여 그칠 바를 모르겠고, 표연한 마음은 속세를 버리고 홀로 서서 날개가 달려 신선이 되는 듯하였다.[縱一葦之所如 凌萬頃之茫然 浩浩乎如憑虛御風而不知其所止 飄飄乎如遺世獨立 羽化而登仙]"라고 하였다. 그러나 강징은 '나는 세상을 버리지 못했으니, 신선이 되려는 꿈은 없다'고 밝혔다.

질어(叱馭)는 마부를 꾸짖는다는 뜻인데, 『한서(漢書)』 권76 「왕존전(王尊傳)」에서 나온 고사이다. "왕양이 익주 자사가 되어 관부로 가다가 공래산 구절판에 이르러 탄식하기를 '부모님께서 주신 몸으로 어찌 이 험한 곳에 오르겠는가.' 하고 뒤에 병을 핑계로 사직하였다. 왕존이 익주 자사가 되어 그곳에 이르자, 아전에게 '여기가 왕양이 두려워한 길이 아닌가.'라고 묻자, 아전이 그렇다고 대답하였다. 왕존이 마부를 꾸짖으며 '말을 몰아라. 왕양은 효자요, 왕존은 충신이니라.'라고 말했다."라는 고사가 있다. 강징도 나라에 몸을 바쳐 일하는 관원이기에 관찰사 업무를 수행하기 위해, 마부를 꾸짖으며 험한 산길을 거쳐 평해 인빈각까지 찾아왔다는 뜻이다.

남훈(南薰)은 여름에 부는 따스한 바람이다. 순(舜) 임금의 「남풍가(南風歌)」에 "남풍이 훈훈하여 우리 백성의 시름을 풀어주네. 남풍이 제때에 불어 우리 백성의 재산을 늘려 주네[南風之薰兮 可以解吾民之慍兮 南風之時兮 可以阜吾民之財兮]"라고 하였다. 성군(聖君)의 정치로 백성들이 태평성대를 누린다는 뜻이다. 당나라 때 남훈전(南薰殿)이라는 이름의 궁궐이 있었는데, 이 시에서는 강징이 앉아서 평해군의 민정을 살피고 있는 인빈각을 가리킨다.

오동 꽃은 청명 무렵에 피기 시작하니, 강징이 강원도 일대를 순찰하다가 따스한 바람이 부는 어느 봄날 평해군을 찾아와 출장 관원의 숙소인 인빈각에서 군정을 조사하다가 이 시를 지은 듯하다.

강징은 왜 대제학 성현을 비롯한 선배 관찰사들의 시에 차운하지 않고, 새로운 운을 사용하여 시를 지었을까? 지금 전하는『관동읍지』나『평해군읍지』에는 실려 있지 않지만, 당시 평해군 동헌이나 객사 인빈각에는 외삼촌 허종의 시판이 걸려 있었다. 그러니 강징은 당연히 외삼촌의 시에 차운한 것이다.

허종의 시집인『상우당고(尙友堂稿)』는 필사본으로만 전해지고 제대로 알려지지 않아 한국문집총간에도 실리지 못했는데, 이 시집에 〈평해 동헌 시에 차운하다[平海東軒韻]〉라는 제목으로 칠언율시 3수가 실려 있다. 이 가운데 제1수는 객사 인빈각 시이고, 제2수가 동헌 시이니 제목이 잘못 실린 셈이다. 허종이 지은 제1수는 이러하다.

『상우당고』에 실려 있는 허종의 평해 동헌 시

가느다란 푸른 연기가 박산 향로에 피어오르니
누대는 높은데 가랑비 내려 기운 서늘해지네.
요대는 해에 막혀 구름 바라보기가 멀고

파랑새는 편지 전하려 하나 바다 건너기 어렵구나.

세상일에 이미 흰 머리 생겨나니

문장이 어찌 젊은 얼굴을 그대로 있게 하랴.

한가한 틈에 난간 기대어 노래 들으니

아득하던 시상 돌아보는 사이에 가물거리네.

裊裊靑煙起博山。樓高小雨欲生寒。

瑤臺隔日瞻雲遠、靑鳥傳書渡海難。

世事已能生白髮、文章何解駐紅顔。

乘閒倚遍闌干曲、渺渺詩情指顧間。

허종은 병조판서로 있던 1489년 3월 1일 성종에게 강원도 축성사(築城使)로 나가기를 자청하였다.

"신이 이제 축성사(築城使)로써 마땅히 강원도에 가야 하는데, 신이 일찍이 본도 관찰사(本道觀察使)가 계달한 바를 보니, 여러 고을의 기치(旗幟)가 모두 낡아서 떨어졌다고 하였습니다. 이로써 헤아리건대, 병기(兵器)도 반드시 단련되지 아니하였을 것이니, 신이 고험(考驗)하기를 청합니다."

성종이 허락하자, 이튿날 강원도 관찰사 이육(李陸)이 와서 아뢰었다.

"울진현(蔚珍縣)은 본래 산성(山城)에 있었는데, 고을 사람이 왕래하기가 어렵고 풍수(風水)에 구기(拘忌)된다고 하여 읍성을 산밑으로 옮겨 설치하기를 청하였습니다. 신이 보기로는 성은 완고하고 땅이 넓으니, 옮겨서 설치하자면 폐단이 있을 것이므로 예전대로 두는 것이 좋겠습니다. 그 옮기는 것이 적당한지 아니한지를 허종(許琮)으로 하여금 살펴보아 아뢰게 하는 것이 어떻겠습니까?"

평해는 울진과 붙어 있는 고을이기에, 허종이 이때 함께 둘러본 듯

하다. 『상우당고』에 실린 순서를 보면, 울진에 들렀다가 평해를 찾아
갔을 것이다.

허종이 지은 시와 강징이 지은 시를 비교해 보면, 난(難)자와 안(顔)
자의 순서가 바뀌었는데, 강징이 시상(詩想)을 자연스럽게 전개하기 위
해 순서를 바꾸자, 그 뒤에 부임한 김만균·황준량·오도일 등의 관찰사
들도 역시 강징의 시에 차운하여 지었다. 고종 시대에 편찬된 『평해군
읍지』에도 강징의 시에 차운한 시들이 계속 실렸는데, 평해군이 조선

후대 『평해군읍지』에 강
징이 지은 인빈각 시가 실
려 전한다.

총독부 설치 이후 1914년에 울진군 평해면으로 편입되면서 객관을 사용하지 않게 되자 어느 시기엔가 건물이 철거되어, 강징의 시판을 확인할 수 없는 것이 아쉽다.

(4) 죽서루 시판 인본(印本) 및 복원

강징의 죽서루 시판은 경상도로 이주한 후손들이 주도하여 찾아내고 인쇄하였다. 병자호란을 겪으면서 고향이 폐허가 되자 강징의 3남인 정언공 억(億, 1498~1554)의 증손 잠은(潛隱) 흡(洽)과 도은(陶隱) 각(恪)이 경상도 봉화군 법전(法田)으로 이주하였다. 이 가운데 각(恪)의 손자인 강재항(姜再恒, 1689~1756)이 먼저 「6대조고 참판공 유묵 발(六代祖考參判公遺墨跋)」을 지어 죽서루 차운시를 소개하였다.

> (칠언절구 2수 생략)
> 위의 칠언율시 2장 16구(句)는 우리 선조 참판공께서 짓고 쓰신 것이다. 공은 시를 잘 지으셨고, 서법(書家)도 한 시대에 뛰어나셨다.
> 중종대왕께서 일찍이 「향산구로도(香山九老圖)」와 「낙중기영도(洛中耆英圖)」를 골라 그려서 병풍을 만들게 하셨는데, 신용개(申用漑) 공에게 발문(跋文)을 짓고, 공에게는 여러 노숙한 명작(名爵)들의 시문과 발어(跋語)를 쓰라고 명하셨다. 또 홍문관에서 명도잠(明道箴)을 올리자 상께서 또한 명하니, 공께서 써서 올렸다. 상께서 가상히 여겨 칭찬하기를 마지 않으셨다.
> 공이 일찍이 중국에 사신으로 갔을 때에 명나라 세종(世宗) 황제가 새로 즉위하여 성균관에 시학(視學)하려 했는데, 공이 예부(禮部)에 글을 올려 성대한 예식 참관하기를 청하였다. 예부의 낭관(郎官)이 공이 쓴 글의 사리(詞理)와 서적(書迹)을 보고는 둘 다 훌륭함에 감탄하여, '한 부를 따로 써 달라' 하여 자기의 감상물로 삼았다. 상서(尙書)도 또한 탄복하고 특별

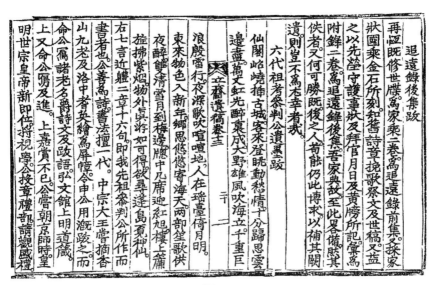

강재항의 『입재선생유고』에 실린 참판공 유묵 발문

히 황제에게 주청하여 문관 4품열(文官四品列)에 따르도록 허락하니, 전에 있지 않은 일이었다.

선조의 문장과 필법을 성조(聖朝)에서 이같이 감상하고 상국(上國)에서 이같이 추복(推服)하였지만, 지금 전하는 것이 많지 않으니 탄식스럽다.

이 시 2수는 공께서 강원도 관찰사 재임시 척주(陟州) 죽서루에 올라 지은 것이다. 백씨(伯氏)께서 일찍이 이천(利川)에 사는 종인 강익구(姜益九)씨로부터 받았는데, 그의 조부 종열(宗悅) 공께서 송강(松江) 정상국(鄭相國)과 친하였기에, 상국이 강원도 관찰사 때에 1본을 찍고, 또 4운시 1장을 지어 부쳐 왔다.

내가 어렸을 때에 일찍이 본떠서 새기고, 그 시판을 돌려보냈다. 지금 선조의 갑자로부터 이미 여러 갑자가 지나 삼척에 걸려 있던 시판들을 이제는 볼 수 없게 되었지만, 이 시판만은 아직도 탈이 없으니 어찌 다행스럽지 않은가.

이 글씨를 받들어 완상하면서 서글픈 생각을 스스로 금할 수 없어 인쇄하여 가숙(家塾)에 간직하고, 그 전말을 위와 같이 기록한다.

右七言近體二章十六句。卽我先祖參判公所作而書者也。公善爲詩。書
法擅一代。中宗大王嘗摘香山九老及洛中耆英繪爲屛幛。令申公用漑跋
之。而命公寫諸老名爵詩文及跋語。弘文舘上明道箴。上又命公寫及進。
上嘉賞不已。公嘗朝京師時。皇明世宗皇帝新卽位。將視學。公投章禮
部。請觀盛禮。禮部郞見公詞理書迹。歎其兼美。令別寫一本。以供私
翫。尙書亦加歎服。特具奏。勅許隨文官四品之列。前所未有也。先祖文
章筆法。爲聖朝所鑑賞如是。爲上國所推服如是。而今其傳者無多。可勝
歎哉。而此二詩者。公按關東時。登陟州竹西樓作者也。伯氏嘗於利川宗
人姜益九氏處得之云。其祖宗悅與松江鄭相國善。相國按關東時。印一
本。且爲四韻詩一章寄來。余幼時。嘗摹以刻之。卽以其板歸之。今之去
先祖甲子。已數三周矣。本州所懸板本。今不可見矣。而獨此尙無恙。豈
非幸歟。奉翫以來。自不禁感愴之思。卽印而藏之家塾。且記其顚末如右
云爾。-『立齋先生遺稿』卷13「六代祖考參判公遺墨跋」

규장각에 있는『제현유묵』서지사항에 "정몽주(鄭夢周, 1337~1392),
강징(姜澂, 1466~1536), 강찬(姜酇, 1647~1729) 등의 시문(詩文)을 모아 엮
은 필첩(筆帖)"이라고 소개되어 있는데, 강찬이 바로 강재항의 아버지
이다. 따라서 위의 발문은 강재항이 규장각 소장『제현유묵』을 간행할
때에 지은 글임을 알 수 있다.

강재숙이 종인 강익구에게서 인본을 얻어왔다고 했는데, 송강 정철
에게서 이 인본을 받은 강종열(姜宗說, 1582~1651)은 강징의 4남 교관공
엄(儼, 1502~?)의 손자이니, 법전에 정착한 두 집안에서 힘을 합하여
인본을 구하고 시판을 다시 새겨 죽서루에 설치했음을 알 수 있다.

현재 죽서루에는 강징의 시판이 2003년에 다시 새겨져 걸려 있는
데, 이 발문 뒤에 "숙종 45년 기해년(1719) 춘삼월 기축(己丑)에 6대손

재항(再恒)이 삼가 발문을 짓고, 7년 지난 을사년(1725) 춘삼월 정사(丁巳)에 6대손 재숙(再淑)이 삼가 쓰다.[上之四十五年己未春三月己丑 六代孫再恒謹跋 後七年乙巳春三月丁巳六代孫再淑謹書]"라고 문집에 없는 당시의 기록이 덧붙어 있다.

강재숙이 이천에 사는 종인 강익구로부터 죽서루 시판 인본을 얻어오자 1719년에 강재항이 발문을 지었는데, 강재숙이 글씨를 쓴 것은 6년 지난 1725년이었다. 아마도 이때 시판을 다시 새겨 죽서루에 보내고, 『제현유묵』도 간행한 듯하다.

죽서루에 강징의 시판이 한동안 걸려 있었겠지만, 어느 시점엔가 다시 없어졌다. 그러한 사연은 강필효(姜必孝, 1764~1848)가 지은 「선조 참판부군의 죽서루 제판 뒤에 짧게 쓰다[先祖參判府君竹西樓題板後小識]」라는 글에 소개되어 있다.

　　(칠언절구 2수 생략)
　　선조 참판부군은 시사(詩思)가 청원(淸遠)하고 필법이 힘차서 중종(中宗)의 칭찬을 받고, 또 중국 학사들에게도 탄복을 받았다.
　　이 시는 선조께서 관동(關東)을 순선(巡宣)할 때에 죽서루(竹西樓) 시에 차운한 것이다. 다락 머리에 판각하여 거니, 바다와 산을 탄압하기에 넉넉하였다.
　　후대에 와서 자손이 가져다 집에 간직하니, 필효가 생각하기에 이 일이 아름답지 않은 건 아니었지만, 아마도 선조가 시를 지어 남긴 뜻은 아닌 듯하다. 만약 자손들이 다시 이 다락에서 아름다움을 본받고 가르침을 이어받으려면 이 시를 새겨서 옛 모습을 복구하는 것이 어찌 큰 다행이 아니겠는가. 이에 감히 아래에 짧게 써서 다음에 올 사람들에게 살펴보게 한다.
　　先祖參判府君詩思淸遠。筆法遒勁。旣蒙中廟睿獎。又爲中朝學士之所

先祖參判府君竹西樓題板後小識

仙閣峯嶤插古城客來登眺動愁情十分歸
恩雲邊盡萬丈光虹醉裏大野雄風吹海
立千重巨浪殷雷行夜泼歌吹喧喧地人在
瑤臺倚月明。
東來物色入新年鄉恩悠悠寄海天兩部笙
歌供夜醉雙清雪月到梅邊臆中几席迎紅
旭樓上簾旌拂紫煙物外眞遊如可得欲尋
蓬島覓神仙。
先祖參判府君詩思清遠筆法遒勁旣蒙
廟庡獎又爲中朝學士之所歎服此詩卽其巡
宣關東時所次竹西樓韻也刻揭樓頭足以彈
壓海山而後來爲子孫所取而藏於家必孝惟
念此事非不美矣而恐非先祖留題之意若復
子孫趾美繩武於此樓刻此詩以復其舊則豈
非大幸也兹敢小識于下使來者有考焉

海隱遺稿卷十六　三十

『해은선생유고』에 실린 강재효의 발문

歎服。此詩卽其巡宣關東時所次竹西樓韻也。刻揭樓頭。足以彈壓海山。
而後來爲子孫所取而藏於家。必孝惟念此事非不美矣。而恐非先祖留題之
意。若復子孫趾美繩武於此樓。刻此詩以復其舊。則豈非大幸也。兹敢小
識于下。使來者有考焉。 -『海隱先生遺稿』권16

강필효(姜必孝, 1764~1848)도 법전에서 태어나 윤광소(尹光紹)에게 배
운 후손이다. 순선(巡宣)은『시경』「대아(大雅) 강한(江漢)」에서 나온 말
이다. "왕께서 소호를 명하사, '와서 두루 다니며 와서 정사를 베풀라'
하시다.[王命召虎 來旬來宣]"라고 하였다. 목민관이 된 것을 뜻하는 말인
데, 관찰사는 글자 그대로 순선(巡宣)하는 목민관이다.

이 글을 보면 강재숙 강재항 형제가 어렵게 찾아내어 복구했던 죽서루 시판을 어느 시기엔가 다른 후손이 떼어다가 집에 간직하는 바람에, 다른 후손들이 볼 수 없게 되었다. 강필효는 선조의 시판을 보물로 여겨 죽서루에서 떼어내 자기 집에 간직한 후손의 마음도 이해하였지만, 선조가 시를 지어 죽서루에 걸었던 뜻을 더 많은 후손들이 본받고 이해하려면 역시 죽서루에 시판이 걸려 있어야 한다고 생각하였다. 그랬기에 다시 시판을 새기고, 그 뒤에 자신의 발문을 덧붙여 죽서루에 걸었다.

(5) 강징의 시판이 죽서루에 다시 걸리다

강징이 강원도 관찰사 시절에 여러 고을을 순찰하다가 죽서루에 올라서 지었던 칠언율시 2수는 500년 동안 여러 차례 죽서루 벽에 걸렸

2003년에 다시 설치한 죽서루 시판이 정조 어제(御製) 시판 아래에 걸려 있다.

다가 떼어지기를 반복하였다. 목판이 오래 되면 나무가 썩어 떼어내는 경우도 있고, 후임 관찰사들이 지은 시가 많아지면 오래된 시판이 철거되는 경우도 있지만, 강징의 시판 경우에는 후손이 보물로 간직하기 위해 가져갔다.

강재숙 강재항 형제가 복구한 시판은 물론, 강필효가 다시 새긴 시판도 없어져, 20세기 후반에 한동안 시판이 없었다. 현재 죽서루에 걸려 있는 강징의 시판은 16대손 강신소(姜信昭)가 삼척시 당국의 협조를 얻어 2003년 5월에 다시 설치한 것으로, 칠언율시 2수 뒤에 강재항의 옛 발문과 강신소의 발문이 함께 새겨져 있다.

강원도 관찰사 참판공파종중 인증서

5장

조정의 명필로 이름을 남기다

1. 탁본으로만 볼 수 있는 최한정 신도비명

최한정(崔漢禎, 1427~1486)의 자는 자경(子慶), 본관은 화순(和順)으로, 대사성 최사로(崔士老)와 한성부좌윤 권순(權循)의 따님 사이에 태어났다. 대사간, 이조참의, 예조참의 등의 요직을 역임하여, 성종의 신임을 받은 신하이다.

대제학을 맡은 당대 최고의 시인 용재(容齋) 이행(李荇)이 신도비명을 짓게 되자, 역시 최고의 명필인 강징이 글씨를 쓰게 되었다. 최한정의 묘가 원래 장단 민통선 안에 있으므로 강징

오른쪽은 최한정 신도비명, 가운데는 우의정 홍문관 대제학 이행 찬(撰), 왼쪽은 가의대부 중추부사 겸 오위도총부 부총관 강징 서(書)

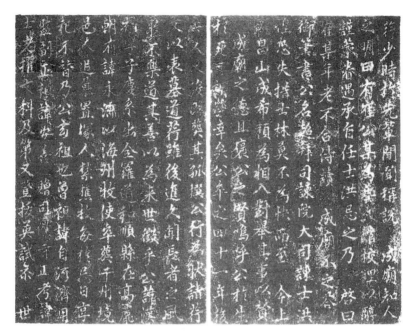

"내가 젊었을 적에[荐少時]"로 시작되는 신도비 첫 단락

글씨의 현 상태를 확인할 수 없어, 예전의 탁본을 소개한다. 이행의 문집인『용재집(容齋集)』권10에 비문이 실려 있어 문맥을 대조하며 확인할 수 있다.

증 가선대부 예조참판 겸 동지의금부사 최공(崔公) 신도비명

내가 젊었을 적에 선배들에게서 들으니, 성종(成宗)의 인재를 알아보는 눈이 밝으셨음을 칭찬하면서 이렇게 말하였다.

"최공(崔公) 아무개란 이가 예문관 교리(藝文館校理)로 있으면서 순후하고 근신하여 인정을 받았는데, 승지 임사홍(任士洪)이 그를 시기하여 이렇게 아뢰었답니다. '최아무개는 연로하여 시독관(侍讀官)으로는 적합하지 않습니다.' 성종께서 답하지 않고 어필(御筆)로 공의 이름을 적어 사간원 대사간으로 특진(特進)시켰다지요. 그러자 임사홍은 황공하여 어쩔 줄 모르고, 사림(士林) 가운데 통쾌하게 여기지 않는 이가 없었답니다."

그런데 금상(今上 중종)의 조정에 이르러 창산(昌山) 성희안(成希顔)이 재상이 되어 입대(入對)하면서 위 사실을 들어 성종의 덕을 찬탄하고 또 공의 어짊을 칭찬하였으니, 아아! 공은 살아서나 죽어서나 영광스럽다고 이를 만하다.

공이 세상을 떠난 지 41년 뒤에 부인도 세상을 떠났다. 장례를 치른 뒤 그의 아들이 공의 행장(行狀)을 엮어 가지고 와서 묘표(墓表)로 삼을 글을 나에게 지어 달라고 청하였다. 내가 비록 후진(後進)이지만 장자(長者)의 풍모를 들은 지 오래이니, 어찌 그 선(善)을 말하여 후세에 징험할 자료로 삼지 않을 수 있겠는가.

공의 휘는 한정(漢禎)이고 자는 자경(子慶)이며, 보계(譜系)는 전라도 화순현(和順縣)에서 나왔다. 고려조에 휘 영유(永濡)란 분이 해주 목사(海州牧使)로 있으면서 그 고을에서 죽자, 고을 사람들이 추모하여 묘지기를 두어서 땔나무 채벌과 가축 방목을 금하였으며, 해마다 기일에는 향사(享祀)를 끊이지 않고 지냈으니, 이분이 바로 공의 현조(玄祖)이다.

증조부 휘 자하(自河)는 제용감 부정(濟用監副正)이고, 조부 휘 안선(安善)은 증(贈) 사복시 정(司僕寺正)이다. 아버지 휘 사로(士老)는 문과에 급제하고 또 발영시(拔英試)에 급제하였으며, 세조조(世祖朝)의 원종공신(原從功臣)에 들었고, 벼슬은 성균관 대사성에 이르렀다. 어머니 안동 권씨(安東權氏)는 한성부 좌윤(漢城府左尹) 휘 순(循)의 따님이니, 고려 시중(侍中) 권보(權溥)의 현손이다.

공은 어려서 외할머니 나씨(羅氏)의 손에 자랐으니, 집현전 직제학 배윤(裵潤)의 아내이다. 직제학이 죽자 나씨는 단발하고 꼬박 3년 동안 묘소를 지키며 살았으니, 그 사실이 조정에 보고되어 정려(旌閭)를 하사받았다.

공은 이렇게 세가(世家)에서 태어나고 예문(禮門)에서 자랐기에 보고 들어서 평소 함양한 바가 있었으며, 게다가 힘써 배우고 게으르지 않아 경태(景泰) 병자년(1456)의 생원 진사시(生員進士試)에 합격하였다. 처음

제릉 전직(齊陵殿直)으로 벼슬을 시작하여, 천순(天順) 기묘년(1459)의 문과(文科)에 급제하여 성균관 주부(主簿 종6품)에 제수되었고, 사헌부로 자리를 옮겼으며, 서장관(書狀官)으로 북경에 다녀 왔다. 그리고 사간원 정언(正言 정6품), 병조 좌랑(佐郎 정6품)을 거쳐 사헌부 지평(持平 정5품)으로 승진하고 봉상시 판관(判官 종5품)과 예조 정랑(正郎 정5품)을 역임하였다.

기축년(1469)에 모친상을 당하여, (모친상을 치른) 2년 후 신묘년(1471)에 사간원 헌납(獻納 정5품)에 제수되었다. 예문관에 들어가 교리(校理 정5품) 지제교 겸 경연시독관 춘추관기주관(校理知製教兼經筵侍讀官春秋館記注官)이 되었으며, 순차를 뛰어넘어 대사간(大司諫 정3품)에 임명되었다.

정유년(1477)에 이조 참의(參議 정3품)로 있으면서 부친상을 당하였고, 상기(喪期)가 끝나자 장례원 판결사(掌隷院判決事 정3품)로 기용되었으며, 형조 참의를 거쳐 예조로 자리를 옮겼다가 관직에 있으면서 세상을 떠났다. 예조 참판(參判 종2품) 겸 동지의금부사(禮曹參判兼同知義禁府事 종2품)에 추증되었다.

선부인(先夫人) 영산 신씨(靈山辛氏)는 개성부 유수(開城府留守) 신석조(辛碩祖)의 따님으로 일찍 죽었다. 후부인(後夫人) 경주 이씨(慶州李氏)의 증조 휘 유(孺)는 가선대부 판강릉대도호부사(判江陵大都護府使)이고, 조부 휘 영적(寧迪)은 가선대부 공조 참판이다. 아버지 휘 익(翊)은 통정대부 병조 참의이고, 어머니 영일 정씨(迎日鄭氏)는 공조 판서 정진(鄭鎭)의 따님이다.

공은 품성이 너그럽고 행동이 화평하여, 청간하고 검약한 생활 자세를 지녔다. 게다가 성종의 인정까지 받았으니, 현달하는 것이 당연하다 하겠다. 그런데도 지위가 덕에 차지 못하였으니, 어쩌면 하늘이 그 자신에게는 베풂을 아껴서 그 후손을 창성케 하려는 것이 아니겠는가.

이부인(李夫人)은 천성이 매우 민첩하여 여공(女功)에 부지런하였으며, 아들들이 처음 배울 때에 모두 자신이 직접 가르쳤다. 언제나 자식들에게 이렇게 경계하였다.

"너희들의 재주나 행로로는 현달한 자리를 바랄 수 없으니, 다만 선대인을 욕되게 하지 않으면 충분하다."

아들들이 저마다 근신하고 삼가서 세상에 입신양명(立身揚名)할 수 있었다. 공의 여경(餘慶)이 이러한 결과를 이룰 수 있었지만, 또한 부인이 그 뜻을 잘 받들었기 때문이기도 하다.

공은 성화(成化) 병오년(1486) 7월 28일에 세상을 떠났으니, 태어난 해인 정미년(1427)으로부터 계산하여 60세이다. 이부인은 가정(嘉靖) 병술년(1526) 3월 23일에 세상을 떠났으니, 태어난 해인 갑자년(1444)으로부터 계산하여 83세이다. 공의 장지(葬地)는 장단부(長湍府) 치소(治所) 남쪽 산리동(酸梨洞) 계좌 정향(癸坐丁向)의 산기슭에 있는데, 이부인과는 묘역이 같고 신부인(辛夫人)의 묘소는 북쪽으로 50여 보 거리에 있다.

공은 모두 7남 2녀를 두었다. 아들 중청(重淸)은 생원으로 광흥창 수(廣興倉守)였고, 중온(重溫)은 장사랑(將仕郞)이었는데, 모두 죽었다. 이들은 신씨(辛氏) 소생이다. 중홍(重洪)은 병진년(1496) 문과에 급제하여 동지중추부사(同知中樞府事)이고 위계가 가선대부에 올랐으니, 공과 조부 사복시 정(司僕寺正)의 증직은 모두 이 때문이다. 중심(重深)은 진사인데 요절하였다. 중연(重演)은 정묘년(1507) 문과에 급제하여 승문원 판교(承文院判校)가 되었고, 중순(重淳)은 진사로 순릉 참봉(順陵參奉)이며, 중윤(重潤)은 역시 요절하였다. 맏딸은 참봉 최봉손(崔奉孫)에게 출가하였고, 둘째는 관찰사 이자화(李自華)에게 출가하였다. 동지중추부사 이하는 모두 이부인 소생이다.

광흥창 수는 유수(留守) 이계전(李繼專)의 따님을 아내로 맞아서 2남 2녀를 낳았으니, 아들은 기(基)와 해(垓)이고, 맏딸은 김순의(金順義)에게 출가하였으며 둘째는 유장(柳璋)에게 출가하였다. 장사랑은 홍상(洪祥)의 따님을 아내로 맞아서 2남을 낳았으니, 은(垠)과 곤(坤)이다. 동지중추부사는 판관(判官) 곽치희(郭致禧)의 따님을 아내로 맞아서 4남 4녀를 두었으니, 아들 훈(壎)은 교하 현감(交河縣監)이고, 언(堰)은 사옹원 봉사(司饔

院奉事)이고, 다음은 호(壕)와 식(植)이다. 맏딸은 감찰(監察) 정치(鄭錙)
에게 출가하였고, 둘째는 종실(宗室)인 이성수(尼城守) 이존광(李存光)에
게 출가하였으며, 셋째는 별좌(別坐) 권유(權鍒)에게 출가하였고, 넷째는
이희적(李希籍)에게 출가하였다. 진사는 참판 권경우(權景祐)의 따님을 아
내로 맞아서 1남 3녀를 낳았으니, 아들은 감(堪)이고, 맏딸은 박응(朴膺)에
게 출가하였고, 둘째는 종실인 시령영(始寧令) 이현동(李賢童)에게 출가하
였으며, 셋째는 권완(權琬)에게 출가하였다. 판교는 부사(府使) 심순도(沈
順道)의 딸을 아내로 맞아서 1남 2녀를 낳았으니, 아들은 탄(坦)이고, 맏딸
은 생원 김예손(金禮孫)에게 출가하였으며, 둘째는 구준(具準)에게 출가하
였다. 참봉은 군수 목철경(睦哲卿)의 따님을 아내로 맞아서 3남을 낳았으
니, 첫째 우(堣)는 진사이고, 둘째는 지(址)이고, 셋째는 지(墀)이다. 관찰
사는 딸을 두어, 노홍(盧鴻)에게 출가시켰다.

그 명은 다음과 같다.

예전 성묘 시절엔	昔在成廟
어진 덕화로 태평하였으니,	化臻無虞
저 수다스러운 소인 싫어하시고	厭彼喋喋
이 순후한 선비를 좋아하셨네.	貴此醇儒
성묘께서 어떻게 대우하셨던가	何以待之
아침저녁 경연에서 가르치게 하셨지.	經幄晨晡
간사한 말이 아무리 공교해도	憸言孔巧
임금의 귀는 속이기 어려워,	天聽難誣
사간원의 장관으로 뽑아 주시니	擢長諫院
그 은총이 참으로 남달랐네.	恩寵之殊
우리 공 개인의 일만이 아니라	非我公私
이로써 아첨하는 자들을 경계하셨지.	用戒讒夫
성상께서 이어서 즉위하시자	聖人繼治
대신이 공의 사적 아뢰었으니,	大臣矢謨

공이 죽은 지 비록 오래지만	公死雖久
그 유풍은 변치 않고 남았구나.	流風不渝
공에게 영광일 뿐만 아니라	匪公爲榮
우리에게 모범을 보여 주셨네.	恢我規模
여기 이동의 산기슭이	梨洞之原
바로 공의 무덤 있는 곳이니,	寔惟玄區
공이 먼저 이곳에 묻혔고	公先其歸
부인도 뒤이어 함께 묻혔네.	夫人與俱
후인들이여! 여기 보시라	來者是視
나의 글은 과장이 아니라오.	我辭非諛

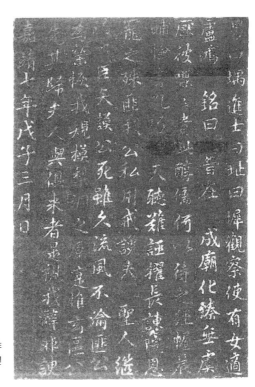

"나의 글은 과장이 아니라오[我辭非
諛]"라는 마지막 명문 뒤에 "가정 7년
무자(1528) 3월에 세웠다"고 썼다.

세종시에 다시 세운 최한정 신도비

최한정 재실 모인당의 모덕문

이 비석은 처음에 1528년 장단에 세웠는데, 후손들이 쉽게 출입할 수 없으므로 세종특별자치시 금남면 도암리에 있는 화순최씨 종중 재실인 모인당(慕忍堂) 옆에 신도비를 다시 세웠다. 명필 강징의 글씨를 감상할 수 없는 것이 아쉽다.

2. 명필로 이름난 정난종의 신도비명을 쓰다

정난종(鄭蘭宗, 1433~1489)은 1456년 생원·진사시와 문과에 급제하고 1466년 문과중시에 급제하여 동부승지가 되었다. 1467년 황해도 관찰사로 이시애(李施愛)의 난 평정에 공을 세우고 이듬해 호조참판에 전임되었다. 1470년 동지중추부사로서 사은부사가 되어 명나라에 다녀온 뒤 1471년 순성좌리공신(純誠佐理功臣)에 올라 동래군(東萊君)에 봉하여졌고, 한성부판윤·전라도관찰사를 지냈다. 1483년 주문부사(奏聞副使)로 다시 명나라에 다녀온 뒤 평안도 병마절도사·우참찬·이조판서를 역임하였다.

정난종은 훈구파의 중진으로 성리학에 밝았을 뿐만 아니라, 서예에도 일가를 이루어 조맹부체(趙孟頫體)에 뛰어났다. 1465년에 『원각경(圓覺經)』을 인쇄하기 위하여 그에게 주자체(鑄字體)를 쓰도록 하였는데, 이 활자가 을유자(乙酉字)이다. 석문(石文)으로 서울 탑골공원의 「원각사비음(圓覺寺碑陰)」, 양주의 「고령부원군신숙주묘표(高靈府院君申叔舟墓表)」 등이 있고, 금문(金文)으로 양양의 「낙산사종명(洛山寺鐘銘)」, 고성의 「유점사종명(楡岾寺鐘銘)」, 양주의 「봉선사종명(奉先寺鐘銘)」, 덕수궁의 「흥천사종명(興天寺鐘銘)」이 있다. 시호는 익혜(翼惠)이다.

백 년 전의 원각사비(국립중앙박물관 사진)

강희맹이 쓴 전(篆) 대원각사지비(大圓覺社之碑).
조선고적도보

강희맹이 쓴 전(篆) 탁본

보물 제3호인 탑골공원 원각사비는 그 자리에 있던 원각사의 창건 내력을 기록한 비석이다. 세조가 간경도감에서 『원각경(圓覺經)』을 번역하고 회암사 사리탑에서 사리를 나누어온 것을 기념하기 위해 이곳에 원래 있던 절을 다시 짓고, 10층 사리탑을 세웠다. 그래서 이 동네가 탑골이라 불렸고, 대한제국시대에 조성된 공원도 파고다공원, 또는 탑골공원으로 불렸다. 성종 2년인 1471년에 세운 비석의 앞면 비문은 김수온이 짓고 성임이 썼으며, 뒷면은 서정정이 짓고 정난종이 썼다. 전(篆)을 강희맹이 쓰면서 정난종이 진주강씨와 인연을 맺었는데, 이 두 집안은 가까운 지역에 살았기에 그 뒤에 여러 차례 혼인하였다.

정난종의 신도비가 세워져 있는 경기도 군포시 속달동의 정난종 선생 묘 및 신도비외 묘역일원(鄭蘭宗先生墓—神道碑外墓域一圓)이 경기도 기념물로 지정되었으며, 정광보, 정광필을 비롯한 후손들의 묘가 함께 있다. 신도비의 비문은 친구 사이인 대제학 남곤이 짓고 강징이 썼다.

유명조선국(有明朝鮮國) 순성좌리공신(純誠佐理功臣) 자헌대부(資憲大夫) 의정부우참찬(議政府右參贊) 겸 동지경연사(同知經筵事) 동래군(東萊郡) 증시(贈諡) 익혜(翼惠) 정공(鄭公) 신도비명(神道碑銘) 병서(並序)

대광보국 숭록대부 의정부영의정 겸 영경연 홍문관 예문관 춘추관 관상감사 세자사(世子師) 남곤(南袞)은 글을 짓고
가의대부 동지중추부사 강징(姜澂)은 글씨를 쓰다

영중추부사 정공(鄭公)은 전에 오래도록 정승의 자리에 있었다. 그가 현달하였으므로, 왕으로부터 삼대(三代)를 추은(推恩)받았다.
아버지 참찬(參贊) 부군은 대광보국숭록대부 의정부 영의정 겸 영경연 홍문관 예문관 춘추관 관상감사 동래부원군에 증직되었다. 할아버지인 진

『동국금석평(東國金石評)』에 정난종과 명 나라 사신 주지번 뒤에 강징을 명필로 소 개하였다.

정난종 선생 묘 및 신도비외 묘역일원. 아래에 정난종 부부 묘와 신도비각이 있다.

주목사 순충보조공신 자헌대부 병조판서 휘(諱) 사(賜)는 숭록대부 의정부 좌찬성을 더 증직받았다. 증조부 결성현감 가선대부 형조참판 휘(諱) 구령(龜齡)은 지헌대부 이조판서를 더 증직받았다.

비(妣) 정부인 이씨와 이미 정부인에 증직된 할머니 이씨도 모두 정경부인(貞敬夫人)에 증직하라는 교명(敎命)을 받았다.

그러자 정공이 형제와 자질(子姪)들과 의논하여 말하였다. "선부군(先府君)의 명예와 관직에 적합한 비(碑)를 응당 세웠어야 하는데, 오랫동안 의논하다가 지금에 이르렀으니 우리의 게으름만 드러났을 뿐이다. 하물며 은명(恩命)과 영화가 구천(九泉)에까지 통하였는데도 또 이루지 못한다면, 어찌 어리석고 몽매함을 후손에게 면할 수 있겠느냐?"

정공이 선생의 행장(行狀) 한 편을 지어 나에게 전하며 부탁하였다. "돌을 깎아서 비(碑)를 건립하는 일을 기다린 지가 오래 되었습니다. 그대가 나를 위하여 힘을 좀 써 주십시오."

가만히 생각해 보니, 내가 어렸을 때에 정동래(鄭東萊) 선생의 서법(書法)이 당대에 제일이라는 말을 듣고 마음속으로 흠모하여 일찍이 공의 풍채를 오매불망하였는데, 지금에 와서 외람스럽게도 비문(碑文)을 짓는 일로 만나뵙게 되었다. 비록 마음속으로 바라던 일이기는 하나, 돌아보니 정중하여야 할 일이므로 감히 하지 못하고 있었다. 그러자 영추공(領樞公)께서 또 멀리서 찾아와 명(銘)을 청하며 말씀하셨다. "그대가 거절한다면 나는 다른 사람을 구하지 않을 것이니, 비문을 어찌하시겠습니까?" 내가 할 수 없이 응락하였다.

공의 휘는 난종(蘭宗)이고, 자는 국형(國馨)이니, 그 선대는 동래인이다. 원조(遠祖)의 휘는 목(穆)으로 고려 때 벼슬하여 관직이 좌복야(左僕射)에 이르렀다. 복야가 아들 넷을 낳으니 제(濟)·점(漸)·택(澤)·항(沆)으로, 모두 급제하였다. 택은 좌찬선대부에 오르고, 항은 시중(侍中)에 올라, 마침내 성대한 가문이 되었다. 이로부터 높은 벼슬이 끊이지 않아, 대대로 이름이 알려진 분들이 계속 나왔다.

공은 찬선(택)의 후손으로 선덕(宣德) 계축년(1433)에 출생하여 24세 되

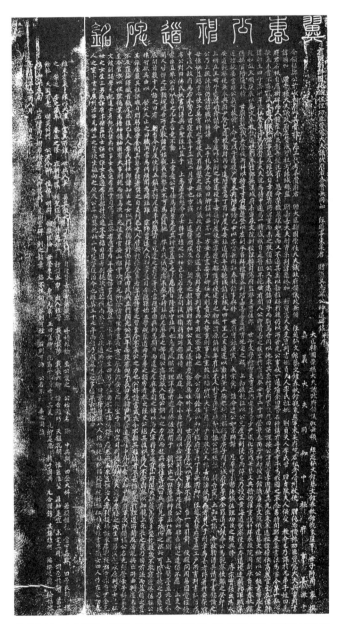

익혜공 신도비명 탁본. 오른쪽 첫 줄은 정난종 신도비, 둘째 줄은 영의정 남곤 찬
(撰). 셋째 줄은 가의대부 동지중추부사 강징(姜澂) 서(書)라고 썼다.

던 해인 경태(景泰) 병자년(1456) 과거에 급제하여 삼관(三館)의 직을 처음 제수받아 승문원(承文院)에 속하였다. 얼마 후에는 예문관 검열(정9품)로 옮겼으나, 공이 글씨를 잘 쓴다고 하여 전과 같이 승문원을 겸직케 하였다. 천순(天順) 경진년(1459)에 예문관 봉교(정7품)로서 통례문 봉례랑 겸 한성부 참군(정7품), 승문원 부교리(종5품)를 거쳐 사헌부 감찰(정6품), 이조 좌랑(정6품), 세자문학(정5품), 예조와 이조의 정랑(정5품), 종부시 소윤(정4품) 등을 역임하였다.

성화 병술년(1466)에 예문관 전한(종3품)을 겸직하다가 중시(重試)에 급제하여 승정원 동부승지(정3품) 겸 춘추관 수찬관을 배수받았으며, 품계가 통정(通政)으로 올랐다. 이때 세조께서 발영시(拔英試)와 등준시(登俊試)를 특별히 설치하여 재주 있는 선비를 선발하셨는데, 공이 양과에 계속해서 합격하여 좌부승지로서 예조참판(종2품)을 배수받고, 품계 또한 가선(嘉善 종2품 하계)으로 올랐다. 얼마 후에는 형조로 자리를 옮겼다.

이시애(李施愛)의 난이 일어나자 왕께서 처음에는 친히 정벌하시려고 하여 공을 탁지(度支, 호조) 부사(副使)로 삼으려 하였다가 중지하시고, 황해도 관찰사(종2품)를 배수하였다. 본도의 경계가 관북과 닿아 있어 적의 소굴과 가까우며 통제해야 할 요해지(要害地)이므로, 공이 아니면 소임을 감당할 사람이 없기 때문에 왕께서 특명을 내리신 것이다.

무자년(1468)에 호조참판(종2품)을 배수하였으며, 품계가 가정(嘉靖 종2품 상계)으로 올랐다. 기축년(1469)에는 본관(호조참판)으로서 동지춘추관사를 겸직하여 『세조실록』을 편찬하였다. 경인년(1470)에는 성종의 고명(誥命)을 받고 사은사(謝恩使)로 연경(燕京)에 다녀왔다.

신묘년(1471)에 왕께서 순성좌리공신의 호를 내리셨고, 『예종실록』을 편찬하였으며, 외직으로 나가 영안도(永安道 함경도) 관찰사(종2품) 겸 영흥부윤이 되었다. 계사년(1473)에 관찰사 직을 마치고 돌아와 훈봉(勳封)되었으며, 병신년(1476)에는 품계가 자헌(資憲 정2품 하계)으로 올랐다. 정유년(1477)에는 영안북도 절도사로 나가 다음해 온성진(穩城鎭)에 장성 40여리를 쌓았다. 기해년(1479)에 절도사 직을 마치고 돌아오자 훈봉되어 오위도총부 도총관(정2품)을 겸하였다. 경자년(1480)에 한성판윤(정2품)을 배수받았다.

신축년(1481)에 전라도에 흉년이 들자 왕께서 공을 명하여 관찰사로 삼으시고, 구휼하게 하였다. 계묘년(1483)에 왕께서 왕세자를 책립하시고, 한명회(韓明澮)를 명나라로 보내어 허락하기를 청할 때에 공은 부사로 다녀왔으며, 돌아와 평안도 절도사 겸 영변대도호부사를 배수받아 아지초성(牙之初成)과 위원진(渭源鎭)을 세웠다.

이듬해 강계(江界) 사람 박형손이 사사로운 감정으로 공이 반란을 모의하고 있다고 무고(誣告)하여 대궐에 나아가 반란 모의를 고발하자, 왕께서 그 말이 거짓임을 알고 곤장을 치며 국문하기를 명하여, 그간의 정세를 밝혀내셨다. 공에게는 글을 내려 위로하셨다. 공이 마침내 상소하여 실정을 아뢰고, 그대로 사직하여 비방을 그치게 하기를 청하였다. 왕께서 친히 편지를 쓰시어 답하였으니, 그 내용은 대략 다음과 같다.

"경이 서쪽 국경 한 지방을 맡아 지키므로 안위(安危)를 모두 경에게 맡겼으니, 맡은 소임이 크면 책임 또한 반드시 크고, 정세가 중요하면 일도 또한 중요하다. 그러므로 경을 대사(大事)에 빠뜨리고자 한 우매한 무리들이 스스로 패한 것은 하늘이 선한 자에게는 복을 주고 악한 자에게는 화를 주어 악한 짓을 하는 자는 스스로 형장(刑場)에 들어가게 하고, 선한 일을 하는 자에게는 마침내 안녕을 보게 한 것이다. 경은 혐의가 없으니, 더욱 마음을 다하여 내가 밤을 새우는 근심이 없게 하고, 백성들이 농사짓는 즐거움이 있게 하라."

임기가 만료되어 의정부 우참찬(정2품)으로 불려왔으며, 얼마 뒤에 이조판서(정2품)를 배수받았다. 병오년(1486)에 황해도 순찰사로 나가라는 명을 받자, 공은 힘을 다하여 직임을 사양하고 지중추부사(종2품)가 되었다. 정미년(1487)에 동지경연사, 동지의금부사(종2품)를 겸하고, 공조와 호조의 판서(정2품)를 역임하였다. 홍치(弘治) 무신년(1488)에 다시 의정부에 들어가 우참찬이 되었다.

기유년(1489)에 병으로 정침(正寢)에서 돌아가시니, 2월 신축(13)일이다. 병으로 자리에 눕게 되자 왕께서 의원을 보내어 문병하셨으며, 부음을 들으시자 그를 위하여 조회를 거두시고 부의(賻儀)하셨다.

공은 풍채가 아름다우며, 도량이 크고 넓어 한계가 없었다. 일찍이 세조 께서 귀중히 여기시어 시사(時事)로써 공의 기량을 여러 번 시험하였는데, 왕의 뜻에 맞지 않음이 없었다. 어느날 왕께서 공을 편전으로 부르시어 마주 대하시고 『주역』과 『원각경(圓覺經)』의 우열을 하문하시니, 공이 아 뢰기를 "불씨(佛氏)의 요서(妖書)를 어찌 삼성(三聖)의 경전과 같이 비교할 수 있겠습니까?"라고 하였다. 왕께서 몹시 노한 것처럼 하고 힘센 무사들 에게 명하여 아래로 끌어내어 매질을 하게 하였으나, 공은 안색이 조금도 변치 않고 태연자약하였다. 마침내 왕께서 이 일을 불문에 붙이셨다.

그 후 공이 위장(衛將)으로 부하들을 거느리고 전정(殿庭)을 호위할 때 에 왕께서 소신(小臣)에게 명하여 새의 깃털로 만든 부채를 휘두르며 여러 장수들을 부르게 하셨다. 여러 사람이 두려워하여 모두 앞을 다투어 나갔 으나, 뒤에 있던 공은 "이는 장수를 부르는 도리가 아니다"라고 하여 홀로 응하지 않았다. 왕께서 다시 종신(宗臣)들에게 명하여 공의 이름을 세 번이 나 부르게 하였으나, 공은 끝까지 움직이지 않았다. 그러자 왕께서 공이야 말로 장수의 소임을 맡길 수 있겠다고 여기시어, 더욱 중히 여기고 이끼셨 다. 은혜를 베풀어 돌보아 주심이 날로 융숭해졌다.

공이 북방의 관문을 지킬 때에 풍질(風疾)을 얻어 몹시 위독했으니, 한 달이 넘도록 군무를 보지 못하였다. 막료(幕僚)들이 조정에 이를 아뢰고자 하였으나, 공이 만류하여 말하였다.

"변방을 지키는 장수가 병세가 위급하다 하여 조정에 급히 알리면 왕께 서 반드시 놀라 근심하실 것이며, 또 북방의 군무를 맡은 자들이 모두 이를 두려워하여 여러 핑계를 만들어 직무를 회피할 것이기에 내가 감히 아뢰지 못한다. 그대들이 나의 병세를 보고 있다가, 반드시 어쩔 수 없게 된 뒤에 아뢰어도 늦지 않다."

오래지 않아 병세가 쾌차되었는데, 이때 북쪽의 오랑캐 이마거(尼麻居) 무리가 공의 병세를 듣고 침입하려 하였다. 공이 염탐하여 이를 알아내고 잔병을 무릅쓰고 일어나 막료들과 계책을 세우며 말하였다.

"병법에 '먼저 적의 마음을 치라'고 하였는데, 이제야말로 그 계책을 쓸 때이다."

공이 성 밑에 모여 살던 옛날 오랑캐의 우두머리 수십 인에게 말하였다.

"조정에서 절도사에게 오진(五鎭)의 병사를 거느리고, 이전에 변방을 침입하여 노략질하던 이마거를 토벌하라는 명령을 내리셨다. 너희들 또한 마땅히 종군하여야 할 것이다."

날짜를 약속하고 이들을 보내자, 이마거가 이 소식을 듣고 슬퍼하여, 대군이 장차 이를 것이라고 여겨 달아나 숨었다. (오랑캐의) 산야(山野)가 드디어 경작과 수확을 잃고. 마축(馬畜)들이 많이 폐사하였다. 오랑캐가 여러 해 동안 감히 변방을 침략하지 못하자, 막료들이 공의 기지(機智)에 감복하여, 모두 이 일을 조정에 아뢰고자 하였다. 그러나 공이 또 만류하여 말하기를 "책무상 당연한 것인데, 어찌 번거롭게 하는가?" 하였다.

관북지방은 서울과 거리가 너무 멀어 주민들이 학문을 알지 못하였다. 감사 이계손(李繼孫)이 비로소 학규(學規)를 정하고, 도내의 자제들 가운데 영특한 자들을 모아 경사(經史)를 가르쳤다. 공은 그 뒤를 이어 "사람으로서 배우지 않으면 윗사람을 친히 하고 어른을 위해 죽는 의리를 알지 못한다" 하고, (감사 이계손이 하던) 이전의 법규를 따라 더욱 학문을 닦게 하였다.

또 창고에 곡식을 넉넉히 쌓아 두어 그 규정의 과업을 엄하게 하였으며, 틈이 나는 날이면 몸소 학사(學舍)에 나아가 예업(藝業)을 사열하고 유능한 자를 장려하였다. 이로부터 여러 고을의 주민들이 모두 학업에 흥기하여 벼슬에 나아가는 자가 배출되고, 시서(詩書)를 익히는 습속이 지금에 이르기까지 쇠퇴하지 않았다. 이는 공의 힘이라 할 수 있다.

공은 독서를 좋아하여 어떤 날은 밤이 깊도록 책을 덮지 않았으며, 난해한 곳은 깊이 강구하지 않았으나 치도(治道)에 관계되는 문장이나 치란과 흥망의 원인이 설명된 문장은 반복하여 실마리를 찾아 철두철미하게 연구한 뒤에야 그쳤다.

부인은 이씨(李氏)이니, 장사랑(將仕郎) 휘 지지(知止)의 따님이다. 집 안에서 덕이 있어 배우자로 택했는데, 시집와서 오로지 집안 살림에만 힘을 써서 가문을 일으켰다. 공보다 3년 먼저 세상을 떠났다. 4남을 낳으니 장남 광보(光輔)는 조상의 음덕으로 관직에 나아가 내외직을 역임하고 벼슬이 첨지중추부사에 이르렀다. 다음은 영추공(領樞公)으로 이름은 광필(光弼)이니 임자년(1492) 과거에 급제하여 여러 관직을 거쳐 지금은 위망(位望)과 덕업으로 고위직에 올라 영수(領袖)가 되었으니, 나라에 중대사가 있으면 조정에 나아가 자문한다. 다음은 광좌(光佐)로 여러 고을을 거쳐 안산군수를 지냈으며, 다음은 광형(光衡)이니 조상의 덕으로 사복시 직장(直長)이 되었다. 딸은 승사랑(承仕郎) 안광수(安光晬)에게 출가하였다. 측실에서 낳은 아들 담(聃)은 내수사 별제(別提)로 있다.

첨지공은 대호군 이격(李格)의 딸을 맞이하여 4남을 낳으니, 한용(漢龍)은 수원판관, 사룡(士龍)은 홍문관 부제학, 원룡(元龍)은 진사, 언룡(彦龍)은 의금부 도사이다. 장녀는 사헌부 감찰 이희업(李熙業)에게 출가하고, 차녀는 평안도 평사 이응(李應)에게 출가하였다.

영추공은 정랑 송순년(宋順年)의 딸을 맞이하여 4남을 낳으니 노겸(勞謙)은 남부 주부, 위겸(撝謙)은 경기전 참봉, 익겸(益謙)은 활인서 별제, 복겸(福謙)은 빙고 별제이다.

군수공은 부윤 김극뉵(金克忸)의 딸을 맞이하여 3남을 낳으니, 숙겸(淑謙)은 당진현감이고, 다음은 사겸(士謙)과 세겸(世謙)이다. 장녀는 부장 이옹(李翁)에게 출가하고, 다음은 사포서 별제 송세웅(宋世雄)에게, 다음은 상의원 직장 한비(韓備)에게, 다음은 홍빈(洪賓)에게 각각 출가하였다.

외손은 경률(景嵂) 한 사람이다. 증손은 여덟 명으로 순우(純佑)·순지(純祉)·순복(純福)·순하(純嘏)·순호(純祜)·유인(惟仁)·유의(惟義)·유길(惟吉)이다. 증손녀는 4명으로, 모두 출가하지 않았다.

부인의 묘소는 처음에 공주현 서쪽 견불산 기슭 감좌이향(坎坐離向)의 언덕에 있었는데, 공이 돌아가셔서 장례를 지낼 때에 이 산으로 이장하여 쌍분으로 모시게 되었다. 이는 공의 유명(遺命)을 따른 것이다. 장례를 모신 지 37년이 지난 뒤에 명(銘)을 이루어 묘도(墓道)의 비(碑)를 세우는 일을 비로소 마치게 되었다.

명은 다음과 같다.

우리 동방은 큰 바다로 둘려 있고
영이한 기운이 모여 있어 영걸한 인물이 나왔도다.
무엇으로 증명하려나. 바로 정씨(鄭氏) 가문일세.
찬선공이 나타나 실로 큰 근원을 이루었으니
선을 쌓은 공적이 공에게 이르러 나타났네.
공이 처음 이름을 높여서 가문이 중흥했으니
네 번 대과에 오르기를 수염 만지듯 하였네.
왕께서 가상히 여겨 감탄하시기를
내가 어진 신하를 뽑아 가까이 두지 않고 변방에 두었다 하셨네.
극진한 돌보심은 조정에 짝할 이 드물었으니
열성조가 계속 한결같이 대우하였네.
큰 계획이 주밀하여 나가면 장수요 들어오면 재상이라
비로소 올라가 경영하니 육경(六卿)의 자리에 올랐도다.
참소하고 비방하는 말이 아무리 교묘해도
왕의 살펴보심이 더욱 밝으셨네.
기량과 덕망이 국가의 기둥 됨이 마땅하건만
그 쓰임 다하지 못하고 어찌 이에 이르렀는가.
넘치는 복 쌓고 쌓아 하늘이 진실로 감동하여
공의 가문 빛나게 하였으니 자손에게 미치리로다.
명군을 보좌하고 다스림을 보필하여
세상을 반석 위에 올려놓으니 몸은 원훈과 짝하였네.
왕께서 말씀하시길 아! 그대여 부지런히 나를 보좌하고
대대로 그 아름다움을 이룬 이로 먼저 경을 생각하노라.
국가의 법을 상고함에 증석(贈錫)이 합당하나

비각 속에 있는 신도비 측면 마지막 줄에 "가정(嘉靖) 4년 을유(1525) 8월 일에 세우다."라고 새겨져 있다.(사진 정하완)

무엇으로 주랴! 고관준작이로다.

왕의 말씀이 빛나서 저승까지 환해지니

산이 더욱 높아지고 나무가 더욱 무성하도다.

이에 구봉(舊封)에 훌륭한 비석 세워

명장(銘章)을 새기니 부끄럽지 않도다.

깊은 골짜기도 막을 수 있고 굳센 돌도 깰 수 있으니

공의 명성 새기지 않아도 영원 무궁하리라.

가정(嘉靖) 4년 을유(1525) 8월 일에 세우다.

3. 왕명으로 향산구로도와 낙양기영회도에 글씨를 쓰다

유교는 오륜(五倫)을 바탕으로 한 인륜 사회를 이상적인 사회로 설정하였으므로, 조선에서는 당연히 장유유서(長幼有序)를 강조하고 노인들을 우대하였다. 국가에서도 벼슬에서 물러난 노인들을 우대하여 별도의 관직을 설치하고, 여러 가지 양로(養老) 제도도 갖추었다. 사림파를 적극 등용하고 성리학적 통치 규범을 지켜 왕도정치를 구현하려 노력한 성종(成宗)이 특히 원로들을 우대하여 잔치를 자주 베풀었다. 『성종실록』 5년(1474) 3월 3일 기사에 그러한 이야기가 실려 있다.

기영연(耆英宴)을 훈련원(訓鍊院)에서 베풀었다. 나이 70세 이상 된 종친(宗親)·재신(宰臣)들과 일찍이 정승을 지낸 자들을 참석하게 하고, 도승지 이숭원(李崇元)에게 명하여 선온(宣醞)을 가지고 가게 하였다.

사신(史臣)이 논평하였다. "국가가 조종(祖宗) 이래로부터 해마다 3월 3일과 9월 9일에 양로회(養老會)를 베풀었는데, 기로 당상(耆老堂上)이 모두 참여하고 술과 음악을 내려 주어 즐거이 놀게 하였다. 한명회(韓明澮)가

송나라 낙중 기영회(洛中耆英會)의 고사(故事)를 들어 아뢰어, 2품 이상으로서 칠순(七旬)이 된 자만 참여하게 하고, 의정(議政)을 지낸 자는 비록 칠순이 아니라 하더라도 다 참여하게 하고, 이름을 기영회(耆英會)라 하였다. 잔치하는 날이 되자 술과 음악을 내려 주고, 내신(內臣)으로 하여금 선온(宣醞)을 가지고 가게 하였는데, 다들 성대한 모임이라 하였다. 당시에는 의정(議政)을 지낸 자가 많고 2품으로 칠순인 자는 적었으므로, 이름은 기영(耆英)이라 하였으나 실제로는 의정연(議政宴)이었다. (줄임) 이로부터 드디어 관례적인 잔치가 되었다.”

기(耆)는 나이 많은 늙은이를 가리키고, 영(英)은 영특한 사람을 가리키니, 기영(耆英)은 경험이 많고 영특한 사람을 말하는데 주로 은퇴한 관원을 뜻한다. 기영연(耆英宴)은 은퇴한 고관들을 조정에서 초대하여 베푸는 잔치이다. 기영연은 기로연(耆老宴)이라는 이름으로도 몇 차례 베풀어졌는데, 『성종실록』을 기록한 사관이 평한 것처럼, 국가에 실익이 없다는 이유로 비판한 세력도 있었다. 임진왜란 이후에는 영조나 정조 시대에 몇 차례 베풀어진 뒤로 기록이 많이 보이지 않는다. 세상이 그만큼 각박해진 것이다.

성종의 아들인 중종도 역시 아버지의 뜻을 이어받아서 즉위한지 5년 되던 1510년 9월 9일 훈련원에서 기영연(耆英宴)을 베풀고, 모화관(慕華館)에서 경연관(經筵官)들에게 잔치를 베풀었다. 세조나 성종 다음으로 기영연을 자주 베푼 왕이 중종이다. 중종은 잔치만 베푼 것이 아니라, 그 모임의 의미를 널리 전하기 위해 그림도 그리게 하였다. 『중종실록』 7년(1512) 9월 20일 기사에 그러한 사연이 보인다.

전교하였다.
“당·송(唐宋) 시대에는 「향산구로도(香山九老圖)」와 「낙중기영회오로도(洛中耆英會五老圖)」가 있었다. 양로(養老)는 곧 국가의 중요한 일이니, 화공을 시켜 그리도록 하여 병풍을 만들고, 대제학(大提學)으로 하여금 시와 찬(贊)을 짓도록 하고 그 사실을 기록하여 올리라.”

40일 뒤에 그림이 완성되자, 같은 해 10월 30일에 중종이 글을 짓고 글씨를 쓰게 명하였다.

도화서(圖畫署)가 ‘향산구로도(香山九老圖)’ 병풍을 올리니, 대제학 신 용개(申用漑)에게 명하여 서(序)와 시(詩)를 짓도록 하고, 참판 강징(姜澂) 에게 쓰도록 명하였다.

당대의 문단을 책임진 대제학 신용개에게 시와 서문을 짓게 하고 명필 강징에게 글씨를 쓰게 하였으니, 시(詩)·서(書)·화(畵) 삼절(三絶) 을 갖춘 작품을 만든 셈이다. 이 그림이 현재 남아 있는지 확인되지 않지만, 조금 앞선 시기에 그려진 「향산구로도(香山九老圖)」가 일본에 전하고 있어 강징이 글씨를 썼던 「향산구로도」의 화풍이나 작품 구도

일본 히라다기념관에 이수문이 그린 「향산구로도」가 소장되어 있다.

는 짐작할 수 있다.

백거이는 평이한 시를 잘 지었으므로 과거시험을 보지 않았던 일본 문인들이 그의 시를 특히 좋아하여 백거이의 시집도 일찍 일본에 건너 갔으며, 「향산구로도」 그림도 오래 남았다. 한국에는 전하는 그림은 확인되지 않는다.

강징의 글씨를 볼 수 없어서 아쉽지만, 신용개가 지은 〈향산구로 도〉 시와 발문이 그의 문집인 『이요정집(二樂亭集)』에 실려 있어 그림의 분위기를 엿볼 수 있다.

향산구로도 임금의 명에 응하여 임금님 병풍에 쓰다.

香山九老圖 應製書御屏

벼슬에서 물러나고 나이도 많아지니
흰 머리 반짝여 땅 위의 신선 같으시네.
천년 푸른 소나무가 흰 눈을 덮은 듯하고
높은 하늘의 검은 학이 푸른 들에 모인 듯하네.
따스한 햇살 온화한 기운이 봄을 붙잡고
술이 넘치니 고운 얼굴 위로 붉은 노을 졌구나.
세상 바깥 아름다운 곳에서 잔 들고 시나 지으며
한가롭게 햇살 아래 이야기를 나누네.
당시 나이가 좌천된 강주사마(江州司馬)와 같으니
후대의 재주와 호기가 백낙천을 말할 만하구나.
마침내 향산에 아름다운 자취 남았으니
분명한 형체가 그림 속에 전해지네.

宦成身退又高年。華髮交輝怳地仙。
千歲翠松含白雪、九霄玄鶴集青田。
日烘和氣扶春駐、酒漾霞紅上面妍。

物外風煙觴詠裏、閑中鳥兔笑談邊。
當時齒列推司馬、後代才豪說樂天。
終古香山留勝迹、分明形影畫圖傳。

　당(唐)나라 시인 백거이(白居易)가 일찍이 태자 소부(太子少傅)를 지
내고 형부 상서(刑部尚書)로 벼슬에서 물러난 뒤, 만년에 향산(香山)에
석루(石樓)를 짓고 향산거사(香山居士)라 자칭하며 그곳에 살았다. 나이
가 많아 벼슬하지 않는 호고(胡杲)·길민(吉旼)·정거(鄭據)·유진(劉眞)·
노진(盧眞)·장혼(張渾)·적겸모(狄兼謨)·노정(盧貞) 등의 노인 8명과 함
께 모여 노닐었으므로, 사람들이 이를 사모하여 향산구로회라 부르고
구로회도(九老會圖)를 그렸다. 『구당서(舊唐書)』 권166 「백거이전(白居易
傳)」에 이 이야기가 실려 전한다.
　원문의 구소(九霄)는 하늘의 가장 높은 곳을 말하니 구천(九天)이라
고도 하는데, 신소(神霄)·청소(靑霄)·벽소(碧霄)·단소(丹霄)·경소(景霄)
·옥소(玉霄)·낭소(琅霄)·자소(紫霄)·태소(太霄)이다. 현학(玄鶴)은 검은
학이니, 장수(長壽)를 비유하는 말로 쓰인다. 진(晉)나라 최표(崔豹)의
『고금주(古今注)』 「조수(鳥獸)」에 "학이 천 년 뒤에는 푸른색으로 변하
고, 또 2천 년 뒤에는 흑색으로 변하는데, 이것이 이른바 현학이다.[鶴
千歲則變蒼 又二千歲變黑 所謂玄鶴也]"라는 말이 나온다. 신용개는 향산
구로의 아름다운 자취가 이 그림 속에 남았다고 칭송했는데, 그림뿐만
아니라 우리 조정에도 그런 아름다움이 남기를 염원한 것이다.
　대제학 신용개가 지은 「향산구로도 발문」은 『이요정집(二樂亭集)』
권8에 실려 있다.

향산구로도 발문(香山九老圖跋)

옛사람들은 한적한 집에서 청정함을 지키고 여유롭게 만년을 즐겼으니, 모두 욕심을 줄이고 다투지 않아야 가능했다. 그러나 행적은 같으면서도 하는 일은 같지 않다. 충허(沖虛)한 상태에서 편안하게 머물며 정신을 모아 참된 것을 지키는 것은 외물에 마음을 둔 사람이 하는 짓이다. 이름을 감추고 행적을 숨겨서 깊숙이 숨어 스스로 보전하는 것은 세상을 피해 몸을 온전히 하는 일이다. 그 영향이 알려지지 않아서 사람들이 알기 어렵다. 만약 때에 맞추어 행장(行藏)하면 나아가 세상에 중용되고, 해를 앞당겨 벼슬을 그만두니 물러나도 천성을 기를 수 있다. 이것은 명교(名敎) 속에 즐거운 곳이 있는 것이니, 사람들이 또한 우러러보고 사모한다.

당나라 회창(會昌) 연간에 형부상서 백거이가 늙어서 벼슬을 사직하고 동쪽 옛 거처로 돌아가서 물가에 누각을 지었다. 또 향산에 팔절탄을 뚫고 벼슬을 그만둔 뒤 호고 등 여러 노인들과 노닐며 나이를 숭상하는 모임을 열어 서로 함께 즐기며 기뻐하였다. 당시 머리가 하얗고 나이는 이미 74세나 되었으나 여러 노인들이 모두 상열(上列)에 있었다. 늙어 쇠약한 얼굴과 백발로 술잔을 들고 시를 읊으며 춤추고 박자를 맞췄다.

나중에 늙은이 이원상과 승려 여만이 들어오고 후에 저겸모와 노정이 이르렀는데, 나이가 반열에 미치지 못하였다. 그러나 이 모습은 참으로 세상에 드문 좋은 경치여서 당시 사람들이 사모하여 그림으로 그려서 후세에 전해져 그 모습을 헤아려 볼 수 있으니, 지금도 아름다운 일이라 할 수 있다. 그 그림을 모방하니 그 나이와 모습을 생각하며 여러 노인들의 당시 기상을 보는 것 같았다.

신이 삼가 회창 연간을 생각해 보니 성대한 정치의 시대는 아니었으나, 여러 노인들은 높은 벼슬에 올랐다. 사업으로 기록할 만한 것이 있지 않았으나, 유독 백거이는 곧은 도로 분발하여 끝내 온전한 절개로 자신을 높였다. 노인들이 한가로이 물러나서 서로 즐겁게 노니니 사람들이 사모한다고 하는 것이 저와 같다

하물며 우리 조정의 임금님은 성군으로 치세가 융성하니, 크게 수역(壽

域)을 열어서 조정에는 덕 높은 노인들이 많고 거리에는 나이 많은 사람들이 많다.

해마다 기영회를 열어 양로(養老)의 모임을 하니 태평성대를 아름답게 꾸며서 내 노인을 공경함으로써 남의 노인까지 미치는 교화가 사람들을 감동시키는 것이 지극하다. 세대를 달리하여 신하들이 나이를 숭상하는 모임을 여는 것이 아름답다고 할 만하다.

그림을 그려서 병풍을 만들게 하고 곁에 두고 살펴보시니 백성들을 흥기시키고 후세들에게 가르침을 준 것이다. 언론이 그림에 대해 형용하여 의론할 것도 없다. 이 또한 그 연유를 기록하지 않을 수 없었다.

신이 삼가 손을 모으고 머리 조아리며 쓴다. 시는 위에 보인다.

찬(贊)하여 말한다.

늙은 봉황이 날개 짓하고 하늘의 기러기는 길을 찾아 가네.

한가한 생활 속에 마음은 여유로워 반갑게 맞는 머리는 희끗하구나.

아름다운 여러 노인들은 노을 안개 속에 고상한 흥취가 있네.

외물은 나를 얽매지 못하니 사람들이 나를 비웃지 못하네.

잔치를 열어 나이 많은 사람을 존중하니 내 장수를 즐기네.

즐겁게 노닐며 취했다 깨니 구름 낀 마을의 숲속 정자라네.

또한 늙은 선승도 있어 학골에 거북이 형태일세.

찾아와서 한 해 가 다가도록 함께하니

수성(壽星)이 찬란하게 빛나네.

시 속에 회포를 써놓고 그림으로 위의와 형상을 전하네.

소나무 같은 자태에 대나무 같은 운율은 천년토록 영향을 주네.

이렇게 좋은 모임 찾아보기 어려운데 사람이 가니 일도 가 버렸네.

향산은 구름처럼 멀리 있으니

나를 흥기시켜 먼 곳을 생각게 하네.

贊曰 老鳳有翼、冥鴻得路。居閑意足、眼青髮素。猗玆群老、煙霞高趣。物不我累、人不我忤。開筵尚齒、樂我天齡。遊遨醉醒、雲洞林亭。亦有老禪、鶴骨龜形。來同卒歲、輝映壽星。詩寫襟懷、繪傳儀像。松姿竹韻、千載影響。勝會難尋、人去事往。香山雲遠、起予遐想。

  '낙중기영(洛中耆英)'은 조선왕조실록에 성종 5년(1474)과 중종 7년 (1512) 두 차례만 보이는데, 노국공(潞國公)에 봉해진 송나라 문언박(文彥博)이 한국공(韓國公)에 봉해진 부필(富弼)이나 사마광(司馬光) 등과 함께 당나라 백거이(白居易)가 만든 구로회(九老會)의 고사를 본받아 왕이 양로연(養老宴)을 베풀고 시를 읊으며 서로 즐겼다.

  중종이 1512년 9월 20일 화공을 시켜 「낙중기영회오로도(洛中耆英會 五老圖)」를 그리게 하고, 역시 대제학 신용개에게 글을 짓게 하였다. 그런데 같은 날 실록에 "대사간 조원기(趙元紀)가 강징(姜澂) 등의 일을 극론하였으나, 모두 윤허하지 않았다."는 기사가 보인다. 그만큼 중종이 강징을 사랑하여, 역시 글씨를 쓰게 하였다. 양로연은 9월 29일에 베풀었다.

  신용개가 지은 「낙양기영회도 발문」도 『이요정집』 권8에 실려 전한다.

낙양기영회도 발문(洛陽耆英會圖跋)

  송나라 노국공 문언박이 판하남에 있을 때 당나라 백낙천의 고사를 본받아 현사 대부들과 낙양 땅에 물러나서 쉬면서 나이를 숭상하는 모임을 만들었다.

  사마광은 비록 나이가 70세가 되지 않았지만 본디 덕망이 높아 사람들을 이끌어서 모임을 만들었다. 왕공진의 집이 낙양에 있었고 북도에서 유수였는데, 그 반열에 참여하기를 원하는 사람들에게 서신을 돌리니 모임에 참여한 사람들은 한부필 이하 모두 13명으로 나이와 덕이 모두 높았다. 그래서 사람들이 칭하기를 '기영회'라고 하였으니 모임의 규약은 사치하지 않고 단순하며 조촐하였다. 노국공이 지주로써 모임의 우두머리가 되어 서로 차례대로 잔치를 열었다. 또 자성원에다 기영당을 짓고 민나라 사람 정환을 시켜 그 가운데에 그림을 그려서 영원히 전하게 하였다.

낙양에는 이름난 정원과 경치가 많았는데, 여러 노인들이 늙은 얼굴에 흰 머리로 화락한 모습에 의관은 엄숙하고 거룩하였다. 매번 연회에 모이면 도성 사람들이 보려고 모여들어 서로 탄식하며 부러워하고 사모하여 태평성대의 즐거운 일이라고 말하니, 아! 아름답구나.

여러 공들이 각자 부(賦)와 시(詩)로 뜻을 말하니 사마씨가 그 일을 서술하여 천년이 지나도 그 시를 읊조리고 서문을 읽으니 또한 그 풍운을 상상해 볼 수 있다. 신이 삼가 생각해보니 당말 오대(五代)에는 쇠란이 지극하였는데 송나라가 흥하고 천하가 비로소 안정되었으니 태조로부터 태종 진종 인종 영종을 거쳐 바르게 되어 교화가 이루어진지 백여 년이니 선인 군자가 왕성하게 세상에 중용되었다. 나라는 내외의 근심이 없어지고 백성들은 임석(衽席)의 편안함을 누리게 되었다.

신종(神宗)이 복을 이어 마음을 가다듬었으나 뜻은 크고 재주가 작아 마침내 왕안석이 잘못하여 변법으로 고쳐서 천하 백성으로 하여금 소란스럽게 하니 삶을 즐기는 마음을 잃었다. 조정 안에서 기구(耆舊) 석덕(碩德) 양신(良臣) 정사(正士)가 신법을 물리칠 것을 논하니 조석으로 계속 이어졌다.

문언박 부필과 사마광 등 여러 공은 진실로 천하에 명망이 두터워 그 거취가 흥망성쇠와 큰 관계가 되는데, 모두 소인들이 저지하여 한가한 처지에 있었으니 한갓 모임을 만들어 한가롭게 보내며 애환을 날려버린 것이다. 이는 실로 세상을 다스리는 도리의 수치이니 태평성대의 잘하는 일이라고 할 수 있겠는가.

공손히 생각해보니 우리 조정은 열성이 서로 이어서 점점 어질고 의로워지니 풍속도 아름다워지고 치세(治世)가 융성해졌다. 어진이를 존중하고 재능있는 사람들이 축적되어 안팎으로 늘어섰으니 나이 들어 능력있는 신하들과 덕 있는 선비들이 서로 왕화(王化)를 도와서 함께 빛나게 하였다.

매번 봄가을의 풍광이 좋은 날에 기영회를 열고 술과 음악을 베풀고 화려하게 노니 이것이 진실로 태평성대의 즐거운 일이다. 어찌 원풍(元豐) 낙양의 모임에 대해 이야기할 것이 있겠는가?

지금 우리 성상이 이 그림을 굽어보시고 신종이 훌륭한 재상을 버리고 소인배에게 맡기는 실수를 경계해야 한다. 어진이가 나아가고 사악한 것을 물리치며 혼란을 다스리는 기미를 살펴서, 선량한 사람들이 물러나 아무 일도 하지 않는 처지에서 그 자신의 즐거움이나 누리게 하지 않으면 우리나라에 등삼매오(登三邁五)의 정치가 이루어질 것이니, 장차 더욱 영원토록 바뀌지 않을 것이다.

신이 삼가 손을 모으고 머리를 조아리며 쓴다. 시는 위에 보인다.

찬하며 말한다.

林園之秀。자연의 빼어남과
花竹之茂。꽃과 대나무의 무성함이여
地勝景麗、승지의 경치가 화려한데
又多耆舊。또 많은 기구가 모였네
齒會雖古、치회는 비록 옛부터 있었으나
盛於文富。문언박 부필에서 성하였네
官尊德邵、관직은 존귀하고 덕이 높은데
兼高年壽。아울러 나이도 많아 장수하였네
猗十三賢、아! 열세 명의 현인들은
時望之重。시대에 더욱 우러러 보리라
憂國憂民、나라를 걱정하고 백성을 걱정하니
星鬢種種。흰 머리가 무성하구나
開筵賞心、잔치 열고 마음을 즐겁게 하니
春榮被壟。화려한 봄이 언덕에 가득하구나
傳眞上繪、이 모습 전하려고 그림을 그리니
瞻者起竦。보는 사람마다 송구스럽네
樽有香醴、술동이에서 향기운 술 냄새 나고

詩有雅想。 시에는 고상한 생각이 담겼네.

優游觴詠、 여유롭게 술잔 들고 노래 부르니

雍容氣像。 온화한 기상이 있구나

潞韓勳業、 노한은 훈업을 이루었고

司馬德量。 사마씨는 덕이 있네

弁首殿後、 머리에 싣고 궁전의 뒤에 두니

人所景仰。 사람들이 우러러 사모하리라.

　대제학 신용개가 글을 짓고 강징이 글씨를 쓴 이 병풍들이 모습을 드러내어, 임금이 사랑했던 강징의 글씨를 볼 날이 오기를 기대한다.

4. 『근역서화징』에 소개된 명필 강징

　서예가 오세창이 1917년 우리나라 역대 서화가의 사적과 평전을 수록한 『근역서화징(槿域書畵徵)』에 강징이 초서와 예서의 명필로 기록되었다. 오세창은 방대한 기록과 작품을 수집하고 역대 서화가를 신라, 고려, 조선의 상·중·하 5편으로 나눈 뒤에, 이를 출생연도순으로 배열하였다. 서술방법은 성명에 이어 자·호·본관·가세(家世)·출생연도·수학(受學)·관직·사망연도 등의 대강을 소개한 다음, 그의 예술에 대한 기록과 논평을 싣고 그 서목을 밝혔으며, 유전되는 작품의 명칭과 소재를 적었다.

　이와 같이 방대한 자료를 체계적으로 정리하고, 서화가들을 객관적으로 서술한 오세창의 업적은 높게 평가된다. 한문으로 기록된 이 책에 실린 '강징(姜澂)' 항목을 번역하면 다음과 같다.

○ 강징(姜澂)

자는 언심(彦深)으로, 진주인(晉州人)
이다. 통정(通亭) 회백(淮伯)의 종증손(從
曾孫)이다. 세조(世祖) 11년 병술(1466)에
태어나, 성종(成宗) 25년 갑인(1494) 문과
에 급제하였으며, 벼슬은 참판(參判 종2
품)이다.

초서(草書)와 예서(隸書)를 잘 써서, 필
법이 한 시대에 으뜸이었다. -정사룡(鄭士
龍)이 지은 비명(碑銘)

광주(廣州) 익혜공(翼惠公) 정난종(鄭
蘭宗)의 묘비(墓碑)를 썼다. -『해동금석총목
(海東金石總目)』

정광보(鄭光輔) 묘갈의 행서가 무르익
었다. -『동국금석평(東國金石評)』

『근역서화징』 강징의 이름 위에 서가
(書家)라는 뜻의 부호 ○이 표시되어
있다. ●은 화가이다.

오세창이『근역서화징(槿域書畫徵)』권3에서 강징을 조선시대의 대
표적인 서가(書家)로 꼽으면서, 정사룡이 지은 신도비명,『해동금석총
목(海東金石總目)』,『동국금석평(東國金石評)』의 기록을 근거로 들었다.
그러나 정난종의 아들인 정광보의 묘갈은 이행(李荇)이 짓고 성세창(成
世昌)이 글씨를 썼으므로, 잘못 소개한 듯하다.

규장각에 소장된『제현유묵(諸賢遺墨)』에도 강징의 친필이 남아 있
다. 죽서루 현판 시를 쓴 것이기에 중복 설명은 피하고, 김남기 교수가
작성한 해제를 소개한다.

규장각『제현유묵(諸賢遺墨)』해제

鄭夢周(1337~1392), 姜澂(1466~1536), 姜鄧(1647~1729) 등의 詩文을

모아 엮은 筆帖이다. 정몽주는 고려의 문신이자 학자로 字는 達可, 號는 圃隱, 본관은 延日, 시호는 文忠이다. 강징은 조선 전기의 문신이자 서예가로 字는 彦深, 본관은 晉州이고, 강찬은 尹拯의 문인으로 字는 子鎭, 號는 省愆齋이며 강징의 후손이다.

본첩의 편자가 누구인지 자세하지 않으나 강징과 강찬의 書에 '先祖參判公書', '先祖省齋先生書'라고 朱書로 쓰여 있는 것으로 보아 이들의 후손이 편집한 것으로 보인다. 또한 마지막에 실린 강찬의 글이 1709년에 쓰여졌으므로 본 첩은 1709년 이후에 만들어진 것으로 추정된다.

그리고 各篇의 우측 상단에 朱書로 작자에 대하여 쓴 첨지가 붙어 있는데, 첨지에 쓰여진 작자는 정몽주, 강징, 李滉, 李廷龜, 一庵 尹公(이상 1편), 강찬(2편) 등이 있으나 위의 세 사람 이외의 글은 남아 있지 않다.

정몽주의 작품은 1362년(고려 공민왕 11) 12월에 쓴 五言古詩 2수로 제목은 〈用首篇李供奉韻〉이다. 이 시는 『圃隱集』 권2에 실려있는데, 南方에 있는 친구를 그리워하는 심정을 표현하였다.

강징의 작품은 강원도 관찰사로 나가서 지은 七言律詩 2수가 있다. 관찰사로 부임하여 列邑을 순시하던 도중에 지은 작품으로 주변의 경관을 묘사하고 仙境에 들어선 감흥을 노래하였다.

강찬의 글은 1709년(숙종 35) 2월에 선생께 올린 편지로 선생께서 지난해 가을에 편지를 보내준 것에 대하여 감사하고 선생과 멀리 떨어져 있는 안타까운 심정을 표현하였다. 정몽주, 강징, 강찬의 書法은 물론이고 이들의 詩文을 살피는 데에도 도움이 된다. (김남기)

6장

일곱 아들과 번창한 후손들

강징은 일곱 아들을 두었는데, 희(僖)·의(儀)·억(億)·엄(儼)·위(偉)의 다섯 아들은 서울과 경기 일대에 살아 고향 안산에 묻혔고, 6남 준(俊)과 7남 임(任)은 일찍이 경상도로 이주하였다. 3남 억의 손자들도 병자호란 이후 경상도로 이주하여 법전 문중을 형성하였다.

강징의 후손은 조선시대에 문과 급제자를 31명 배출하였고, 현재 만여 명의 후손들이 전국 각계각층에서 활동하고 있다.

1. 장남 감찰공 강희(姜僖)

장남 강희(姜僖, 1492~1539)는 자가 중열(仲說)로, 귀후서 별제(別提 정6품)를 거쳐 사헌부 감찰(監察 정6품), 신창 현감(縣監 종6품)을 역임하였다. 아버지의 병을 돌보기 위해 벼슬을 내어놓고 고향에 돌아왔으며, 삼년상을 지내는 동안 지나치게 슬퍼하고 몸을 상하여 탈상하던 이듬해에 세상을 떠났다. 묘는 안산 아버지의 묘 아래 임좌(壬坐)에 있으며, 그의 생애는 선배 주세붕(周世鵬)이 지은 「신창현감 강군 묘갈명

(新昌縣監姜君墓碣銘)」에 자세하게 기록되어 있다.

신창현감 강군 묘갈명(新昌縣監姜君墓碣銘)

군의 휘는 희(僖)이고 자는 중열(仲說)이니, 예조 참판 강공(姜公) 휘 징(澂)의 아들이다. 힘써 공부했지만 급제하지 못해, 문음(門蔭)으로 귀후서(歸厚署) 별제(別提)에 부임했다가 세 번 옮겨 사헌부(司憲府) 감찰(監察)에 부임했고, 지방으로 나가 신창(新昌) 현감이 되었다.

군은 2년 뒤에 참판공이 병이 들었다는 소식을 듣고, 벼슬을 버리고 고향으로 돌아갔다. 공이 세상을 떠나자 복(服)을 입고 법도를 넘게 지키다가, 삼년상이 끝난 이듬해 기해년(1539) 5월 21일에 세상을 떠났다. 나이 48세였다. 안산군(安山郡) 석곡역(石谷驛) 감향(坎向) 언덕에 모셨으니, 공의 장지를 따른 것이다.

군은 나주(羅州)의 대성(大姓)인 첨지중추부사 김봉서(金鳳瑞)의 딸에게 장가들었는데, 아들이 없었다. 동복 동생이 넷인데, 의(儀)는 지금 적성현감(積城縣監)이고, 억(億)은 왕자군(王子君) 사부(師傅)이며, 엄(儼) 학문을 쌓으며 급제하지 못했고, 위(偉)는 승문원(承文院) 정자(正字)이다.

군이 명을 남겨 '의(儀)의 아들 응서(應瑞)를 양자로 삼으라' 하자, 사부(師傅)가 부인의 뜻에 감격하여 울면서 말하였다.

"우리 형님은 효성스럽고 우애가 있었는데 요절하고 대를 이을 자식이 없으니, 천도(天道)가 있다고 할 수 있겠는가? (양자를 들인다는 뜻이) 영구하기를 도모하기로는 문서(文書) 만한 것이 없으니, 그대에게 지어 주기를 부탁한다."

아아! 군의 효성과 우애는 천성에서 나왔으니, 이 도리를 미루어 백성에게 크게 베푼다면 그 결과가 어떠했겠는가?

(진양강씨 문중에는) 집안 대대로 덕을 쌓아 훌륭한 자제들이 많고 많았는데 하늘이 베풀어 준 것은 한가지였으니, 어찌 군에게만 보응(報應)이 이처럼 인색하였는가?

내가 들으니 부인이 (영전에) 의상(衣裳)을 펼쳐 놓고 하루에 세 번 전

『팔도군현지도 안산군』수리산과 군자산 한가운데 산자락에 강징과 자손들의 묘가 있는 석곡역이 표기되어 있다.(규장각 소장)

(奠)을 드리고, 전을 드릴 때에는 몸소 하였다고 한다. 지금까지도 죽을 먹으며 머리도 빗지 않는다고 하니, 참으로 열부(烈婦)이다. 아마도 하늘이 아내에게 절의(節義)를 주어 군의 덕을 드러내는 것이 아니겠는가.

썩지 않고 오래 전해지는 것을 어찌 나의 글을 기다릴 필요가 있겠는가마는, 그러나 부인이 요청하니 감히 사양할 수가 없다.

명(銘)은 다음과 같다.

有弟之賢。 어진 아우가 있고

有妻之義。 절의 지키는 아내가 있으니,

其道行于家。 그 도는 집안에 행해지고

其身葬于是。 그 몸은 여기에 묻혀 있네. −『무릉잡고(武陵雜稿)』권7

아내 김씨의 친정에 관한 기록은 사재(思齋) 김정국(金正國)이 지은 「절충장군 의흥위 호군 김공 묘갈명(折衝將軍義興衛護軍金公墓碣銘)」에

『삼강행실도』에 「김씨절행(金氏節行)」이라는 제목으로 나주김씨가 하루에 네 차례 전제를 지내는 모습을 그렸다. 바닥에는 강희의 옷이 널려 있고, 강희의 집 밖에 정문에 세워져 있다.

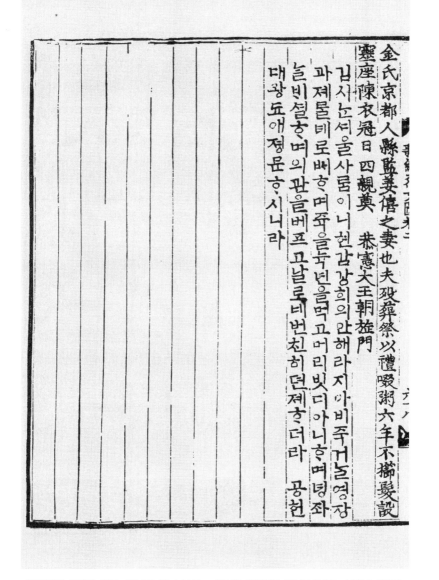

金氏京都人縣監姜償之妻也夫歿葬祭以禮啜粥六年不撤髮說
靈座陳衣冠日四觀焉　恭憲大王朝旌門

김시 노셔울사롬이니현감강희의안해라지아비죽거놀영장
과졔물비로뼈ᄒᆞ며쥭을먹고머리빗디아니ᄒᆞ며녕좌
늘비셜ᄒᆞ며의관을베프고날로비번친히뎐ᄒᆞ더라 공헌
대광됴애졍문ᄒᆞ시니라

나주김씨의 절행을 한문 기록으로 먼저 보이고, 한글로 언해하여 여성들이 읽고 본받게 하였다.

자세히 보인다. 나주김씨는 박천군수, 강화부사 등을 두루 거친 호군(護軍 정4품) 김봉서(金鳳瑞)의 제4녀이다. 김봉서의 두 아들은 모두 무과(武科)에 급제하여 무인 집안으로 위상을 굳혔다. 특이한 점은 제1녀가 종실(宗室) 의산령(義山令) 윤(潤)에게 시집가고, 제3녀도 종실 임성부수(任城副守) 언정(彦廷)에게 시집가서 종실과 혼맥을 맺었다는 점이다.

나주김씨는 강희가 세상을 떠나고 삼년상이 지난 뒤에도 유교 윤리를 지키기 위해 죽을 먹고 머리를 빗지 않은 채로 계속 전제(奠祭)를 지내, 중종 때에 절부(節婦)로 포상하고 정문(旌門)을 내렸다. 『중종실록』 38년 계묘(1543) 9월 28일 기사에 사연이 보인다.

의정부에서 아뢰었다.
"서울에 사는 절부 전 현감(縣監) 강희(姜僖)의 아내 김씨(金氏)를 정문(旌門)하고 복호(復戶)하소서.[京中居節婦前縣監姜僖妻金氏, 請旌門復戶.]"
아뢴대로 왕이 윤허하였다.

『동국삼강행실도(東國三綱行實圖)』에서는 강의의 아내 나주김씨의 절행(節行)을 그림으로 그리고 한문 기사를 언해(諺解)하여 많은 사람들이 읽어보고 그 절행을 본받게 장려하였다.

김씨는 서울 사람이니, 현감 강희의 아내이다. 지아비가 죽자 장사와 제사를 예법대로 지내고, 6년 동안 죽을 먹었으며, 머리를 빗으로 빗지 않았다. 영좌(靈座)를 설치하고 의관을 늘어놓았으며, 하루에 네 차례나 전제(奠祭)를 지냈다.
공헌대왕(중종) 때에 정문(旌門)을 세웠다.
金氏京都人, 縣監姜僖之妻也. 夫歿, 葬祭以禮, 啜竹六年, 不櫛髮, 設靈座, 陳衣冠, 日四親奠, 恭憲大王朝旌門.

안산시 상록구 양상동(윗버대)에 있는 강징의 무덤 아래에 장남 강희, 차남 강의의 묘가 보인다.

　6년이나 죽을 먹었다고 했으니, 중종 때에 정문이 세워진 뒤에도 이듬해 세상을 떠날 때까지 계속 죽을 먹은 듯하다. 강징의 외숙모 유씨가 열부로 표창되어 중종 초년에 정문을 세워지고, 승지 강경서, 대사간 강형의 아내도 열녀로 정문이 세워졌는데, 중종 말년에 강희의 아내도 살아서 정문이 세워져 삼강오륜을 몸으로 실천한 진주강씨 문중의 가르침이 온 나라에 널리 알려졌다.

　강징의 맏며느리 김씨부인의 정려는 1950년까지 남아 있었는데, 한국전쟁 중에 소실되어 안타깝다.

2. 2남 판관공 강의(姜儀)

2남 강의(姜儀, 1495~?)의 자는 중칙(仲則)으로, 적성 현감(종6품), 상주 판관(종5품), 통훈대부(通訓大夫 정3품)에 올랐다. 묘는 형의 묘 아래 오좌(午坐)에 있다. 아들 몽서(夢瑞)는 생원시에 합격하여 좌승지(정3품)에 증직되었고, 손자 효윤(孝胤)은 무과에 급제하여 영산 현감(종6품)을 역임하였다. 강효윤의 사위 한효순(韓孝純)이 좌의정에 올랐다.

3. 3남 강억(姜億)

강징의 가문에서 3대가 연이어 문과에 급제하는 경사가 있는데, 강징이 문과에 급제하여 예조참판(종2품)을 지내고, 강징의 셋째 아들 강억(姜億, 1498~1554)이 급제하여 사간원 정언(正言 정6품)을 지냈으며, 강억의 셋째 아들 강덕서(姜德瑞, 1540~1614)가 급제하여 홍문관 응교(정4품) 한산군수(종4품)를 지냈다. 강덕서의 손자 잠은(潛隱) 강흡(姜恰, 1602~1671)과 도은(陶隱) 강각(姜恪, 1620~1657)이 법전(法田)에 정착하였으니, 문과 3대 급제가 법전으로 이어진 것이다. 그 뒤 법전에서 강태중·강연·강건 3부자의 문과 급제자가 나왔다.

강억은 서울 장의동에 살며 사부(師傅)로 재직하던 1544년 문과에 급제하여 1549년 사간원 정언(正言 정6품)이 되고, 1557년에 성균관 사성(司成 종3품), 사옹원 정(正 정3품)을 지냈다. 문장을 잘하여, 왕의 글을 대신 짓는 지제교(知製教)를 역임하였으며, 『중종실록』을 편찬할 때에 기주관(記注官)으로 참여하였다.

현손(玄孫) 찬(酇)이 지은 〈정언공(正言公) 억(億) 가장(家狀)〉에 그의 생애가 간략하게 기록되어 있다.

부군의 휘는 억(億), 자는 중소(仲卲), 성은 강씨(姜氏)이니, 관향은 진주(晉州)이다. 비조(鼻祖)의 휘는 이식(以式)이니 고구려 병마원수(兵馬元帥)로 수나라 양제(煬帝)의 동정군(東征軍)을 방어한 분이다. … 공목공(恭穆公)이 휘 회중(淮仲)을 낳으니 보문각(寶文閣) 대제학(大提學)으로 통정(通亭) 회백(淮伯)의 아우이다. 제학이 휘 안복(安福)을 낳으니 형조 정랑으로 형조 참판에 증직되셨다. 참판이 휘 이행(利行)을 낳으니 이조 판서에 증직되셨다. 판서가 휘 징(澂)을 낳으니 예조 참판에 오르셨다. 일찍이 진하사(進賀使)로 북경에 갔다가 문사(文詞)와 필법(筆法)으로 중화(中華)에서 칭찬받으시니, 이분들이 공의 고·증·조·부이시다. 어머니는 연일정씨이니, 휘 미(湄)의 따님이다.

공은 홍치(弘治) 무오년(1498)에 태어나 왕자(王子) 사부(師傅)로 별시(別試)에 급제하여 사간원 정언(正言 정6품), 관서어사(關西御史), 사용원 정(正 정3품) 겸 지제교(知製敎)를 역임하고, 갑인년(1554) 5월 27일에 세상을 떠나시니, 향년 57세이다. 안산군(安山郡) 서쪽 석곡역(石谷驛) 유성(柳城) 곤향(坤向) 언덕에 장사하였다.

배위(配位)는 문화유씨로 판관(判官) 휘 응호(應毫)의 따님이니, 영의정(領議政) 문희공(文僖公) 휘 순(洵)의 손녀이다. 홍치(弘治) 경신년(1500) 모월 모일에 태어나, 모년 8월 14일에 세상을 떠났으며, 공의 묘 동영이실(同塋異室)로 부장(祔葬)하였다.

3남 2녀를 낳았으니, 장남은 명서(命瑞), 차남은 성서(聖瑞)로 진사(進士)이다. 막내는 우리 증조고(曾祖考) 휘 덕서(德瑞)라는 분으로 문과에 급제하여 응교(應敎 정4품)에 오르셨다. 따님은 종실(宗室) 영천령(靈川令) 담(聃)과 찰방(察訪) 이선익(李善益)에게 시집갔다.

명서는 연성(蓮城) 김경(金暻)의 따님에게 장가들어 1남 1녀를 낳으니, 아들 홍윤(弘胤)은 참봉(參奉)으로 아들 순(恂)을 낳고 고창(高敞)에 살았

강징의 3남 강억의 묘는 강징의 묘 뒷산 기슭에 양위를 위 아래로 합장하였다.

다. 딸은 현감 신락(申洛)에게 시집갔다.

성서는 아무 벼슬을 한 어느 댁에 장가들어 2남 2녀를 낳았으니, 아들 수윤(秀胤)은 무과에 급제하였고, 선윤(善胤)은 아들 신(愼)을 낳고 포천 (抱川)에 대대로 살았다. 딸은 이공건(李公建)에게 시집갔다.

덕서는 감역(監役) 박사관(朴思寬)의 따님에게 장가들어 한 아들 윤조 (胤祖)를 낳으니 내섬시(內贍寺) 직장(直長)으로, 2남 6녀를 낳았다.

1636년에 후금(後金)이 침략하여 병자호란(丙子胡亂)이 일어나자, 강 억의 증손자 청계(淸溪) 순(恂)은 전라도 고창으로, 강흡과 강각 형제가 부친인 도사 강윤조(姜胤祖)를 모시고 12월 16일 교하(交河) 야동(冶洞) 을 떠나 1637년 1월 3일에 안동부 춘양현 법전리에 이르렀다. 법전문중 의 파조(派祖)는 응교공(應敎公) 강덕서(姜德瑞)이다.

강덕서의 손자들이 법전에 정착하여 절의를 지키며 시국을 논해 태백오현(太白五賢)으로 불렸는데, 이에 대해서는 문중 후손의 기록보다 다른 문중의 기록을 소개하는 것이 객관적으로 보인다. 강흡과 함께 태백오현으로 불렸던 정양(鄭瀁)의 문집인『포옹선생문집(抱翁先生文集)』권7「포옹선생연보(抱翁先生年譜)」에 이렇게 실려 있다.

을미년(1655) 포옹선생 56세.
벼슬이 만기가 되어 태백산(太白山) 도심리(道深里)로 돌아와 집을 짓고 살았으니, 선생의 평소 뜻이었다. 방 하나는 깨끗이 쓸고 고정(考亭, 주자)의 책을 깊이 연구하여 밤마다 반드시 읽었다. … ○ 뜻이 같은 제현(諸賢) 두곡(杜谷) 홍우정(洪宇定), 각금당(覺今堂) 심장세(沈長世), 잠은(潛隱) 강흡(姜恰), 손우당(遜愚堂) 홍석(洪錫)과 약속하여 스스로 한 마을을 이루었다. 자신이 삼척(三陟)에 있을 때에도 서로 오가더니, 이때부터 함께 이웃에 살았다. 서로 물외(物外)에 소요(逍遙)하며 평생 함께 할 계책으로 삼았다. 인조(仁祖)가 남한산성에서 내려온 치욕을 말하게 될 때마다 비분 강개하여 눈물을 흘렸으며, 이어서 시를 읊었다. 집 뒤에 돌로 몇 층의 대(臺)를 쌓고, 매달 초하루가 되면 이곳에 올라가 서쪽을 바라보며 탄식하였다. 의황제(毅皇帝)의 휘일(諱日)이 되면 반드시 통곡하여, 세상 사람들이 이들을 태백오현(太白五賢)이라 불렀다.

정양은 좌의정 송강(松江) 정철(鄭澈)의 손자, 홍우정은 형조판서 만전당(晚全堂) 홍가신(洪可臣)의 손자, 홍석은 영의정 인재(忍齋) 홍섬(洪暹)의 증손자, 심장세는 전주부윤 손암(巽菴) 심의겸(沈義謙)의 손자이니, 명문의 자제들이 뜻을 함께 한 것이다. 도은 강각도 이들과 함께 했기에 태백육현(太白六賢)이라고도 불렸으며, 태백오현은 후에 시호를 받았다. 잠은 강흡의 시호는 정민(貞敏)이다.

법전(法田)에 강징의 후손들이 정착하여 사는 모습은 강필효(姜必孝)에게 가학을 전수받은 아들 강헌규(姜獻奎, 1797~1860)가 지은 「법전기(法田記)」에 자세히 실려 있다.

법전(法田)은 안동 북쪽 백리, 의춘(宜春)의 서쪽이다. 우리 7세조 도은공(陶隱公)의 형님이신 잠은공(潛隱公)과 함께 부모를 모시고 이곳에서 세상을 피하였다. 법전은 괴리(槐里)라고도 하고, 유천(柳川)이라고도 하는데, 발음이 세 번 변해 법(法)이 되니 법(法)은 류(柳, 버들)와 더불어 방언이 서로 비슷하기 때문이다.

법천의 북쪽에 산이 있어 태백(太白)이라 하는데, 몇 고을에 걸쳐 있어 산남(山南)의 큰 진산이 되니, 중국에 태산(泰山)이 있는 것과 같다. 태백산이 서쪽으로 돌아서 남쪽으로 이어져 문수산(文殊山)이 되고, 또 동쪽으로는 배달산(排闥山)이 된다.

그 아래에 조항(鳥項)이라는 곳은 바위와 폭포가 그윽하고 빼어나니, 바로 숭정처사(崇禎處士) 각금(覺今) 심장세(沈長世), 두곡(杜谷) 홍우정(洪宇定), 손우(遜愚) 홍석(洪錫), 포옹(抱翁) 정양(鄭瀁)과 우리 선조 잠은공(潛隱公) 도은공(陶隱公)이 노니시던 곳이다.

조항(鳥項)의 한 줄기가 서쪽으로 방산(芳山)이 되어서 하늘에 우뚝 솟았다가, 방산에서 동쪽으로 달려가 용동(龍洞)을 거쳐 십리가 못 되는 곳에 조산(鳥山)이 있는데, 마치 새가 날개를 편 듯하다. 그 남쪽을 대리(大里)라 하니 우리 선조가 남쪽으로 내려와서 살았던 옛 터이며, 주손(冑孫)이 그곳에 살고 있다. 그 곁에 종회(宗會)의 당(堂)이 있다.

방산의 한 줄기가 엎드렸다가 동쪽으로 꺾여 십리가 못 되는 곳에 잠은(潛隱) 도은(陶隱)이라고 하는 동네가 있으니, 우리 두 선조께서 스스로 호를 삼고 시상(柴桑)을 그리워하며 사셨던 곳이다. 이오당(二吾堂) 옛터가 있으니, 종고조(從高祖) 입재공(立齋公) 한 파가 살고 있다.

잠촌(潛村)에서 성동(聖洞)을 거쳐 다시 한 언덕이 높이 솟았으니, 학산

(鶴山)이라고 한다. 마치 춤추는 학과 같다. 그 북쪽을 중리(中里)라고 하는데, 족조(族祖) 관찰공(觀察公) 한 파가 살고 있다.

조항(鳥項)에서 남쪽으로 높은 언덕이 하나 솟았는데, 고돈(古敦)이라고 한다. 돈산(敦山)이 남쪽으로 달려가다가 십리가 못 되는 곳에 언덕이 있으니, 돈도(敦都)라고 한다. 풍륭(豊隆)이 원만하여 석덕군자(碩德君子)가 외물(外物)을 진압할 상(像)이 있다.

그 남쪽이 신기(新基)이니 우리 6세조 성건재공(省愆齋公)이 소요하시던 곳이고, 자손들이 그대로 살고 있다. 집을 지어 성건재(省愆齋)라는 재호(齋號)를 거니, 고정(考亭) 위재(韋齋)의 편액(扁額)을 본받은 것이다.

그 동쪽 언덕을 승남대(勝南臺)라고 한다. 승남대 아래에 서재가 있으니, 바로 생가 부친의 독서실이다. 서재 동쪽과 서쪽에 입석(立石)이 있는데, 서쪽에는 석문오(石門塢)라 새겼으니 무이(武夷)의 구제(舊題)를 본뜬 것이고, 동쪽에는 하도(河圖)와 낙서(洛書)를 새겼으니 각조산(閣皁山)의 고사(故事)를 본뜬 것이다.

그곳의 물 한 줄기는 조항(鳥項)에서 오니 그 근원이 멀고, 한 줄기는 방산(芳山)에서 오니 그 물살이 가늘다. 그 물줄기가 대리(大里)를 끼고 중리(中里)와 신기(新基) 사이를 흘러 동쪽으로 북강(北江)에 모였다가 남쪽으로 낙강(洛江)에 들어간다. 낙강 가의 한 봉우리가 붓같이 뾰족한데 방산과 서북쪽 동남쪽에서 마주하니, 이것이 법전 산수의 본말(本末)이다.

대리(大里)에서 시냇물을 거슬러 북쪽으로 올라가면 황조(黃鳥)·고로(古魯)·묘애(杳靄)라는 마을이 있다. 언덕을 넘고 시내를 건너면 동쪽에 벽하(碧霞)라는 마을이 있는데, 숭정처사(崇禎處士) 오현(五賢)을 배향한 곳이다. 산을 따라 서쪽에 있는 마을은 단파(丹坡)라 하는데, 각금당(覺今堂)의 유허(遺墟)이다. 막동(幕洞)은 포옹(抱翁)의 옛터이다.

신기(新基)에서 언덕을 넘으면 동쪽이 각리(角里)인데, 적안(商顏)의 옛 이름이다. 시냇물을 건너면 남쪽에 동천(洞天)이 있는데 회(檜)라고 하니, 나의 부친께서 장수(藏修)하시던 곳이다. 몇 칸의 집을 짓고 거문고와 서책을 간직하였다.

그 남쪽에 나부산(蘿浮山)이 있고 산 아래에 네 군데 동천(洞天)이 있는데, 남쪽을 보전(甫田), 동쪽을 척곡(尺谷), 북쪽을 마곡(磨谷)이라 한다. 마곡에 원우(院宇)가 있으며, 도은(陶隱) 선조께서 외루정(畏壘亭)을 지으려 하셨으나 비용이 많이 들어 완성하지 못하셨다.

서쪽이 우릉(愚陵)이니, 내가 스스로 호를 삼은 곳이다. 어리석은 나 자신과 어리석다는 호가 명분과 실상에서 부합한다.

강씨(姜氏)가 사는 보전(甫田), 척곡(尺谷), 성동(聖洞), 잠촌(潛村), 용동(龍洞), 부구(浮邱), 묘애(杳靄), 황조(黃鳥), 벽하(碧霞)를 통틀어 법전(法田)이라 하는데, 대리(大里), 중리(中里), 신기(新基) 3리를 통괄한다.

밥 짓는 연기가 서로 이어지고 개 짖는 소리와 닭 우는 소리가 들리니, 남북에 관문이 있고 동서에 버들이 있는 마을 같았다. 그 땅은 평탄하여, 그곳에 자라는 나무는 홰나무, 버드나무, 대추나무, 배나무이며, 그 밭에는 벼, 보리, 콩, 조를 심었다. 그곳에서 명주옷과 삼베옷을 입고, 그곳의 풍속은 검소하며 절약하였으니, 당(唐)나라와 위(魏)나라의 풍속이 있다.

우리 잠은(潛隱) 도은(陶隱) 두 선조와 성건재(省愆齋) 부군께서 이곳에 자손들이 편히 사는 법을 남기셨다. 종족을 규합하여 친족을 편안케 하는 것을 종법(宗法)으로 삼았고, 효우(孝友)와 문학(文學)으로 가법(家法)을 삼았으며, 근검(勤儉)과 겸손으로 수신(修身)의 법을 삼았고, 충후(忠厚)와 경외(敬畏)로 마음 다스리는 법을 삼았다. 향리(鄕里)에 살면 물러나 양보함을 법으로 삼았고, 조정에 서면 충애(忠愛)와 정직(正直)으로 법을 삼았다. 남을 대할 때에는 너그럽고 화평하고 자애롭고 믿었으며, 백성을 다스릴 때에는 청렴결백하면서도 자상하고 치밀하였으니, 법 아닌 것이 없었다.

농사를 지음에도 또한 법이 있었으니, 묵은 밭과 새 밭을 갈고 씨를 뿌릴 때에 때가 되기 전에 김을 매고 힘을 갑절로 하여 김을 맸으니, 사람의 수고가 지극하여 가을에 추수할 거리가 있었다.

우리 여러 친족들은 조상이 남기신 법을 따라서 말이 법이 아니면 말하지 않고, 행실이 법이 아니면 실행하지 않으며, 일이 법이 아니면 하지 않아야 하니, 그렇게 하면 이 터전의 이름과 어긋나지 않으리라. 이에 기문을 지어 후생들에게 보일 따름이다. ―『농려집(農廬集)』권6「법전기(法田記)」

시상(柴桑)은 동진(東晉)의 처사인 도연명(陶淵明, 372~427)이 살던 현(縣)의 이름인데 도연명을 가리키기도 한다. 도연명이 진(晉)나라 말기 팽택 현령(彭澤令)이 되었다가 벼슬을 버리고 돌아오면서 〈귀거래사(歸去來辭)〉를 지어 유명하다. 유유(劉裕)가 진나라를 찬탈하자, 마침내 벼슬하지 않고 이름을 잠(潛)이라 고쳤는데, 세상에서는 정절(靖節) 선생이라 칭하였다. 강흡 강각 형제가 법전에 정착하며 도연명이 시사에 은거한 뜻을 살려 도잠(陶潛)이라는 이름에서 한 글자씩 가져다가 호를 삼고, 후손들이 이 선조들의 절조와 학문을 이어받은 사연이 짧은 글에 잘 전해진다.

법전에서 암행어사(暗行御史)의 추천을 받으셨던 10분, 즉 흡(恰)·영(泳)·택일(宅一)·재항(再恒)·시환(時煥)·필효(必孝) 등을 비롯하여 문과 급제자(文科及第者)만도 23명이나 되며, 종2품 품계에 오른 분도 무려 17명이나 되었다. 두 분의 손자들이 약속 없이 잠시 모여도 한 자리에 당상관(堂上官)만도 열댓 분이 넘어, 타 문중의 선망의 대상이 되었다는 말이 전한다.

4. 4남 강엄(姜儼)

강엄(姜儼, 1502~?)의 자는 중소(仲昭)로, 1542년에 병절교위(秉節校尉 종6품), 승문원 교감(校勘 종4품), 소위장군(昭威將軍 정4품) 행 호분위

강징의 묘 건너편 상 중턱에 있는 4남 강엄의 묘

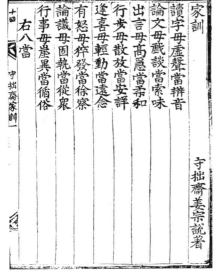

강종열이 지은 『수졸재가훈(守拙齋家訓)』을 6대손 강유가 간행하였다.

부사정(行虎賁衛副司正 종7품)을 역임하였다. 갑자·경자 사마시(司馬試) 방목(榜目)에 이름이 적혀 있으며, 본손의 가승(家乘)에 행적이 실려 있다. 배위(配位)는 영인 청도김씨(淸道金氏)로, 부친은 현감 효윤(孝胤), 조부는 교위(校尉) 진명(進明), 증조부는 첨정(僉正) 맹형(孟衡), 외조부는 수원부사 연안 김석현(金錫賢)이다. 묘소는 안산시 양상동 아버지 참판공 묘소 건너편 산 중턱 해좌(亥坐)에 있다.

장남 창서(昌瑞, 1534~1594)는 진사시에 합격하여 풍저창 봉사(奉事 종8품)를 역임하였고, 차남 군서(君瑞, 1540~1616)는 생원시에 합격하여 상의원 직장(直長)을 지냈다.

군서의 3남 종열(宗說, 1582~1651)이 병자호란 이후 벼슬에 나아가지 않고 수졸재(守拙齋)를 지어 은거했으며, 가훈(家訓)을 지어 후손들을 가르쳤다. 마땅히 해야 할 일 여덟 가지[八當]와 반드시 해서는 안될 일 여덟 가지[八必]를 강조했는데, 이 책은 6대손 유(游)가 청송 부사로 재직할 때에 목판본으로 간행하여 후손들에게 전하였다.

5. 5남 강위(姜偉)

강위(姜偉, 1506~?)의 자는 중관
(仲寬)으로, 1539년 문과에 급제하
여 승문원 정자(正字 정9품), 병조 좌
랑(佐郞 정6품)을 거쳐 1544년 중종
(中宗)의 시호를 청하는 사신의 서
장관으로 명나라에 다녀왔다. 귀국
한 뒤에는 봉훈랑(奉訓郞) 병조좌랑
에서 도사(都事 종5품)으로 승진하
여 경상도에 부임하였다. 『인종실
록』에는 이러한 사실이 적혀 있지
않지만, 『경주도 선생안(慶州道先生
案)』에 적혀 있다. 아버지 강징이
경주 부윤으로 1529년에 부임하고,

『경주도 선생안』에 관찰사 권응창보다 20일 전
에 부임한 것으로 적혀 있다.

아들 강징이 15년 뒤 경주에 부임한 것이다.

　1546년에도 다시 명나라에 진하사(進賀使) 서장관(書狀官)으로 갔는
데, 국서(國書)에 잘못된 글자가 있어서 강위가 령(令)자로 고쳐 썼더니
명나라 예부(禮部) 낭중(郞中)이 '잘 썼다'고 칭찬했으며, 귀국한 뒤에는
명종(明宗)도 "경들이 국사를 위하여 마음을 다하였으니 내 마음이 기
쁘다."고 치하하였다. 이 이야기는 『명종실록』에만 실린 것이 아니라,

『패관잡기(稗官雜記)』에도 실려 전하였다.

　　가정(嘉靖) 을사년(1545)에 황제가 우리나라 배신(陪臣)에게 특별히 일
품연(一品宴)을 예부(禮部)에서 내리고, 또 제주도(濟州島)에서 표류(漂
流)한 사람들을 돌려 보내 주었으므로, 임금이 첨지중추부사 윤계(尹溪)를
보내어 사은(謝恩)하였다. 그 표(表)에,
　　이미 그대의 덕의 빛남에 만족하고
　　우리나라의 유구함을 회복하였습니다
　　旣飽爾德之顯顯。 言復我里之悠悠。
라는 문구가 있었는데, 예부 낭중(禮部郎中)이 그 표를 다 보고 나서 말하
였다. "그대의 덕[爾德]이란 이(爾)자는 불공하니 이 자를 영(令)자로 쓰는
것이 마땅하오." 하였다. 이에 역관이 대답하기를, "이덕(爾德)이란 두 글
자는 『시경(詩經)』에도 나옵니다. 더구나 표의 문사(文詞)는 배신이 함부
로 고칠 것이 아닙니다." 하니, 낭중이 말하기를, "그대는 내가 경서(經書)
에 통하지 못한다고 여기시오. 지금은 옛날과 다른데 어찌 임금을 가리켜
그대라 할 수 있겠소. 만일 고치지 않는다면 우리 예부는 마땅히 표(表)의
문장이 불공하다고 아뢰겠소." 하였다. 정사가 어쩔 수 없이 서장관(書狀
官) 강위(姜偉)로 하여금 영(令)자로 고쳐 써서 올리게 하였다.

　　아버지 강징이 글씨를 잘 써서 명나라 황제에게 인정받았던 것처럼,
아들 강위도 명나라 황궁에서 임기응변으로 글씨를 써서 어려운 상황
을 극복하였다. 이 일은 우리나라 외교사상 중요한 업적으로 인정되
어, 『문헌고략(文獻考略)』 권6 「사대전고(事大典故) 표전(表箋)」 항목에
서 대표적인 사례 몇 건 가운데 하나로 실려 있다.
　　명나라에 다녀온 뒤에는 사간원 헌납(獻納 정5품), 장령(掌令 정4품),
성균관 전적(典籍 정6품)을 거쳤다. 승문원 교감(校勘 종4품)으로 『중종

실록』 편수관을 지냈는데, 『중종실록』에 편수관으로 "통훈대부(通訓大夫) 행 예빈시 첨정 겸 승문원 교감(行禮賓寺僉正兼承文院校勘) 신 강위(姜偉)"와 "기주관 봉직랑(奉直郎) 수 공조정랑(守工曹正郎) 신 강억(姜億)"의 이름이 함께 실려, 형제가 함께『중종실록』편찬에 참여하는 영광을 누렸다.

1554년 순천 부사(府使 종3품)로 재임 중에 조천계(趙天啓)를 사위로 삼았는데, 명종(明宗)이 역마(驛馬)를 주어서 내려 보냈다. 『명종실록』9년(1554) 5월 14일 기사에 사간원에서 이에 대해 간하는 내용이 실려 있다.

『문헌고략』 권6 「사대전고 표전」에 실린 강위의 임기응변

수령이 관아(官衙)에 권속(眷屬)을 많이 데리고 부임하는 폐해에 대해서는 여러 번 공론에서 나왔으니 그 폐가 좀 수그러져야 할 것인데, 더함은 있어도 그치지 않으니 어찌 그 까닭이 없겠습니까. 앞서 순천 부사(順天府使) 강위(姜偉)는 조천계(趙天啓)를 사위로 삼았는데, 성혼한 딸을 마땅히 서울로 올려보내야 할 터인데도 보내지 않아 이미 법을 어겼습니다. 그런데 상께서는 도리어 천계에게 역마를 주어 내려 보내게 하였으니, 이것은 상께서 강위의 범법(犯法)을 알면서도 도리어 권한 것입니다. 임금의 호령이 모두 정당한 데서 나와도 오히려 아랫사람들이 따르지 않을까 걱정되는데, 하물며 범법을 권하는 데이겠습니까. '명령하는 바가 좋아하는 것이 아니면 백성은 이를 따르지 않는다.'고 한 말은 바로 이러한 경우를 두고 말한 것입니다.

5남 강위와 배위 영산신씨의 묘

강위 부부 묘 앞의 문인석

사간원에서는 '시집보낸 딸을 순천에서 데리고 살아 사위가 내려오는 바람에 왕이 역마를 내려주었으니, 강위 때문에 왕이 법을 어기게 되었다'고 간하였다. 그러나 이 일로 강위가 징계를 받은 기록이 없고 해주 목사(牧使 정3품)에 올랐으니, 명종이 그를 얼마나 신임하였는지 알 수 있다.

강위는 문과에 급제하여 언관으로 오랫동안 활동하고, 명나라에 두 차례 사신으로 다녀왔으며, 글씨를 잘 썼다는 점에서 아버지와 가장 비슷하게 살았던 아들이라 할 수 있다. 지방관으로 경주에 부임하고, 언관들에게 논박을 당할 때에도 왕이 흔들리지 않고 신임했다는 점까지 그러하다.

5남 강위의 묘는 부친 강징의 묘 뒤쪽(안산시 양상동 산12) 유향(酉向) 쌍분으로 모셨다. 강위도 왕실과 혼인을 맺어, 자가 자휴(子休)인 장남 윤서(胤瑞)는 안성군(安城君) 이수령(李壽齡)의 딸에게 장가들었다. 차남 계서(季瑞, 1536~1573)는 선교랑(宣敎郎 종6품)으로, 부친 묘 아래 묘좌(卯坐) 두 번째에 묘가 있다.

사위 조천계가 나중에 인동 현감(縣監 종6품)이 되어 야은(冶隱) 길재(吉再, 1353~1419)의 묘를 높이 쌓고 비석을 세웠으며, 그를 제향하는 서원을 세우려고 시도하였다. 이러한 사연이 후일 서원을 세운 유운룡(柳雲龍)의 글에 소개되어 있다.

야은(冶隱) 길선생(吉先生)의 묘는 (인동)현 서쪽 14리 지점인 낙동강의 하류 칠진(漆津)의 오른쪽에 있는데, 지난 융경(隆慶) 기사년(1569)에 현감 조천계(趙天啓)가 비로소 봉분을 높이 쌓고 나무를 심은 뒤에 작은 돌을 세워 '고려 충신 길재의 무덤[高麗忠臣吉再之墓]'이라고 새겼다. 또 화동

산(花洞山) 아래에 서원을 세우려고 하였으나, 완성하지 못하고 조군이
세상을 떠났다.

冶隱吉先生墓。在縣西十四里洛江下流漆津之右。往在隆慶己巳。縣監
趙天啓。始爲封植。立小石。題曰高麗忠臣吉再之墓。又方建書院於花洞
山下。未就而趙君卒。-유운룡『겸암집(謙菴集)』권5「오산서원기(吳山書院記)」

조천계가 야은(冶隱) 길재(吉再)의 충절과 학문을 추모하기 위해 세
우려 했던 서원은 후임 현감 유운룡이 마무리하여 1585년 인동에 창건
하였다. 1609년에 '오산(吳山)'이란 사액(賜額)을 받았으며, 1868년 대
원군의 서원 철폐령(書院撤廢令)으로 훼철(毁撤)되었다. 1948년에 구미
시 도량동으로 이건하였는데, 5칸 누각 청풍재(淸風齋)가 남아 있다.

6. 강준(姜俊)과 강임(姜任)

측실에서는 두 아들과 두 딸을 두었다.

준(俊)은 문소김씨(聞韶金氏)에게 장가들고, 참봉(參奉 종9품)을 지냈
으며, 묘소는 충주 사창리에 있다.

임(任)은 진사시에 합격하고, 문화유씨(文化柳氏)에게 장가들었으
며, 묘소는 경상도 의성군 갈산 갑좌(甲坐)에 합장하였다.

실록에 보이는 심재공의 발언과 행적*

연산군 1년(1495)

3월 19일

파평부원군 윤필상·좌의정 노사신·영돈녕 윤호를 불러서 전교하였다.

"영의정이 여러 번 병으로 사직하려 하였으나, 내가 윤허하지 않았는데, 지금 일이 많은 때를 당하여 안심하고 조리하지 못하면 병을 치료하기 어려울 것이다. 좌의정을 영의정으로 올리고 우의정을 좌의정으로 올리고 정괄(鄭佸)을 우의정으로 삼아서 북경에 사신으로 가게 하는 것이 옳겠다."

이날 승전 내관(承傳內官) 김자원(金子猿)이 필상 등에게 명령을 전할 적에 가고 온 말이 많았으나, 승지와 사관(史官)이 참석하여 듣지 못하자, 대교(待敎) 권달수(權達手)와 검열(檢閱) 강징(姜澂)이 아뢰었다.

"명을 내릴 때에는 반드시 승지와 사관으로 하여금 참석하여 듣게 하는 것인데, 오늘은 그렇지 않았습니다. 그 말씀을 들려주시기를 청합니다."

"대행 왕조(大行王朝)에서 정승을 낼 때에는 반드시 사람을 파하게 하였으므로, 지금도 역시 이와 같이 한 것이다."

라고 전교하자, 달수 등이 아뢰었다.

---

* 실록에는 '강징'의 표기가 '姜澂', '姜澄', '姜徵' 등 다양하게 표기되어 있는데, 오류가 분명하므로 이 책에서는 '강징(姜澂)'으로 통일하여 표기하기로 한다. 고전번역원 번역에서 발췌하였으며, 필요한 경우에 수정하였다.

"국가의 큰일을 대신과 의논하면서 사관이 참예하지 못하는 것은 심히 온당치 못합니다. 또 대행왕(성종)께서 정승을 낼 때에는 비록 다른 사람은 듣지 못하게 하였어도, 사관은 좌우에 있어서 그 시말을 함께 들었습니다."

그러자 전교하였다.

"지금 영의정·우의정이 다 병이 있어 북경에 갈 수가 없다. 전일에 서연(書筵)에서 정괄을 보니 정승이 될 만한 사람이므로, 지금 영의정을 갈고 정괄로써 우의정을 삼으려 한다."

7월 1일

예문관 (줄임) 검열 강덕유(姜德裕)·강징(姜澂) (줄임) 등이 상소하였다.

"불경(佛經) 박아내는 일을 듣고 놀라움을 이기지 못하였습니다. 전하께서 새로 즉위하시어 능히 선열(先烈, 선왕의 업적)을 계승하시니 중외(中外) 신민이 지극한 정치가 베풀어지기를 상상하고 바라는데, 맨 먼저 이단(異端)의 서적을 박아내어 유신(維新)의 정화(政化)를 상하려 하시니, 신 등이 욕되이 시종(侍從)의 열에 있으면서 전하의 옳지 않은 처사를 보고서 끝내 침묵만을 지킬 수 없습니다. 불씨(佛氏)의 진리를 어지럽히는 사설(邪說)은 비록 불에 태워서 영원히 없애지는 못할망정, 어찌 공장(工匠)을 모아 날로 천 권씩이나 박아내서 이 세상에 해독을 끼치게 해서야 되겠습니까. 근일에 경악(經幄)의 신하들이 상차하여 논계하였으나, 전하께서 분부하시기를 '이는 자전(慈殿)의 명령이다.' 하시니, 신들이 의혹스럽습니다. (줄임) 또 고정지(藁精紙)를 궐내로 들이라는 명령이 마침 불경 박아내는 시기에 내려지니, 신들이 의심이 없을 수 없습니다. 교서관(校書館)에 간직한 종이는 선왕께서 경적(經籍)을 박아 반포하여 문교(文敎)를 융성하게 하려던 것인데, 이제 이단의 서적을 박아내는 데에 이용하시면 신들은 후세에까지 이 것으로써 전하를 논란할까 두렵습니다. (줄임)"

대간과 예문관(藝文館)에 전교하였다.

"탕로(湯老)의 일은 듣지 못하겠고, 불경 박아내는 일에 있어서도 경들은, '기미를 살펴 간해서 그만두게 하라.' 하지만, 대비전의 하시는 일을 어떻게 간해서 그만두게 할 수 있겠느냐. 만약 간해서 그만두게 한다면 대비의 마음이 반드시 불안하실 것이다."

7월 17일

예문관 (줄임) 검열 강징(姜澂) (줄임) 등이 상소하였다.

"엎드려 아뢰옵니다. 임금과 신하의 사이는 사람의 한 몸과 같아서, 임금이 우두머리라면 삼공(三公)과 육경(六卿)은 팔·다리·가슴·등이요, 대간과 시종은 귀와 눈이요, 내외 여러 유사(有司)는 근기(筋肌)·지절(支節)·혈맥입니다. 사람의 몸이 맥박 하나만 좋지 않으면 병이 되고, 임금의 나라가 관리 하나만 잘못 등용하면 나라가 병드는데, 하물며 삼공이야 말할 것이 있겠습니까. 삼공이란 만기(萬機)를 돕고 백관들을 거느려서, 한 나라의 우러러 바라보는 바요 모든 관원의 사표가 되는 것인데, 불행히 음흉하고 간사한 소인이 그 지위에 앉게 되면 백관이 해체되는 동시에 국사의 쇠란(衰亂)이 따를 것이니, 두렵지 않겠습니까. (줄임)

영의정 노사신(盧思愼)은 본시 하나의 음험하고 간사한 소인으로 4대의 조정을 내리 섬겨 국가의 대신이 되었는데, 전하께서 즉위하시니 권세를 농간해서 제 마음대로 휘두를 계획을 하여 조종(祖宗) 만세의 기업을 그르치고자 하니, 이는 종묘사직의 죄인입니다. 관에 있는 자라면 누구나 다 논할 수 있는데, 어찌 자기 직책을 벗어남을 혐의로 삼아서 되겠습니까. (줄임) 이제 노사신은 승정원에서 승지(承旨)가 좌우에 있고 사관(史官)이 앞에 있는데도 곧 나라 망칠 말로써 조금도 두려워하고 꺼리는 기색이 없이 조정의 좌상에 드러내 말하였으니, 이는 조정을 업신여기고 사관도 업신여긴 것이므로 그 화가 임보(林甫)의 정도에 그치지 않습니다. 사신이 이미 (불경에 관한) 이 두 가지 술책으로써 전하에게 시험하였는데, 영합하였으므로 자기 딴은 뜻을 얻은 양 묘당(廟堂)의 위에서 의기양양해 하는데, 홀로 대간이 자기의 일을 문득 논하였으므로 해치려고 한 지 오래였습니다. 그러다가 마침 상교(上敎)를 받고서 위의 의사에 영합하여 대답하기를 '지당하십니다.' 하고, '기뻐서 치하하기에 겨를이 없습니다.'라고 하였습니다. 이는 간언(諫言)을 거절하는 술법으로써 전하를 영합한 것이니, 그 화가 어찌 두렵지 않습니까.

신들이 또 듣자오니, 사신(思愼)이 대간으로부터 자기를 국문하기를 청하는 것을 보고는 감히 사람들에게 말하기를 '어떻게 나를 국문하겠느냐? 국문을 한다면 나로서도 할 말이 있다.'고 하니, 사신이 이미 나라 망칠 말로써 전하께 아유하였는데, 다시 또 무슨 말을 꾸며 대려는 것인지 모르겠습니다. (줄임) 전하께서 총명 성지(聰明聖智)가 다른 임금보다 뛰어나시고, 또 대간과 시종이 조석으로 논쟁하고 있으니, 어찌 사신의 음사와 간흉을 모르시겠습니까만, 다만 대신이기 때문에 우대하신 것입니다. 그러나 옛사람이 말하기를 '혹시 어쩔지 모른다면 오히려 희망이라도 있거니와, 이미 그 간사함을 알고도 제거하지 못한다면, 악(惡)을 알아보는 것만으로 귀한 것은 아니다.' 하였으니, 바라옵건대, 전하께서는 이미 사신의 간사함을 알고 계시니, 빨리 법에 처치하여 조정에 보여 주소서. 처단해야 할 일을 처단하지 않으시면 마침내 사신에게 그르침을 받게 될까 두렵습니다. 예로부터 명왕(明王) 명후(明后)라 칭하는 것은 다름 아니라, 능히 군자와 소인을 분별하는데 있으며, 임금의 직책도 이에 지나지 않습니다. 군자와 소인은 하나가 자라면 하나는 사그러지는 관계이므로 함께 처하고서는 다투지 않는 일이 없는데, 다투게 되면 군자는 이기지 못하고 소인이 항상 이기는 것입니다. 지금 대간과 시종이 여러 달을 두고 궐문 앞에 엎드려 있어도 아직 윤허하심을 입지 못하오니, 어찌 직을 사퇴하고 물러나는 것이 편안하다는 것을 모르겠습니까만, 선왕께서 발탁하여 전하에게 물려주신 것이기에 위는 선왕의 남다른 은혜를 잊지 못하고, 또 전하를 도울 자가 없음을 차마 볼 수 없어 분을 참고 반열에 나아가 전하께서 깨달으심이 있기를 바라는 것입니다.”

7월 18일

예문관 (줄임) 검열 강징(姜澂), 고세창, 조치우 등이 상소하였다.

“신들이 듣자오니, ‘한 마디 말이 나라를 일으킬 수도 있고, 한 마디 말이 나라를 망칠 수도 있다.’ 하였고, 또 이르기를 ‘나라는 한 사람으로써 흥하기도 하고, 한 사람으로써 망하기도 한다.’ 하였습니다. 대개 국가의 흥하고 망하는 것이 한 사람의 어질고 간사함과 한 마디 말의 잘하고 잘못하는데 달렸으니, 어찌 깊이 두렵지 않으리까. 이는 만세를 두고 임금으로서 경계해야 할 일입니다. 노사신(盧思愼)은 심술이 간사하고 학술이 바르지 못하여, 일찍이 불경을 읽어 세묘(世廟, 세조)에게 벼슬을 구하고 심지어 석공(釋孔, 석가와 공자)이란 말까지 써서, 우리 유림의 비난을 받았으며, 성종께서 모든 인재를 등용하시던 때에는 평소의 간사한 행동을 모조리 숨기고 겉으로 진솔함을 내보이고, 의논도 간혹 바르게 나왔으니, 이는 다 안녹산(安祿山)이 어리석은 척하고, 왕안석(王安石)이 소박함을 내보이는 수단으로서 임금을 속여 총애를 굳히는 술책입니다. (줄임)

바라옵건대, 쾌히 그 죄를 다스리어 조정에 함께 서지 못하게 하여 주시면, 종묘사직의 다행이겠습니다.”

(왕이) 듣지 않아 대간이 글을 올려 사직하니, 복직을 명하였다.

3년(1497)

1월 4일

강징(姜澂)을 저작(著作)으로, 이자(李滋)를 정자(正字)로 삼았다.

3월 2일

강징(姜澂)을 박사(博士)로 삼았다.

7월 16일

왕이 경연에 나아가 강을 했다. 『강목(綱目)』「광무기(光武紀)」의 '도참(圖讖)을 천하에 반포하다.'는 대문에 이르자, 시강관 장순손(張順孫)이 아뢰었다.

"도참(圖讖)은 상도에서 어그러진 글로써 왕망(王莽) 때에 처음 일어났는데, 당나라 태종(太宗)도 또한 믿고 써서 참서(讖書) 때문에 그 신하를 죽였습니다."(줄임)

설경(說經) 강징(姜澂)이 아뢰었다.

"임금과 대신의 과실에 대해서는 대간만이 논박하는 것인데, 대신이 대간에게 자기 일을 말하지 못하게 하려고 드니, 비록 사슴을 가리켜 말이라 해도 누가 말하겠습니까. 옛말에 '차라리 천자를 거역할망정, 권신(權臣)을 거역하지는 못한다.'고 한 것이 이를 두고 한 말입니다."

왕이 말하였다.

"사신의 말은 대개 대간에서 '사(私)를 끼고 이웃 사람을 비호했다.'고 논박한 때문인데, 재상이 어찌 혼자 궁벽한 곳에 살겠느냐. 또 강징은 '사슴을 가리켜 말이라 할 것이다.'라고 말했는데, 내가 비록 부덕하지만 말을 이같이 해서는 안 된다."

8월 12일

왕이 경연에 나아가자, 헌납 손중돈(孫仲暾)이 아뢰었다.

"옛말에 이르기를, '생각을 종시 학문에 두면 깨닫지 못하는 사이에 그 덕이 닦아진다'고 했습니다. 전하께서 근일에 부지런히 경연에 드시니 신 등이 기쁨을 이기지 못합니다. 사서(史書)를 보시어, 역대의 흥하고 망한 자취를 알으소서. 성리학에 있어서도 『중용(中庸)』과 『대학(大學)』 같은 책은 더욱 강하지 않을 수 없으니, 주강(晝講)·석강(夕講)·야대(夜對)에도 드시기를 청합니다. 3년 동안 옥에 갇힌 죄수가 많이 적체되었으니, 시사(視事)하시기를 청합니다."

사경(司經) 강징(姜澂)이 아뢰었다.

"지난번 진강(進講)하던 『대학연의(大學衍義)』는 지금 일기가 서늘하니 낮에 진강하는 것이 좋겠습니다."

왕이 말하였다.

"일기가 아직도 덥고, 또 보경당(寶經堂)도 다 수리되었으니 조계(朝啓)에 진강을 받겠다."

9월 13일

강징(姜澂)을 홍문관 부수찬으로 (줄임) 임명하였다.

12월 18일

상참(常參)을 받고, 경연(經筵)에 나아갔다. 시강관(侍講官) 김전(金詮)이 아뢰었다.

"대간은 하루라도 없어서는 안되는데, 요새 경연에 여러 번 입시(入侍)하지 않으니, 전하께서 그 말을 듣지 않았기 때문입니다. 성종조에는 대간이 사직하면 아무리 밤중일지라도 반드시 문에 머물게 하여 부르셨는데, 지금은 하루가 지나가도 명하여 부르지 않으시니, 이는 대간이 자리만 갖추었을 따름입니다. (줄임)"

검토관(檢討官) 강징(姜澂)이 또한 논하였으나, 대답하지 않았다.

12월 21일

실록청(實錄廳) (줄임) 강징(姜澂) (줄임)에게는 향표리(鄕表裏) 한 벌을 하사하고, (줄임) 『세조실록(世祖實錄)』의 예에 의해 출사(出仕)한 날짜의 구근(久近)에 따라 논상(論賞)에 차등을 두었다.

4년(1498)

2월 5일
강징(姜澂)을 수찬(修撰)으로 (줄임) 삼았다.

12월 22일
강징(姜澂)을 홍문관 수찬으로 (줄임) 삼았다.

5년(1499)

6월 15일
강징(姜澂)과 이희순(李希舜)을 (홍문관) 수찬으로 임명하였다.

10월 13일
상참(常參)을 받고, 경연에 드셨다. 대사간 이균(李均)이 아뢰었다.

"강무(講武)는 국가의 큰일이니, 폐지할 수는 없습니다. 그러나 이미 서산(西山)에서 짐승을 잡아 종묘에 천신하였으니, 지금 다시 아차산(峨嵯山)에서 거행하는 것은 불가합니다. 또 근래에 오래도록 경연과 시사(視事)를 폐지하였기 때문에 사형수가 많이 정체되었습니다. 이것은 매우 불가하오니 부지런히 시사를 하옵소서."

손주(孫澍)와 강징(姜澂)이 아뢰었다.

"근일에 천재 시변(天災時變)이 자주 나타나니, 전하께서 실지로 부응하셔야지 겉치레로 하여서는 안 됩니다. 금년은 흉년이 들어서 백성들이 매우 빈곤한데, 저번에 이미 강무하여 짐승을 천신(薦新)하였으니 지금 다시 거행함은 불가합니다. 청컨대 정지하소서."

6년(1500)

1월 20일

김감(金勘)을 홍문관 교리로, 강징(姜澂)을 부교리로 (줄임) 삼았다.

3월 11일

전교하였다.

"사복시 정(司僕寺正) 이세분(李世芬)은 전에 시어(侍御)하던 관원이었는데, 지금은 이미 몸이 죽어 적막한 산 속에 있다. 이런 뜻으로 승지 김봉(金崶)과 교리(校理) 강징(姜澂)이 제문을 지으라."

11월 5일

조참(朝參)을 받고 경연에 드셨다. 특진관(特進官) 윤효손(尹孝孫)이 아뢰었다.

"지난번 사냥 때 더러 밤 2경(更)이나 3경이 되어서야 돌아오셨는데, 말의 성질이 피곤하게 되면 넘어질 염려가 없을 수 없으며, 먼 길을 갔다 돌아오시려면 어찌 옥체(玉體)에 과로가 되시지 않겠습니까. 아차산 같은 곳은 그래도 당일에 갔다 올 수 있지만 천참(泉站) 같은 곳은 길이 멀어 당일에 갔다 돌아올 수 없으니, 금후에는 길이 멀면 하룻밤을 유숙하시고 환궁하는 것이 어떻겠습니까."

왕이 말하였다.

"밤을 무릅쓰고 갔다 오는 폐단이 과연 경(卿)의 말한 바와 같다. 그러나 교외에서 하룻밤을 유숙할 수가 없다."

시독관(侍讀官) 강징(姜澂)이 아뢰었다.

"『대학연의(大學衍義)』는 곧 성경(聖經)의 근본이요,『사기(史記)』같은 것은 모두 지엽(枝葉)입니다. 근일에 주강(晝講)이나 석강(夕講)에 나오시지 않으니 마땅치 않습니다."

(왕이) 대꾸하지 않았다.

7년(1501)

8월 10일

상참(常參)을 받고 경연(經筵)에 나아갔다. 시독관(侍讀官) 강징(姜澂)이 아뢰었다.

"조숙기(曺淑沂)의 설은 매우 사리에 어긋나고 망령된데, 만약 그 계책에 따라서 군사를 일으켜 경솔히 들어가서 군사의 위세를 보이려고 하다가, 불행히 실패하면 비록 후회하더라도 소용이 없을 것입니다." (줄임)

정언 윤순(尹珣)이 아뢰었다.

"한 차례 군대의 위세를 보이면 저들이 과연 두려워하겠지만, 두 차례에 이르면 저들이 우리 군사가 적은 것을 알고, 요해지에 복병(伏兵)하였다가 험준한 데서 공격해 올테니 이것도 또한 염려스럽습니다."

집의 정광필이 아뢰었다.

"조숙기의 이 계획은 매우 거칠고 소홀합니다. 괴상한 말을 만들어 군주에게 아뢰는 것이 전국시대에 속임수로 간언하는 선비[譎諫之士]가 하는 짓이므로, 모든 일의 처치가 이와 같이 거칠고 소홀해질까 두렵습니다."

8년(1502)

10월 23일

상참을 받고 경연에 나아갔다. 사간 이의손이 아뢰었다.

"신승선의 시호(諡號)에 대하여 전교에 이르시기를 '마땅히 전례를 상고하여 정하라.' 하셨습니다. 시호는 실제 행적의 선악(善惡)에 따르는 것이니 끝내 고칠 수 없습니다. 지금 봉상시(奉常寺)에서 의정(議定)한 것은 이름과 실상이 서로 부합하는 글자를 골라서 내린 것이니, 반드시 고칠 수 없습니다. 지금 한 번 그 일의 꼬투리를 열어 놓으면 후세에 다투어 임금이나 아비를 위하여 고치려고 할 것이므로, 후세에 끼치는 폐해가 매우 심할 것입니다."

(줄임) 시독관(侍讀官) 강징(姜澂)이 아뢰었다.

"시호는 공의입니다. 마땅히 그 사람의 선악을 헤아려서 지어야 하기 때문에, 일단 정해진 뒤에는 마침내 고칠 수 없는 것입니다."

(줄임) 왕이 말하였다.

"신승선은 큰 과실이 없는데 (시호에) 장(章)자를 쓴 것이 부족한 듯하여 충(忠)자로 고친 것뿐이다."

12월 12일

상참을 받고 경연에 나아갔다. 『대학연의(大學衍義)』를 강하다가, 두헌(竇憲)과 양기(梁冀)의 권세가 강성한 일에 이르러서, 왕이 물었다.

"외척(外戚)으로 하여금 이 지경에 이르지 않게 하려면, 그 방법을 어찌해야 하겠는가?"

시강관(侍講官) 강징(姜澂)이 아뢰었다.

"옛날부터 군주가 그 권병(權柄)을 맡겼기 때문에 그들의 교만 방종함이 이와 같았으니, 외척에게 은전(恩典)만을 베풀어야 하고 권병을 주어서는

안됩니다." (줄임)

또 '양기(梁冀)가 황제의 총명함을 미워했다.'는 말에 이르러, 왕이 물었다.

"군주가 총명함은 진실로 훌륭한 덕행인데, 그것을 미워하는 것은 무슨 까닭인가?"

강징(姜澂)이 아뢰었다.

"황제가 총명했기 때문에 양기를 가리켜 발호장군(跋扈將軍)이라 하였으니, 양기가 어찌 미워하지 않을 수 있겠습니까?"

이극균(李克均)이 아뢰었다.

"당시에 임금을 폐하고 세우는 일이 양기의 손에 달려 있었으므로, 황제가 나이가 어린 것을 이롭게 여겨 세웠는데, 황제가 그의 제멋대로 날뛰는 [跋扈] 것을 알았으므로 양기가 미워하게 된 것입니다. 외척으로 하여금 이 지경에 이르게 한 것이 참으로 한심스러우니, 어찌 후일의 감계(鑑戒)가 아니겠습니까?"

9년(1503)

1월 15일

햇무리가 졌다. 조하(朝賀)를 받고 경연에 납시어 『통감강목』을 강하는데, 양귀비(楊貴妃)가 처형당하는 대목에 이르러, 왕이 돌아보고 물었다.

"꼭 양귀비를 죽여야만 옳은가?"

시독관(侍讀官) 강징(姜澂)이 아뢰었다.

"양귀비가 화란의 근본이므로 꼭 죽인 뒤라야 백성들의 마음이 쾌했을 것입니다. 명황(明皇)이 양귀비를 총애해서 안녹산(安祿山)을 잘못 대우했으므로, 그 재앙이 이에 이른 것입니다."

영사(領事) 유순(柳洵)이 아뢰었다.

"명황이 몹시 여색을 좋아해서 마음이 미혹되었으므로, 이임보(李林甫)와 같은 소인이 그 틈을 타서 간사함을 부릴 수 있었습니다. 옛말에 '안으로 여색에게 빠진다.' 하였으니, 군주로서 여색에 빠지면 패망하지 않는 사람이 적습니다. 이것은 고금의 밝은 거울입니다." (줄임)

왕이 말하였다.

"작상(爵賞)이 아무리 중하더라도 말을 이같이 해서는 안된다."

3월 4일

상참을 받고, 경연에 나아갔다. 『강목(綱目)』을 강하다가 "여름 6월에 가무니, 이민중(李敏中)이, '정주(鄭注)를 베어 송신석(宋申錫)의 (원한을) 씻어 주면 하늘이 반드시 비를 내릴 것입니다.' 하였다." 한 대문에 이르러 왕이 물었다.

"참으로 이런 이치가 있는가?"

시독관(侍讀官) 강징(姜澂)이 아뢰었다.

"사람은 하늘의 마음을 돌리는 힘이 있고, 하늘은 사람의 마음에 응하는 이치가 있습니다. 당시에 신석이 원한을 품고 죄없이 죽었는데, 정주가 간사하여 은총을 믿은 것이므로 이민중의 말이 이와 같았던 것입니다."

4월 3일

강징(姜澂)을 홍문관 교리(校理)로 삼았다.

수말은 제안대군(齊安大君)의 장인인데, 장녹수(張綠水)가 제안대군 집 여종이었다. 왕이 이때 한창 녹수를 사랑하여 그 말이라면 모두 따랐기 때문에 특별히 승진시킨 것이다.

5월 10일

강징(姜澂)·권홍(權弘)을 홍문관 교리(校理)로 (줄임) 임명하였다.

5월 15일

의정부 영의정 성준(成俊), 좌의정 이극균(李克均)이 아뢰었다.

"상사(上使)의 말이 '내가 황제의 명을 받들고 와서, 백관의 품계를 올려 황제의 은혜를 반포하려 하는데, 전하께서 가부를 말하지 않으시니 어쩐 일인가?' 하였는데, 신들의 생각으로는 그가 거만하기는 하지만 황제의 은혜를 빙자하여 그 말이 이치에 가까우니, 따르더라도 무방할까 합니다."

교리 강징(姜澂) (줄인) 등이 의논드렸다.

"지금 사신의 말 때문에 재차 백관의 자급을 올린다면 이것은 참으로 크게 범람한 짓이요, 또한 조종 때의 준례에도 어그러지는 것이니 결코 거행할 수 없습니다. 다만 그가 황제의 은혜라고 핑계하고 굳게 청하여 마지않으며 불손한 말까지 하니, 지금 만일 좇지 않는다면 그 노여움을 격발시킬까 염려됩니다."

전교하였다.

"삼공(三公)과 재상이 모두들 나의 사신 대접이 미진하다 하여, 반드시 사신의 청을 따르게 하려 하니 이는 신하는 어질고 인군은 용렬한 탓이다. 관반(館伴)이 형편을 보아 저지하여 노하지 않게 할 수도 있을 것인데, 반드시 조정이 힘써 그의 청을 따르게 하려 한다. 내 생각은 비록 그렇지 않지만 여러 의논이 다 같으니, 내 생각을 버리고 사람들을 따라야 하겠다."

5월 16일

강징(姜澂)을 홍문관 부응교(副應教)로 임명하였다.

10월 2일

상참(常參)을 받고 경연에 나아갔다. 장령 강징(姜澂)이 아뢰었다.

"이점(李坫)은 아첨하려 한 사실이 명백하니 국문(鞠問)하여 파직하여야 마땅합니다.”

들어주지 않았다.

10월 4일

장령 강징이 이점의 일에 대하여 아뢰었는데, 들어주지 않았다.

10월 9일

대사헌 이자건, 집의 이계맹, 장령 이맥(李陌)과 강징(姜澂), 지평 정붕(鄭鵬)과 유희저(柳希渚)가 아뢰었다.

“전일 하교에 이르시기를 ‘제 스스로 편하려고 말한다.’ 하시고, 또 이르시기를 ‘흐리멍덩하게 말한다.’ 하셨는데, 신하로서 죄가 이보다 큰 것이 없습니다. 신 등이 직에 나갈 수 없으니 사면하기 바랍니다.”

들어주지 않았다.

11월 1일

조하(朝賀)를 받고 경연에 나아갔다. 『강목(綱目)』을 강하다가 “진(晉)나라에서 풍씨(馮氏)를 세워 황후를 삼으니, 여러 신하가 모두 하례하였다.”는 대문에 이르러, 왕이 물었다.

“이는 아름다운 일이 아닌데 여러 신하가 모두 하례하였으니 어쩐 일인가?”

(줄임) 장령 강징(姜澂)이 아뢰었다.

“도교(道敎)는 불교와 다를 것이 없어 군신과 부자의 도가 없습니다. 국가에서 소격서(昭格署)를 설치하여 받드느라 1년 동안 제사에 쓸 물품을 바로 그곳에서 받아들이는데, 비용만 매우 많고 국가에 이익이 없으니 폐지하시기 바랍니다.”

왕이 말하였다.

"조종 때에 설치한 것으로 그 유래가 오래되었으니 하루아침에 폐지할 수 없다. 다만 쓰도록 대주는 물품을 적당하게 감하는 것이 좋을 것 같다." (줄임)

강징(姜澂)이 아뢰었다.

"중국에서도 숭상하고 믿어 관사(官舍)를 설치하였는지 여부는 알 수 없으나, 법받을 것은 못됩니다." (줄임)

왕이 말하였다.

"조종조의 옛일은 아름답지 못한 일이더라도 갑자기 폐지할 수 없다. 더구나 윤대(輪對) 같은 것을 어찌 폐지하랴? 근일에 일이 있어 우선 정지한 것이다."

승정원에 전교하였다.

"소격서에 공납(貢納)하는 물품 수량을 상고하여 아뢰라."

11월 10일

경연에 나아갔다. 장령 강징(姜澂)이 아뢰었다.

"담 밑의 인가를 모두 철거시켜 사람들이 의지할 곳이 없으니 지극히 가엾고 민망스럽습니다. 자수궁(慈壽宮)이나 수성궁(壽成宮)은 궁궐과는 다르니 더욱 철거함이 불가합니다."

왕이 말하였다.

"내가 모르는 것이 아니다. 그러나 부득이한 일이다."

강징이 또 아뢰었다.

"옛말에 '성 안의 한 치 땅이 한 치의 금과 같다.'고 하였는데, 지금 새 것 옛 것을 막론하고 모두 다 철거하니, 매우 합당하지 못합니다. 또 성정(聖井)은 깨끗한 데에 있어야 하니, 옮기지 말도록 하소서."

들어주지 않았다.

○경연 당상에게 전교하였다.

"대간은 언제나 백성 사랑하는 것을 가지고 말하지만, 대체로 백성을 사랑하는 마음은 위에서부터 아래에 이르기까지 조금도 다름이 없다. 그런데 요즘 풍속을 보면 아랫사람들의 도리가 미진한 것 같아, 무릇 각 관사의 관원들이 노예를 침해 학대하기를 못할 짓 없이 하여 도망해 흩어지게 하니, 이것이 어찌 백성을 사랑하는 일이겠는가? 조사(朝士)들의 집 역시 많이 철거당하게 되기 때문에, 이로 인하여 무리를 지어 백성을 사랑한다는 핑계로 아뢰는 것이다. 강징(姜澂)의 말이 '사람이 번성하여서 거접할 데가 없기 때문이다.'라고 하는데, 이 말은 그럴듯하다. 도읍을 설치한 지가 이미 오래므로 인물이 매우 번성하며, 이래서 집을 (궁궐이) 내려다보이는 곳에 짓는 자가 많기 때문에 금하는 것이다."

11월 11일

장령 강징(姜澂)이 집을 허는 것이 합당하지 못한 일임을 아뢰었는데, 들어주지 않았다.

11월 12일

강징(姜澂)·유희저(柳希渚)·윤원(尹源)·김말문(金末文)이 의논드렸다.
"송산(松山) 등이 사명(使命)을 욕되게 하였고, 또 도망해 숨었으니, 죄를 범함이 크고 중합니다. 그러나 도망해 숨은 것은 죄 받을 것을 두려워한데 지나지 않는 것이요 다른 정상이 없는데, 제서(制書)를 훼기(毀棄)한 율로 논죄하는 것은 중할 듯하니, 사형을 감하여 변방에 옮기게 함이 어떠하리까?"

11월 22일

강징(姜澂)을 홍문관 직제학(줄임)에 임명하였다.

12월 2일

상참(常參)을 받고 경연에 나아갔다. 장령 이맥(李陌)과 정언 윤원(尹源)이, 박원종과 복세암·연굴사 등의 일을 논계하였는데, 들어주지 않았다. 시강관 강징(姜澂)이 아뢰었다.

"이 두 절을 철거하므로 온 나라 신민이 모두 쾌하게 여겼으니, 지금 옮겨 짓는 것은 불가합니다."

왕이 말하였다.

"대비(大妃)의 원찰(願刹)이니, 옮겨 짓는 것이 무슨 해로울 것이 있겠느냐?"

10년(1504)

1월 17일

상참(常參)을 받고 경연에 나아갔다. 장령 이맥과 정언 윤원이, 박원종과 복세암·연굴사 등의 일을 논계하였는데, 들어주지 않았다. 시강관 강징(姜澂)이 아뢰었다.

"이 두 절을 철거하므로 온 나라 신민이 모두 쾌하게 여겼으니, 지금 옮겨 짓는 것은 불가합니다."

왕이 말하였다.

"대비(大妃)의 원찰(願刹)이니, 옮겨 짓는 것이 무슨 해로울 것이 있겠느냐?"

1월 18일

부제학 강징이 아뢰었다.

"신이 본직에 제수되었는데, 지극히 분수에 지나치니 사면하기를 청합니다.”

전교하였다.

“만일 어질다면 여기에 그치지 않았을 것이니, 사면하지 말고 본사(本司)로 물러가 사은 율시(謝恩律詩)와 겸하여 봄·소나무·대나무·꽃·버들에 대한 율시 각 1수씩을 지어 바치라.”

3월 9일

강징(姜澂)으로 동부승지를 (줄임) 삼았다.

3월 11일

경기 관찰사 홍귀달(洪貴達)이 아뢰었다.

“신의 자식 참봉(參奉) 홍언국(洪彦國)의 딸이 신의 집에서 자랍니다. 처녀이므로 예궐(詣闕)하여야 되는데, 마침 병이 있어 신이 언국을 시켜 사유를 갖추어 고하게 하였는데, 관계 관사에서 예궐하기를 꺼린다 하여 언국을 국문하게 하였습니다. 진정 병이 있지 않다면 신이 어찌 감히 꺼리겠습니까? 지금 비록 곧 들게 하더라도 역시 들 수 없습니다. 언국의 딸이기는 하지만 신이 실은 가장(家長)이기로 대죄(待罪)합니다.”(줄임)

귀달에게 전교하였다.

“누가 곧 입궐하라 하였기에 이런 패역한 말을 하느냐? 그 불공함이 이세좌(李世佐)가 하사주(下賜酒)를 기울여 쏟은 죄와 다름이 없다. 대신이 이런 마음을 가지고서 관찰사의 소임을 할 수 있겠느냐? 그 직첩(職牒)을 거두라. 도승지는 장관이 되어, 귀달의 불공한 말을 입계(入啓)하였다. 대신의 아뢰는 말을 막아 가리지는 못하더라도, 죄를 청할 수는 있었다. 그런데 그러지 않았으니, 따로 전지(傳旨)를 만들어 국문하라.”

승지 이계맹(李繼孟)이 아뢰었다.

“승지들이 전원 국문을 받으니, 누가 추고(推考)할 전지를 짓겠습니까?”

승정원에 전교하였다.

"귀달(貴達)이 대신이니 백관의 사표(師表)라 할 수 있는데, 이런 불공한 말을 아뢰었다. 대신이 재상이노라 하지 않고 그 마음을 경계하고 조심하면 신진(新進) 선비들이 역시 법받게 될 것인데, 그 위를 업신여김이 세좌(世佐)와 같다. 정원에서는 어떻게 생각하는가?"

승지 성세순(成世純)·이의손(李懿孫)·강징(姜澂)이 아뢰었다.

"귀달이 제 지위를 믿고 불공한 말을 한 것인지, 그 마음을 알지 못하겠습니다. 그러나 그 말은 그릅니다."(줄임)

전교하였다.

"『서경(書經)』에 이르기를 '공공(共工)을 유주(幽州)로 귀양보냈다.' 하였으니, 불경죄를 범한 자에게는 법이 의당 이렇게 해야 한다. 그러므로 전에 세좌를 먼 곳으로 귀양보냈던 것인데, 지금 도로 사람이 희소하고 조잔하여 피폐한 고을로 내쫓는 것이 마땅하니, 정배할 곳을 의논하여 아뢰도록 하라. 다만 경들의 아뢰는 말이 어찌 그리 늦은가?"

필상 등이 강원도 영월(寧越)로 써서 아뢰니, "아뢴 대로 하라."고 전교하였다.

3월 16일

승지 강징(姜澂)·직제학 박소영(朴紹榮)·부응교 이행(李荇)·교리 이자화(李自華)(줄임) 등을 의금부 옥에 가두게 하였다.

3월 18일

전후 홍문관 원 정자 강홍(姜洪)·저작 김내문(金乃文)·박사 유부(柳溥)·수찬 박광영(朴光榮)·부교리 권달수(權達手)·교리 이자화(李自華)·부응교 이행(李荇)·승지 강징(姜澂)(줄임)을 태(笞) 40대씩을 속(贖)바치게 하였다.

윤4월 3일

승지 강징(姜澂)이 왕명을 받아 가지고 가서, 대행 대비의 첫번 재(齋)를 장의사(藏義寺)에서 거행하였다.

윤4월 10일

승지 강징(姜澂)이 왕명을 받들고 가서, 대행 대비의 두 번째 재(齋)를 진관사(津寬寺)에서 거행하였다.

윤4월 16일

전교하였다.

"어제 벤 4인의 머리를 단봉문(丹鳳門) 밖으로 가져오라."

승지 강징(姜澂)이 아뢰었다.

"죄인의 머리를 문 밖에 가져 왔는데, 어찌 처리하리까?"

전교하였다.

"구성·최숙근·정성근은 3일 간 효수(梟首)하고, 내관 김취인은 내관들이 다 본 후에 철거하라."

윤4월 17일

전교하였다.

"하늘이 높아도 낮은 데까지 듣는다. 전일에, 음흉 간사한 사람이 있기 때문에 비가 오려다가 도로 그쳤다. 지금 정성근(鄭誠謹) 등이 베임을 당하였기 때문에 비가 내리는 은택이 있다. 이것이 어찌 간사함을 씻어버리는 비가 아니겠는가? 전에 비가 오지 않은 것은 음사(陰邪)한 사람이 양(陽)에 간여하여 위를 능멸하는 풍습이 있었기 때문이다."

승지 강징(姜澂)이 혼자 정원(政院)에 있다가 아뢰었다.

"예전에 '병기(兵器)를 씻는 비'라 하고, 또 '홍양(弘羊)'을 삶으니, 하늘이

비를 내렸다.'고 하였습니다. 요사이 가뭄이 심하다가 비가 지금 오니 신의
생각도 역시 그러합니다."

윤4월 26일

강귀손(姜龜孫)을 우찬성(右贊成)에 (줄임) 임명하였다.

5월 2일

왕이 한창 방종하여 말하는 자를 추후로 죄주어 뒷사람들을 경계하려
하니, 이로부터 왕이 하려는 일이 있어 물으면 신하들이 모두 지당하다고
대답하였다. 이때 승지 권균(權鈞)은 두리뭉실하고, 강징(姜澂)은 혼암 용
렬하며, 손주(孫澍)는 나약하고 이충순(李忠純)은 용렬 비루하였다.

5월 3일

전교하였다.

"지금 풍속이 거짓이 많아 고자들도 진짜가 아닐 수 있으니, 승지 강징
이 의원 김흥수(金興壽)·고세보(高世輔)와 함께 협양문(協陽門) 밖에서 음신
(陰腎)이 있는지 없는지 상고하여 아뢰라."

5월 6일

전교하였다.

"추숭할 때 옥액(玉冊)을 읽은 관원 우찬성 강귀손(姜龜孫), 책보(冊寶) 관
리 관원 예조참의 성희안(成希顔)에게 각각 한 자품을 더하며, (줄임) 금보
(金寶)를 받든 승지 강징(姜澂)과 손주(孫澍)는 각각 한 자품을 더한다."

○강징(姜澂)을 가선대부 우부승지, 손주(孫澍)를 가선 대부 동부승지로
임명하였다.

5월 9일

승정원에 전교하였다.

"사람들의 말이 '학문은 천년의 보배다.' 하는데, 어떻게 천년의 보배가 되는 것을 아느냐?"

승지 이계맹(李繼孟)·강징(姜澂)·손주(孫澍) 등이 아뢰었다.

"학문을 보배라고 하는 것은, 고금 치란(治亂)의 일과 전장 문물(典章文物)의 아름다움을 책에 써서 만대에 전하기 때문에 천년의 보배라 하는 것이요, 한 몸을 가지고 말한 것이 아닙니다."

전교하였다.

"학문은 원래 천년의 보배라는 것이다. 그러나 사관(史官)된 자가 인군의 언어 행동을 반드시 바로 쓰는 것은 당시의 인군으로 하여금 두렵고 꺼림이 있어 감히 착하지 못한 일을 하지 못하게 하고, 후세의 인군으로 하여금 그것을 본받아 권장하고 징계함이 있게 하는 것이다."

5월 9일

강귀손(姜龜孫)을 의정부 좌찬성으로, (줄임) 강징(姜澂)을 좌부승지로 (줄임) 임명하였다.

5월 29일

승정원(政院)에 물었다.

"이극균(李克均)이 전에 경연(經筵)에서 말하기를 '위의 처사가 사람을 감복시켜야만 아랫사람들이 감복한다.'고 하였는데, 지나간 일이기는 하지만, 그래도 이렇게 말할 수는 없다. 더구나 인군이 비록 잘못이 있다 하더라도 어찌 이렇게 말할 수 있느냐. 극균은 이미 베었지만 그 족속은 혹 형장 때리고 따로 논죄하는 것이 어떠하냐? 정승들을 불러 물어보라."

이계맹(李繼孟)·강징(姜澂)·손주(孫澍)·이충순(李忠純)이 아뢰었다.

"이는 신하로서 차마 하지 못할 말인데, 극균이 감히 말하였습니다. 지금 성상의 하교를 듣고 보니, 놀랍기 이를 데 없습니다. 그 사람과 친족들은 모두 참형하였지만 족속으로서 죄주어야 할 자도 죄주는 것이 마땅합니다."

전교하였다.

"극균의 족속을 형장 1백을 때리라."

○이계맹·강징·손주·이충순이 아뢰었다.

"정침(鄭沈)을 가자(加資)할 때, 대간(臺諫)이 상소하여 탄핵 논박한 것을 고찰하니 소장 하나가 있는데, 다만 '문안했다.'는 말을 기록하였고, 정침의 이름은 없습니다."

전교하였다.

"비록 정침의 이름을 바로 쓰지 않았지만, 소장 중에 '모여들어 문안했다.'는 말이 있는 것을 내가 아직도 기억한다. 이는 바로 위를 능멸하여 말한 것이니, 그 상소가 이덕숭(李德崇)과 무엇이 다르겠느냐?"

6월 4일

승지 박열(朴說)·권균(權鈞)·강징(姜澂)·손주(孫澍)가 아뢰었다.

"신 등도 혹은 '언로에 방해됨이 있다.'는 계를 범하고 혹은 '밤까지 사냥한다.'는 계를 범하였으니, 퇴대(退待)하라시는 명을 청합니다."

전교하였다.

"그때에 앞장서서 주장한 자가 누구인가?" (줄임)

권균·강징이 아뢰었다.

"경신년(1500) 사냥 때에 장순손(張順孫)·박은(朴誾)이 경연번(經筵番)으로 입직(入直)하여 논계(論啓)하고서, 신 등이 이튿날에 사진(仕進)하니, 순손이 '요사이 밤까지 사냥함은 상체(上體)를 노고케 할 것 같으니 아뢰지 않을 수 없다.' 하므로, 신 등이 미처 생각하지 못하고서 같은 말로 아뢰었

습니다. 또한 언로(言路)에 방해됨이 있다는 말은 통 기억할 수 없어서 앞
장서서 주장한 자를 모릅니다."

7월 2일

승지 강징(姜澂)에게 명하여, 의금부에서 오익념(吳益念)을 국문하게 하
니, 익념이 공초(供招)하였다.

"신이 초택(草澤)에서 생장하여 급제하여 종사(從仕)하매 조정의 일의 체
모를 모르고 망령되이 스스로 생각하여 중용수신도(中庸修身圖)를 소매 속
에 지니고서 아뢰었습니다. 어찌 별뜻이 있으리까?"

"조율(照律)하라."고 전교하였다.

7월 6일

승정원에 전교하였다.

"서리(書吏)를 저자에 보내어 새로운 모양의 갓을 구하되, 공장의 이름도
아울러 써 오게 하라."

승지 강징(姜澂)이 아뢰었다.

"원(院)의 사령(使令)이 저자에 이르니 저자 사람들이 놀라서 숨으므로
겨우 8, 9개의 갓을 구하려 왔을 따름입니다."

전교하였다.

"당직원(當直員)으로 하여금 도망하여 숨은 저자 사람을 잡아오게 하라."

저자 사람들이 이르니, 승지 권균(權鈞)에게 명하여 감시하여 장(杖) 80
으로 결단하게 하였다.

7월 10일

영의정 유순(柳洵), 좌찬성 강귀손(姜龜孫) (줄임) 등에게 명하여 성균관
동(成均館洞) 안의 철거할 인가를 살펴보게 하고, 승정원(承政院)에 전교하

였다.

"예로부터 제왕(帝王)으로서 때에 따라 도읍을 옮긴 이가 있어, 중조(中朝)는 처음에 남경(南京)에 도읍하였다가 뒤에 북으로 옮겼으며, 우리 국초(國初)에는 경복궁(景福宮)을 세워 담 밖 100척(尺) 안에 집을 짓지 못하게 하였다. 창덕궁(昌德宮)은 처음에 이궁(離宮)이었으므로 좁아서 제도를 갖추지 못하였으나, 이제는 이어서 오래 거처하여 이미 정궐(正闕)이 되었건만 성균관이 궁장(宮墻)에 다가 가까우니, 국가의 체모가 온편치 못하다. 세조(世祖)의 본의를 마음대로 헤아릴 수는 없으나, 원각사(圓覺寺)를 창설하며 어찌 만세에 전하여야 한다고 생각하셨으랴. 도(道)가 아닌 것 같으니, 어찌 3년을 기다리랴. (줄임) 이제 원각사의 부처가 외람되어 향사(享祀)를 받은 지 오래이거니와, 원각사의 부처를 내쳐 버리고 공자(孔子)의 신위(神位)를 거기에 옮겨 모시고, 그런 뒤에 성균관을 철거함이 어떠한가? 젊은 유생(儒生)들이 누가 감히 반궁(泮宮)의 철거를 시비하랴? 후세 사람으로서 비록 사도(邪道)가 있던 곳에 우리 정도(正道)를 들을 수 없는 것이라고 평의하는 자가 있을지라도, 사도를 내쳐버리고 정도를 끌어들임이니 무슨 안 될 것이 있으랴?"

승지 박열·권균·이계맹·강징(姜澂)·이충순(李忠純)이 아뢰었다.

"절과 반궁은 제도가 같지 않으니, 원각사를 철거하고 성균관의 옛 재목을 써서 옮겨 세워도 무방합니다. 더구나 중조의 사신이 오면 으레 다들 알성(謁聖)하니, 제도는 고치지 않을 수 없습니다."

전교하였다.

"그리하라. 아직 꾸미기 전에는 모옥(茅屋)을 가설(假設)하여 공자의 신위를 옮겨 모시는 것이 어떠한가? 이제 도감(都監)을 따로 설치하고 재상을 차출하여 제조(提調)를 삼고, 성균관의 관원으로 낭청(郎廳)을 삼아서 제목을 날라다가 고쳐 지음이 마땅하리라."

8월 4일

전교하였다.

"승지 박열(朴說), 강혼(姜渾), 강징(姜澂) (줄임) 등은 또한 '비온 뒤에 호수를 감상하다[雨後賞湖]'라는 율시(律詩)를 지어 올리라."

또 전교하였다.

"승지들은, '찬 기를 견디는 건 동쪽 울밑 국화인데 / 금 꽃송이 한창피어 새벽에 더욱 곱네'라는 것으로 글제를 하여 율시를 지어 바치라."

8월 8일

춘추관 당상 유순(柳洵)·허침(許琛)·박숭질(朴崇質)·강귀손(姜龜孫)이 (줄임) 아뢰었다.

"전일에 상고하라 명하신 (줄임) '종묘에 이미 천금(薦禽)을 하였으니 사냥을 정지하는 것이 타당하다'고 논한 자는, 대사헌 이자건, 대사간 이의손, 이균, 집의 이점, 이계맹, 사간 성세정, 장령 이맥과 강징(姜澂), 지평 김효간과 정붕과 유희저, 정언 성희철과 윤원, 좌의정 한치형, 우의정 성준, 홍문관 교리 손주입니다. (줄임)"

전교하였다.

"사관(史官)이 쓴 글은 직필(直筆)이라고 하였으나, 근래 일로 본다면, 자기가 좋아하는 것은 드러내고 미워하는 것은 폄하(貶下)하여, 모두 자기의 사심에서 나온 것이니, 믿을 것이 못된다. 무오년 일 같은 것은 선왕 때에 없었던 일을 거짓으로 꾸며 글로 적었으니, 패역이 막심한 일이다. 비록 다른 나라 임금이더라도 오히려 이렇게 할 수 없는데, 하물며 본국 선왕의 일이겠는가. 만약 폭로하여 처벌하지 않는다면 천년 이후에 누가 참과 거짓을 분별하겠는가. 지난번에 정부 대신과 연소한 유생들이 아뢸 일도 아닌 것을 분운(紛紜)하게 와서 아뢰었으니, 지금으로 본다면 군자는 초야에 있고 소인들이 조정에 있어서 그런 것인가? 지금 고찰하여 아뢴 일은, 죄

있는 자는 처벌하고 다시 묻지 않을 터이니, 경 등은 조율(照律)하여 아뢰라."(줄임)

강징(姜澂)이 공초하였다.

"종묘에 천금하는 일은, 그때에 다른 일을 아뢰다가 우연히 그 일에 미치게 된 것이요, 관사(官司) 안에서 미리 의논된 것이 아니므로 먼저 발설한 사람을 지금 기억할 수 없습니다."

전교하였다.

"(줄임) 나머지 일은 비록 합사(合司)하여 와서 아뢴 것이라 하지만 반드시 먼저 말한 자가 있을 터이니, 모두 심문해야 한다. 대체로 부당한 일을 분운(紛紜)하게 억지로 아뢰는 것은 국가를 위한 계책이 아니요, 후세의 이름을 닦으려는 것이다. 무릇 이 일에 관련된 사람으로 서울에 있는 자는 가두고, 지방에 있는 자는 잡아오도록 하라."

8월 10일

영의정 유순(柳洵)·좌의정 허침(許琛)·우의정 박숭질(朴崇質) 등이 (줄임) 또 아뢰었다.

"천금(薦禽) 일은 정붕(鄭鵬)과 이자건(李自健)이 공초하기를 '강징(姜澂)이 먼저 말을 했다.' 하였습니다."

○승지 강징이 아뢰었다.

"정붕과 이자건 등이 천금(薦禽) 일을 신이 먼저 발언하였다 하니, 신이 실로 통절하게 민망합니다. 신의 외숙(外叔) 허침(許琛)이 일찍이 말하기를 '선왕 때에는 10여 일을 사냥한 일이 있기까지 하였으니, 지금 이 2, 3일의 일은 논계할 것이 없다.' 하므로, 신도 또한 마음에 논계함은 부당하다 여기고, 다른 일을 아뢰러 예궐(詣闕)하였다가 사냥에 관한 일을 아울러 아뢰기를, '2, 3년이 가깝도록 연병(鍊兵)을 하지 않았고, 헌금(獻禽)도 또한 폐할 수 없습니다.' 하였더니, 그때 승지 남곤 및 같이 앉았던 사람들이 모두 신의 말을 괴이하게 여겼습니다. 사초(史草)를 상고하면 알 수 있을 것입니다. 이로 본다면 신이 먼저 발언하지 않은 것이 명백한데, 지금 정붕 등이 스스로 모면하고자 신에게 돌리고, 외부에서 온 자도 또한 반드시 소회로 말하여 마치 함정에 빠뜨리고 또 돌을 던지듯 하니, 신은 스스로 변명할 길이 없습니다."

"그 사초를 상고하라."라고 전교하였다.

8월 11일

영의정 유순, 의금부 당상 김감·정미수·이계남·김수동이 아뢰었다.

"(줄임) 강징(姜澂)의 일은 사록(史錄)을 고찰한즉, 강징이 아뢴 것을 실었는데 '근래 2, 3년은 사냥을 하지 않는데, 연병(鍊兵)과 헌금(獻禽)을 모두 폐할 수 없다.'라고 되어 있습니다. 그러나 아뢴 뜻은, '중국 사신 올 날이 임박했으니 사냥하지 말기를 청한 것입니다.' 강징의 뜻에는 '전일 이미 폐할 수 없음을 아뢰었으니 뒤에 어찌 먼저 발언할 수 있겠는가.' 하였으니, 이 때문에 스스로 해명하는 것입니다."

전교하였다.

"(줄임) 강징의 말한 바를 보니, 먼저 발언한 것이 아니다. 이자건과 정붕을 다시 심문하라."

8월 14일

전교하였다.

"남곤과 성세정이 '강징(姜澂)이 사냥에 관한 일'을 논계할 때에 그 사색(辭色)을 변한 것은 반드시 곡절이 있는 것이니, 아울러 고문(拷問)하라."

○영의정 유순, 의금부 당상 정미수·이계남이 아뢰었다.

"(줄임) 강징과 정붕 등을 빙국(憑鞫)한즉, 강징이 공초하기를 '신은 본래 사냥은 마땅히 해야 한다 여겼으므로 먼저 발언할 리가 만무하옵고,

정붕이 비록 신이 먼저 발언하였다 하였으나, 정붕이 일찍이 신에게 말하기를 「실은 자네가 발언한 것이 아니다.」 하였고, 그때 이계맹도 또한 붕의 말을 들었는데, 붕이 이제 와서 신을 무함하니, 이는 필시 다른 사람의 말을 듣고 부회(傅會)하는 것이다.' 하였습니다. 정붕은 공초하기를 '강징이 연병(鍊兵)과 헌금을 폐할 수 없다는 것을 전일에 아뢰었으므로 그 뒤에 천금(薦禽) 일 논계한 것을 그가 먼저 발언한 것이 아니라 하여, 이로써 스스로 해명하는 말을 하는 것이나, 그가 아뢴 연병과 헌금을 폐할 수 없다는 말은 역시 시행하기를 청한 것이 아니라, 실은 사냥을 논계하면서 이말로 논을 시작한 것이니, 그 뒤에 사냥을 논계하게 된 것은 실로 강징이 먼저 발언한 것입니다. 또 강징이 신에게 말하기를 「천금 일은 내가 먼저 발언한 것이 아니니, 자네는 말하지 말라.」 하므로, 신이 말하기를 「공이 한 말이 아니면 내가 어찌 발설하겠는가?」 하였더니, 강징이 또 쪽지를 신에게 보내기를 「밤이 깊도록 생각하여도 먼저 발언하였을 리가 만무하니, 사람을 무함하지 말라.」 하므로, 신이 답장하기를 「영공(令公)에게서 나온 말이 아니라면 무함할 리가 만무하다.」 하고 신의 생각에, 만약 강징이 먼저 발언하지 않았다면 내가 어찌 무함하겠는가? 강징은 실로 먼저 발언한 사람이 아니라고 한다는 것은 신의 뜻이 아니라고 여긴다.'라고 하였습니다.

다시 강징을 심문한즉 '정붕이 실로 내가 한 말이 아니라 하였으니, 신이 먼저 발언하지 아니한 것을 알 수 있으며, 그 답장에 또 이르기를 영공에게서 나온 것이 아니라면 무함할 리가 만무하다.'는 것은, '이 일이 이미 공으로부터 나온 것이 아닌지라, 내가 무함할 리가 없다는 말이다.'라고 하였습니다.

다시 정붕을 심문한즉, '신의 뜻은, 만약 참으로 공에게서 나온 것이 아니라면 어찌 무함할 리가 있겠는가라고 한 것이요, 강징이 먼저 발언하지 아니하였다고 말한 것이 아니다.' 하였습니다.

이자건을 심문한즉, 공술하기를 '강징이 만약 먼저 발언하지 아니하였다면 여섯 사람이나 되는 동료에 어찌 반드시 강징만을 지적하겠는가?' 하니, 이 두어 사람의 공사(供辭)가 이러합니다."

(줄임) 강징에게 전교하였다.

"정붕의 말은, 경이 먼저 발언하였다 하고, 경에게 물으면 그렇지 않다니, 경의 생각은 누가 먼저 발언하였다고 여기는가?"

강징이 아뢰었다.

"날짜가 오래되어 기억할 수 없습니다."

8월 15일

유순 등에게 전교하였다.

"나의 학문이 이미 이루어졌으니, 비록 경연(經筵)에 나가더라도 어찌 더 배울 것이 있겠는가? 나는, 조회 받는 등의 일은 반드시 해야 하나, 경연에는 반드시 나가야 할 것이 없다고 여긴다."

유순 등이 아뢰었다.

"경연은 좋은 일이므로 인군은 마땅히 나가야 하나, 어찌 반드시 구애될 것이야 있겠습니까? 성상의 옥체(玉體)를 헤아려 하셔야 할 것입니다."

전교하였다.

"경 등이 말하는 옥체란 말은, 몸의 편안 여부를 보아 나가거나 나가지 않는 것을 말하는 것 같은데, 나로서는 곧 몸이 비록 편안하다 할지라도 나갈 것이 없다고 여긴다. 옛 제왕이 경연에 부지런히 나간 이가 있었다. 그러나 만약 성왕(聖王)을 모조리 본받는다면 누가 우·탕·문·무(禹湯文武)가 되지 못하겠는가. 생각건대, 인군은 숭상하는 바가 각각 같지 않았으니, 억지로 할 것이 아니다. (줄임)"

승지 박열·권균·이계맹·강징·이충순이 아뢰었다.

"경연은 원래 군신(群臣)을 접하는 곳이므로 인군이 마땅히 가져야 하오나 어찌 반드시 억지로 하며, 신하가 또 어찌 감히 경연에 부지런하고 부지런하지 않음으로써 경하고 중하게 여기는 마음이 있겠습니까."

8월 16일

권균을 도승지, 이계맹을 좌승지, 강징(姜澂)을 우승지, 이충순을 좌부승지, 신수겸을 우부승지, 강혼(姜渾)을 동부승지 (줄임)에 임명하였다.

8월 24일

승지 강징(姜澂)이 아뢰었다.

"무악재[毋岳帖]·아차산(峨嵯山) 봉수(烽燧)는 이미 들지 못하도록 하셨거니와, 각진(各鎭)은 전대로 봉수를 올려 변을 보고하도록 하소서."

전교하였다.

"그리하라."

8월 26일

승지 강혼(姜渾)이 당직청에서 돌아와 아뢰었다.

"남곤을 고신(拷訊)하니, 공초하기를 '전일 헌금(獻禽)에 관한 일은 사헌부에서 먼저 아뢰었고, 1,2일 뒤에 사간 성세정·장령 강징(姜澂)이 같은 말로 아뢰었던 것인데, 강징은 「신이 승지로 있을 때 이상한 기색이 있었으므로 부득이하여 아뢴 것이다.」 합니다. 설사 신에게 이상한 기색이 있었다면 성세정에게는 나타내지 아니하고 홀로 강징에게만 나타냈겠습니까? 그럴 리가 만무합니다.' 하고 세정은 공초하기를 '사냥에 관한 일은 사헌부에서 먼저 아뢴 것을 듣고 신도 또한 사간원의 직에 있으므로 아뢰지 않을 수 없어 재삼 입계(入啓)하였으나 윤허하지 않으시므로 물러났다.' 하였습니다."

8월 27일

강징(姜澂)에게 전교하였다.

"말은 반드시 근거가 있어야 하는 것인데, 경이 형언하기 어렵다 하는 것은 무엇인가? 사냥을 다른 사람은 모두 불가하다 하였으나, 경은 홀로 폐할 수 없다고 하였기 때문에, 그들은 필시 아뢸 만한 말이 아니라고 하여 변색한 것일 터인데, 무엇이 형언하기 어렵겠는가? 말해보라."

강징이 아뢰었다.

"소신의 마음에 폐할 수 없다고 여겨 아뢰는데, 남곤이 이상한 기색이 있음을 보았으므로 다시 아뢴 것입니다."

○승지 강혼(姜渾)이 의금부로 가 죄인을 추국하였다. 혼이 돌아와 아뢰었다.

"(줄임) 이맥은 공초하기를 '장령 강징(姜澂)의 말이 「수렵은 비록 폐할 수 없지마는 지금 이미 사냥하여 천금하였으니, 마땅히 정지하도록 계청(啓請)해야 한다.」하므로, 의논을 합하여 아뢰었다.' 하였고, 성세정과 윤원은 공초하기를 '대사간 이의손의 말이, 「사냥에 관한 일을 사헌부에서 합사(合司)하여 논계하였는데, 같은 대간(臺諫)으로서 간원(諫院)에서도 또한 아뢰야 한다.」하므로 망령된 생각에 참계하였다.' 하였고, 강징에 관한 일을 정승들에게 물은즉 '강징이 남곤의 말은 듣지 아니하고, 다만 안색이 변한 것만 말하니, 증거댈 수가 없을 것 같다.' 하고, 사관(史官) 역시 '보지 못하였다.' 하니, 명백하게 분변하기 어렵겠습니다."

9월 1일

유순 등이 아뢰었다.

"어전 일의 아직 처결되지 않은 자는 김습·권균이며, 사냥 일의 아직 처결되지 않은 자는 성희철·손주·이계맹·강징(姜澂)·정붕인데, 모두 다른 죄로 속바치고 홀로 김습뿐이며, 남곤·성세정의 일은 국문하였으나,

형적이 없습니다."

전교하였다.

"권균과 김습은 장 80으로 속죄하게 하라. 천금 일은, 강징이 마음에 '강무와 천금은 모두 해야 할 일이나 지금은 할 수 없다.' 여긴 것이다. 해야 할 일인 줄 알면 말하지 않은 것이 옳은데, 오히려 또 말을 하였으니 또한 잘못이다. 남곤과 성세정이, 강징의 해야 한다는 말을 괴이하게 여겨 변색한 것이 분명하니, 남곤을 먼저 형신하는 것이 어떠할까?"

유순 등이 아뢰었다.

"강징이 무슨 소견으로 그렇게 말하였는지 알 수 없으나, 남곤이 대간의 말을 듣고 변색하였다는 것은 그럴 리가 만무한데, 만약 형장을 가한다면 애매하지 않겠습니까? 성세정은 간관(諫官)으로써 같은 일을 같이 논하는데, 어찌 변색할 리가 있겠습니까? 남곤의 말이 '하루 전에도 천금 일을 말하였고 그 다음 날에도 또 말하였는데, 전일에 이미 변색하지 않고, 어찌 뒤에 변색하겠는가.' 하였으니, 이 말이 과연 그렇습니다."

전교하였다.

"강징이 어찌 남곤의 변색함을 보지도 않고 망령되이 말하겠는가. 그러나 남곤이 실로 변색할 일이 없는데 죄준다면 정상이 애매하게 되니 짐작하여 하라."

9월 18일

의금부에 전교하였다.

"유희철은 장형을 속바치게 하여 정배하고, 남곤·강징·성세정·김효간·유희저·이점·이자건은 태 50, 성희철·정붕·손주·이맥·윤원은 태 40의 형에 처하도록 하라.

정붕·강징·이계맹·성희철은 벼슬을 멀리하고, 이자건 등은 권세를 싫어하고 노고를 꺼리며, 겉으로는 공의로우나 속은 사심을 가져 이치에 합당한 일을 억지로 간하였으니, 정승과 승지 등은 가서 형 집행을 감독하고, 강징과 남곤은 고신(告身)을 모두 빼앗고 아주 변방에 정배하며, 성세정 및 천금(薦禽) 일에 범한 자도 모두 먼 변방으로 그 배소(配所)를 옮기라. 자건은 이에 앞서 특별히 석방하였으나, 장관으로써 하관을 그와 같이 만들었으니 또한 아주 극변으로 정배하라."

9월 24일

전교하였다.

"강징(姜澂)은 비록 자신이 주창하지 않았다 하여도, 그때 사람들이 모두 주창하였다고 하니, 징(澂)의 죄를 더하여 종으로 삼으라."

12년(1506)

7월 14일

전교하였다.

"전일 사찰(寺刹)에 관한 일은 자전(慈殿)의 분부 때문에 차마 결단하지 못했었는데, 강징(姜澂)이 굳이 아뢰기를 마지않았으니 그 아뢴 것을 상고하여 죄를 다스리라. 또 전일 분명한 일로써 하문하매 '어찌 그럴 리가 있겠느냐.'고 대답한 것은 바로 비호한 말이니, 아울러 상고해 아뢰라."

8월 5일

정승에게 전교하였다.

"강징(姜澂)이 경연(經筵)에서, '연굴사(演窟寺)와 복세암(福世菴)은 옮겨 배치할 수 없다'고 아뢰었으니 형신(刑訊)하라."

8월 20일

김인후(金麟厚)와 강징(姜澂)의 추안(推案)을 내리며 말하였다.

"(줄임) 강징이 아뢴 연굴사(演窟寺)에 관한 일은 그때 위로 소혜왕후(昭惠王后)께서 계시므로 함부로 결단하지 못한 것인데, 강징이 굳이 간하였으니 이는 자기 명예를 위한 것이다. 대체로 인군(人君)의 기상이란 초년 중년 말년의 뜻이 차이가 있으니, 세종께서 처음에는 불교를 배척하시다가 말년에 와서는 다시 숭상했었다. 이제 강징이 내 마음의 처음과 끝을 알지도 못하고 굳이 계달(啓達)하였으니, 이런 뜻으로 다시 국문하라."

중종 1년(1506)

9월 6일

김수동을 의정부 좌의정, 박원종을 좌참찬, (줄임) 강징(姜澂)을 강원도 관찰사로 (줄임) 삼았다.

9월 26일

강징(姜澂)을 강원도 관찰사로 (줄임) 삼았다.

2년(1507)

11월 23일

안윤덕을 이조 판서로, 강징(姜澂)을 형조 참판으로 (줄임) 삼았다.

11월 28일

대간이 안윤덕과 이유청의 일을 아뢰고, 또 아뢰었다.

"형조 참판 강징(姜澂)이 일찍이 장령이 되었을 때 타위(打圍 사냥)가 좋지 않다는 것을 거론하였는데, 그 뒤에 폐주(廢主)가 그 죄를 추궁하자, 징이 말하기를, '나의 생각이 아니라 승지 남곤이 좋아하지 않는 기색이 있기 때문에 마지못해 아뢴 것입니다.' 하며 다른 사람에게 미루고 자신은 벗어나려고 했으니, 그의 마음씀을 알 만합니다. 체직하기를 청합니다."

세 번이나 아뢰었으나, 윤허하지 않았다.

11월 29일

조강을 하였다. (줄임) 정언 김안로(金安老)가 아뢰었다.

"안윤덕이 위로는 사정(私情)을 따르게 하는 단서를 열어 놓고, 아래로는 권력을 멋대로 부리는 마음을 품게 하였으니, 청컨대 그의 가자(加資)를 개정하고 추문하소서. 강징(姜澂)은 폐조 때 장령이 되어 타위(打圍 사냥)가 불가하다는 것을 수창(首倡)하여 논계(論啓)하고서도, 폐주가 그 죄를 추문하자, 징은 당시에 함께 지평으로 있던 정붕에게 편지를 보내어 발명(發明)하였습니다. 이때 정붕이 회답하기를, '영공(令公)에게서 나오지 않았다면 무함할 이치가 절대로 없을 것이다.' 하였으니, 그 마음씀이 사특함을 알 수 있습니다."

상이 말하였다.

"안윤덕의 일은 여러 사람의 의논을 거쳐 주의(注擬)된 것이니, 어찌 추문할 수 있겠는가? 강징의 일에 관해서 좌우 대신들의 생각은 어떠한가?"

공필이 아뢰었다.

"폐조 때에는 비록 작은 죄라도 모두 중하게 다루었기 때문에 징(澂)은 필시 제 목숨이 아까워 그렇게 하였을 것입니다. 그러나 자기의 죄를 친구에게 미룬다는 것은 차마 할 수 없는 일입니다."

송일(宋軼)이 아뢰었다.

"그 당시 남곤이 과연 애매하게 죄를 입었었습니다."

이계남(李季男)이 아뢰었다.

"신이 그 당시 금부 당상(禁府堂上)이었는데, 모든 사람들이 말하기를, '남곤이 과연 애매하게 죄를 입었다.' 하였습니다. 그러나 그는 화를 면하고자 해서 그렇게 한 것입니다."

상이 말하였다.

"화를 피하고자 해서 그렇게 한 것이라면 어찌 반드시 추론(追論)을 할 것인가?" (줄임)

○대간이 안윤덕·강징·이유청의 일을 아뢰었으나, 모두 윤허하지 않았다.

12월 16일

상참(常參)을 받고, 계복(啓覆)을 들었다. 지평 허굉·정언 김안로가 박영문·안윤덕·강징(姜澂)의 일과 공신의 음가(蔭加), 전토·장획 등의 일을 반복하며 논란하였으나, 윤허하지 않았다. (줄임)

전교하였다.

"아뢴 일을 나는 따를 수 없다고 생각하지만, 대간이 고집하기 때문에 대신에게 의논하게 하는 것이다. 대신이 어찌 나의 생각이라 하여 공정하게 의논하지 않겠으며 또 대간의 말이라 하여 흔들려 굽히겠는가? 모든 일은 마땅히 상의 명령을 받아야 하는 것인데, 대간이 어찌 멋대로 하려 하는가?"

○영의정 유순 등이 의논드렸다.

"안윤덕은 마땅히 그 가자를 거두어야 하며, 강징(姜澂)은 그 직책을 바꾸어야 하고, 강홍은 파면시켜야 하며, 박영문은 언어에 관한 일이니, 심하게 다스려서는 안 됩니다. (줄임)"

전교하였다.

"윤덕·강징은 의논을 따라도 좋겠지만, 강홍은 이미 경연관에서 갈렸으니 파직은 너무 심하다."

12월 18일

대간(臺諫)이 합사하여 토전(土田)·장획(臧獲)·음가(蔭加) 및 박영문·안
윤덕·강홍 등의 일을 아뢰니, 상이 곧 삼공(三公)·부원군(府院君)·육조 판
서에게 의론하도록 명하였다. (줄임) 대간에게 전교하였다.

"토전·장획과 음가에 관한 일은 다시 거론하지 말라. 안윤덕과 강홍은
이미 체임(遞任)하였으니 죄를 더할 것은 없으며, 강징(姜澂)도 특진관(特進
官)을 아울러 체임할 수 없다."

3년(1508)

1월 6일

조강(朝講)에 나아갔다. 대사간 남율과 지평 허굉이 아뢰었다.

"(줄임) 특진관(特進官)의 직임이 가볍지 않으니, 안윤덕과 강징(姜澂)도
모두 체직시켜야 할 것입니다."

○대간이 합사하여 아뢰었다.

"(줄임) 특진관은 유악(帷幄)에서 가까이 모시고 있는 것이니, 안윤덕과
강징 등을 개정하기를 청합니다. (줄임)"

또 윤탕로·안윤덕·강징의 일을 논하였으나, 윤허하지 않았다.

1월 7일

조강에 나아갔다. (줄임) 안윤덕·강징 등에게 대한 일을 논하였으나,
상은 답하지 않았다.

○대간이 합사하여 음직으로 가자한 일과 윤탕로·안윤덕·강징에 대한

일을 논계(論啓)하니, 음직으로 가자한 일은 윤허하지 않고 나머지는 모두 윤허하였다.

7월 7일

참판 강징(姜澂)을 북경(北京)으로 보내어 성절(聖節)을 축하하게 하였다.

12월 30일

성절사 강징(姜澂)이 중국 서울로부터 돌아왔다.

7년(1512)

8월 2일

강징(姜澂)을 예조 참판으로 (줄임) 삼았다.

8월 14일

간원이 또 아뢰었다.

"(줄임) 강징(姜澂)은 전에 전주 부윤(全州府尹)이 되었었는데 혼암하고 나약하여 고을을 잘 다스리지 못하므로 간사한 아전들이 마음대로 하였고, 또한 사사(寺社)에 소속된 공전(公田)이 많이 있었는데, 둔전(屯田)에 소속시켜 군자(軍資)를 보충하거나 학전(學田)에 소속시켜야 할 것을 그의 사촌 아우에게 주었으니, 이는 지극히 잘못된 일입니다. 이뿐만 아니라 폐조(廢朝) 때에도 지조없는 일이 또한 많아 아경(亞卿)에 합당하지 못하니, 갈도록 하소서."

전교하였다.

"(줄임) 강징은 2품의 재상이고, 또 참판을 제수한 지 이미 오래인데,

어찌 개정하겠는가. 나머지도 모두 윤허하지 않는다."

8월 23일

조강(朝講)에 나아갔다. 헌납 경숙이 아뢰었다.

"(줄임) 강징(姜澂)은, 폐조(廢朝) 때의 수종(首從)을 분간할 때에 서로 책임을 회피하여 지조를 돌보지 않았고, 전주 부윤(全州府尹)이 되어서는 정치가 선하지 못하여, 공전(公田)에 소속할 땅을 사사로이 그의 사촌에게 주었고, 전에 형조 참판이 되어서는 논박을 받아 갈렸는데, 더구나 예조(禮曹)는 사대(事大)하는 관사(官司)로서 국가의 예문(禮文)이 모두 여기서 나오는 것이니, 어찌 이런 사람으로 아경(亞卿)을 삼을 수 있겠습니까. 속히 개정하소서. (줄임)"

지평 이번이 또한 '화친을 허락함이 불가하다.'는 것과 고안정·강징·이날·배철보 등의 일을 아뢰었으나, 윤허하지 않았다.

○대간이 합사(合司)하여 아뢰었다. (줄임) 또 고안정·강징·배철보·이날 등의 일을 아뢰었으나, 윤허하지 않았다.

10월 1일

정원에 전교하였다.

"강징(姜澂)이 부윤(府尹) 때에 사사전(寺社田)을 그의 족친(族親)에게 준 일을 대사헌 이자건이 경연(經筵)에서 말하였는데, 강징 때의 일인지, 윤장 때의 일인지 알지 못하겠으니, 절수 문안(折受文案)의 연월을 상고함이 가하다."

10월 18일

오진(五鎭)의 수령들이 왕래할 적에 따라가는 말[馬]의 폐단을 (줄임) 이손(李蓀), (줄임) 강징(姜澂)·조계상·유담년·손주·성세순·임유겸·심정이 의논드렸다.

"오진의 수령들이 체임(遞任)되어 왕래할 적에 의례 역마(驛馬)를 타므로, 본 고을에서 따라가는 말은 응당 대동하지 못하게 되어 있으니, 그 중에 많이 대동하고 오는 자는 관찰사가 진실로 마땅히 조사하여 중죄로 논해야 합니다. 만약 이런 폐단으로 인하여 군마(軍馬)의 귀를 죄다 베면 소요하게 될 뿐만 아니라, 군사들 중에 장차 토산(土産)을 가지고 흥판(興販)하여 생계를 마련하려는 자들이 임의로 왕래하지 못하여, 도리어 원망을 일으키게 될까 염려스럽습니다."

이손 등의 의논을 따랐다.

○무과(武科)와 초시(初試)를 아울러 파방(罷榜)할 것인지의 여부와 어사(御史)를 보내어 향시(鄕試)를 보여 시취(試取)함의 편부에 대하여 유순정이 의논드렸다.

"무과의 시취에도 외람한 일이 있었다면 파방하는 것이 당연합니다. 그 시취하는 액수(額數)는 이미 정해져 있어, 경솔하게 고침이 미편하다는 것은 전일에 이미 의계(議啓)하였습니다. 또한 초시와 복시(覆試)는 경중과 사체가 달라, 초시에 어사를 보냄은 사체에 과중합니다. 만일 외방(外方)에 문신(文臣) 수령이 부족하여 시관의 수를 채울 수 없다면, 다만 경관(京官)에게 어사를 겸임시켜 보낼 일이니, 이렇게 하는 것이 좋겠습니다."

강징 (줄임) 등의 의논도 같았다.

○효자(孝子)·순손(順孫)·절부(節婦)·의부(義夫)를 궤향(饋餉)함이 타당한지의 여부에 대하여 (줄임) 강징(姜澂) (줄임) 등이 의논드렸다.

"고려 때에 효자·순손·절부·의부를 궤향하였으니 이는 아름다운 일이나, 아조(我朝)에서도 권장하는 법을 거행하지 않은 것이 없으니, 반드시 전조의 일을 본받을 것이 없습니다. 그러나 양로연(養老宴) 때에 혹 때로 겸하여 거행한다면 세속을 감화시키는 데에 일조(一助)가 될 것입니다."

○실행(失行)한 부녀를 정죄하는 법에 대하여 유순정·송일(宋軼)·이손

이 의논드렸다.

"실행한 부녀는 간부(奸夫)까지 아울러 교수형에 처함이 합당하다는 일은, 전일 의논 때 이미 다 말하였으니, 지금 감히 다시 의논하지 못하겠습니다."

신윤무·신용개·장순손·김전·강징 (줄임) 등의 의논도 모두 같았다. (줄임) 순정 등의 의논을 따랐다.

○오진(五鎭) 군사(軍士)의 봉족(奉足) 폐단에 대하여 (줄임) 강징 (줄임) 등이 의논드렸다.

"각 도(各道)의 군적(軍籍)이 두서가 없어 아전(衙前) 및 죄를 범하고 입거(入居)한 향리(鄕吏)들이 모두 북도의 각진(各鎭)에 들어가 아전에 충당되고 있으니, 군사의 봉족을 도로 호수(戶首)에게 줌이 합당하겠습니다."

○전교하였다.

"(줄임) 숙부를 연좌시키는 법이 비록 율문에 실려 있기는 하다. 그러나 종속의 적에서 삭제함은 지나친 듯하고, 또한 영갑(令甲)에도 없으니, 고례(古例)가 있는지는 알 수 없지만, 애매하게 된 것이 아니겠는가? 그 일을 아울러 의논하도록 하라."

(줄임) 강징·유담년·손주가 의논드렸다.

"연좌하는 법을 만드는 것은, 친속으로서 정상을 알면서도 드러내지 않기 때문입니다. 사종(嗣宗)은 찬(纘)에게 삼촌이 되므로, 법에 마땅히 연좌하여야 하기 때문에 이미 적에서 삭제한 것이니, 진실로 종속이 될 수 없습니다. 다만 사종의 죽음이 찬이 반역하기 전에 있었으니, 그 정상을 알면서도 고발하지 아니한 것과는 다를 듯합니다."

전교하였다.

"여러 의논이 모두 경솔하게 용서할 수 없다고 하니, 그 상언(上言)을 정원(政院)에 머물려 두라."

10월 30일

도화서(圖畫署)가 '향산구로도(香山九老圖)' 병풍을 올리니, 대제학 신용개(申用漑)에게 명하여 서(序)와 시(詩)를 짓도록 하고, 참판 강징(姜澂)에게 쓰도록 명하였다.

11월 26일

강징(姜澂) (줄임) 등이 의논드렸다.

"혼인할 때 친영(親迎)하는 것은 예의 정당한 것인데, 다만 우리나라의 습속이 친영을 실행하지 않은 유래가 이미 오래되었으니 지금 갑자기 고칠 수 없습니다." (줄임)

강징·조계상·유담년·손주·성세순이 의논드렸다.

"노산군(魯山君)이 막 탄생하자 소릉(昭陵, 문종의 비 현덕왕후)이 곧 서거하여 노산군 말년의 일을 소릉은 알지 못하는 것인데, 당시의 대신들이 그 아우 권자신 때문에 소릉 폐하기를 청하여 따른 것이지 선왕의 뜻에서 나온 것이 아닌 듯합니다. 당초 폐할 때에 이미 종묘에 고하여 폐출하였더라도, 금번에 이미 실록을 고찰하여, 아우의 모반과 관계되지 않음을 알았으니, 능을 복구하고 호칭을 바로잡음이 너무나 당연합니다. 만일 '이미 종묘에서 폐출되었으니, 지금 다시 부묘(祔廟)하기가 곤란하다.' 한다면, 따로 사당을 세우는 것도 의리로 할 수 있는 일입니다."

상이 유순 등의 의논을 따랐다.

사신(史臣)은 논한다. 재상들이 소릉(昭陵)의 의논 때문에 빈청(賓廳)에 모였으나 먼저 발언하기가 곤란하여 해가 기울도록 의논하지 못하였다. (줄임) 이날 확연하게 복구해야 된다고 한 사람은 김전이요, 그 다음은 순손·신용개·박열·계상이며, 강징·손주는 어기지를 못했다. 성세순이 용개 등의 의논을 보고서 '여기다 이름을 쓰더라도 무슨 해로울 것이 있겠는가' 하며, 곧 그 이름을 썼다. 이 의논에 있어서, 정부·부원군(府院君)은 모두 복구함이 부당하다고 하였는데, 다른 재상들이 따라 붙는 자가 많았고, 용개 등의 의논에 따르는 사람은 매우 적었다. 그 뒤에 대간(臺諫)과 시종(侍從)이 해가 넘도록 논집하나 상이 조금도 생각해 보려고 하지 않았으니, 하늘이 경계를 보이지 않았더라면, 소릉의 원통한 영혼이 복구될 기회가 없었을 것이다.

8년(1513)

1월 19일

조강에 나아갔다. 장령 김굉·정언 김적이 소릉을 추복(追復)하기를 청하고 이어 전의 일을 아뢰었으나, 모두 윤허하지 않았다. 참찬관 권민수가 아뢰었다.

"(줄임) 소릉은 홍(薨)한 지 16년 뒤에야 비로소 폐출되었는데, 권자신의 음모를 소릉이 어떻게 알았겠습니까? 그때에는 조정 의논이 흉흉하여 감히 그 시비를 말하지 못하였으나, 성종(成宗) 때에 와서는 추복하려는 자가 있었습니다. 성종께서 실록을 상고하지 않고 승정원에 물으시니, 임사홍(任士洪)이 전연 그 일의 시말을 알지 못하면서 다만 아첨할 생각으로 추복하여서는 안 된다고 회계(回啓)하니, 성종께서도 그 시말을 통찰하시지 못하여 추복하지 못한 것입니다. 지금 인심은 '소릉이 죽은 지 16년 뒤에야 추폐하는 일이 비로소 일어났다' 하여 매우 애석히 여깁니다. 전일 대신들의 의논은 종묘에 고하기가 어렵다고 하였으나, 세종(世宗)께서 승하하신 지 3년 만에 문종께서 이어 승하하셨는데, 그때 소릉을 이미 부묘(祔廟)하였는지 여부를 알 수 없습니다. 의논할 때에는 문적(文籍)을 상세히 상고하여서 하여야 하며, 그렇지 않으면 이 또한 옳지 않습니다."

(줄임) 특진관(特進官) 강징(姜澂)과 손주도 아뢰었으나, 모두 윤허하지 않았다.

3월 3일

강징(姜澂) · 유담년 · 손주 · 성세순이 의논드렸다.

"소릉의 위호(位號)를 추복해야 된다는 것은 전의 의논에 이미 다하였습니다. 다만 고묘(告廟)하기가 어렵다는 의논 때문에 신 등이 별묘(別廟)를 세우자는 의논을 드렸으나, 부묘(祔廟)를 함이 불가하다는 말이 아닙니다. 폐위한 것이 이미 선왕의 본의가 아니었다면, 추복하고 고묘를 함에 있어 어찌 그에 대한 사유[辭]가 없음을 걱정하리까! 이제 만약 추복하신다면 묘제(廟制)가 다시 바르게 되는 것이요, 후세에 또한 선왕의 본의가 아니었음을 알게 되오리다." (줄임)

전교하였다.

"이제 소릉을 추복하자는 의논을 보니 모두 정의(情義)에 합당하다. 나도 처음부터 추복함이 인정에 합당하다는 것을 알지 못한 것은 아니다. 그러나 그 사이에 어찌 비경(非輕)한 일이 없으랴! 나라의 대사는 임금이 독단할 수 없는 것이다. 반드시 뭇 신하들에게 물어 여망이 일치한 뒤에 택함이 또한 옳지 않으랴! 이 일은 사체(事體)에 매우 관계되는 것인데, 국사를 도모하는 대신이 부질없는 계책으로 추복하자는 의논을 드렸으랴! 고묘하는 사연은 예관으로 하여금 깊이 헤아려 예에 맞도록 해서 추복하는 것이 옳으리라."

3월 21일

함경도 관찰사 정광필이 장계(狀啓)를 올려 아뢰었다.

"신이 조정에 있을 때에 명천(明川)을 혁파해야 된다고 의논드렸습니다만, 지금 신이 육진(六鎭)을 순심(巡審)하는데, 옛 명천 이민(吏民)과 관노비(官奴婢)가 '본현(本縣)을 회복시켜 달라.'고 길을 막고 호소하며, 경성(鏡城) · 길주(吉州) 등 고을에서도 글을 보내어 회복하기를 청하고 있습니다. 그리하여 왕래하는 인원과 본도 수령의 말을 자세히 참작해 보니, 모두 '명천을 혁파한 뒤에 두 고을의 상거가 2백 40여 리나 되는데, 수령이 없으므로 우마적(牛馬賊) 및 겁탈을 일삼는 자들이 여기에 모여들어 기탄없이 횡포를 부리고 있기 때문에 민폐가 많다.'고 합니다. (줄임)

　명천을 회복한다 해도 길주의 관노비와 토민(土民)은 과히 줄어들지 않아 끝내 대읍(大邑)의 체모를 잃지 않을 것이니, 명천을 만약 영구히 혁파하지 않으시려면, 청컨대 금년 봄으로 회복하고 품계가 높고 일에 능숙한 사람을 택차(擇差)하소서. (줄임)"

　이조에서 여러 의논을 모으기를 청하니, 그대로 따랐다. (줄임) 강징(姜澂)·남곤이 의논드렸다.

　"이제 정광필의 장계를 보니, 이해(利害)를 살피고 민정을 헤아려서 규획(規畫)한 것이 아주 상세히 되었는지라, 다시 설치함이 타당할 듯합니다." (줄임)

　상이 윤금손 등의 의논을 따랐다.

　○삼도감(三都監)이 천장할 때의 복색 단자(服色單子)를 가지고 입계(入啓)하였는데, 그 단자에 이렇게 썼다.

　"(줄임) 지금 전하께서 이미 변복하신지라, 시종하는 신하가 길복(吉服)으로 종사할 수 없으니 옥색의를 입는 것이 마땅하고, 외관(外官)은 친히 영가를 맞는 자 외에는 변복하지 않는 것이 마땅할 것입니다. 아울러 중의를 모으소서."

하였다. (줄임) 강징·유인호·정광국·최중홍·한세환이 의논드렸다.

　"개장할 때의 복색과 '외관은 변복하지 않는다.'는 것은 모두 도감의 아뢴 바에 의하여 행하는 것이 마땅하겠습니다."

7월 10일

강징(姜澂)·유담년·정광국·서극철·황성창 등이 의논드렸다.

　"왜인이 허화한 뒤에 도주가 만약 성심으로 귀순하고 딴 생각 없이 공손하다면 그 소소한 청을 들어 줄 수도 있거니와, 지금 보내 온 성영(成永)이 사은(謝恩)을 칭하면서 한결같이 옛 일을 회복하고자 하여 언어 행동에 불손한 것이 많습니다. 이제 만약 그 청을 들어주면 그들은 반드시 우리의 실정을 알아 더욱 업신여기는 마음을 낼 것이니, 한결같이 처음 약속에 의하는 것이 마땅하겠습니다."

'알았다.'고 전교하였다.

9월 13일

노공필·이자건이 의논드렸다.

"유진의 불효한 죄는 비록 중전(重典)에 처하더라도 무엇이 애석하겠습니까마는, 다만 비율하여 사형에 처하는 것은 실로 미안한 일입니다."

강징(姜澂) (줄임) 등이 의논드렸다.

"비율하여 사형에 처하는 것은 과연 미안한 일입니다. 그러나 유진의 불효한 죄는 이미 매이죄(罵詈罪)의 아래에는 해당하지 않으니, 인명이 비록 중하나 강상도 또한 큽니다."

10월 5일

함경도 관찰사 한세환과 북도 절도사(北道節度使) 조윤손 등이 치계(馳啓)하였다.

"아오지(阿吾地)의 새 보(堡)는 지형이 비탈이라 사람들이 붙어 살지 않으니, 군민(軍民)들로 하여금 그대로 옛 보에 살도록 하였다가 여름철이 되어 농사 지을 때에 새 보에 붙어 살면서 지키도록 하소서."

상이 송일·김응기·윤금손·신용개·강징(姜澂) (줄임) 등에게 명하여 편부(便否)를 의논하게 하니, 의논드렸다.

"방수(防戍)하는 곳을 옮기거나 그대로 두는 것은 모름지기 이해를 헤아려 살펴서 정하고서야 아주 완전할 수 있습니다. 지금 한세환과 조윤손의 계문(啓聞)을 보니 매우 편의하여, 모두 아뢴 대로 하는 것이 마땅합니다."

상이 그대로 따랐다.

10월 21일

상이 말하였다.

"정사를 잘하는 것은 사람 얻기에 달려 있다. 소소한 폐단은 모두 제거하지 못하더라도, 사람만 잘 쓴다면 폐단이 저절로 제거된다. 사람을 쓰는 것은 임금에게 달려 있으나, 주의(注擬)하는 일은 오로지 전조(銓曹)에 달려 있으니, 사람을 쓸 즈음에 정하게 선택해야 한다."

예조 참판 강징(姜澂)이 아뢰었다.

"마음을 바로잡으려면 마땅히 경(敬)을 먼저 해야 합니다. 『서경(書經)』에 이르기를 '조심하고 밝게 한다.' 하고, 또 '조심하되 오직 형벌을 신중히 하라'. 하였으니, 요순(堯舜)도 모두 경(敬)을 근본으로 삼았습니다. 지금 경연(經筵)에서 오직 『사기』·『논어』·『맹자』·『중용』·『대학』·『시경』·『서경』만 진강(進講)할 것이 아니라, 때를 가리지 말고 진대(進對)하게 하여 자주 대신과 접하여 정사를 자문하셔야 합니다. 대저 형옥(刑獄)만을 중히 여기면, 외방(外方)에 어찌 형벌을 지나치게 하는 일이 없으리까! 각도의 관찰사에게 하서(下書)하여 형벌을 지나치게 하는 자에게 죄주게 하시는 것이 마땅합니다. 경창(京倉)의 공채(公債)는 해사(該司)로 하여금 마련하게 해서 시행함이 어떠하리까?"

사신(史臣)은 논한다. 징(澂)은 잘고 하찮은 자로서 폐주(廢主)에게 아첨하여 총애가 자못 지극하니, 의기양양하여 스스로 때를 만났다고 여겼다. 당시에 간신(諫臣)이나 필사(拂士)로서 법망에 걸려 죽게 되는 사람이 잇달아 원통한 기운이 하늘에 사무치니, 거리의 부녀자나 아이들까지도 그 사람들을 아깝게 여기지 않는 자가 없었는데, 징은 한때 친구로서 친절하게 지내던 사람이 옥에 갇혀 있어도 알아보거나 불쌍하게 여기는 뜻이 거의 없었다. 승지가 되어서는 더러 명을 받고 나가서 죄수를 검증하였는데, 아는 사람을 보고도 사사로이 말하지 않고, 혹시 폐주의 의향을 알려고 하는 사람이 있어도, 말해서 벗어날 길을 가르쳐 주지 않았다. 반정(反正)한 뒤에는 오랫동안 서용되지 못하였으며, 참판이 되어서는 오래도록 논박당하였는데, 마침내 갈리지는 않았으나 물의(物議)가 용납하지 않았고 사림(士林)이 한으로 여겼다. 이와 같이 비루하고 천박한 사람을 조정의 이경(貳卿)으로 삼아 예(禮)를 맡는 관사(官司)에 있게 하여 중기(重器)를 더럽혔으니, 천변이 일어나는 것이 이 사람 때문이 아닌지 어찌 알겠는가!

10월 27일

좌의정 송일·우의정 정광필 (줄임) 예조 참판 강징(姜澂) (줄임) 등이 영산군의 죄를 청하였으나 윤허하지 않았고, 문성부원군 유순과 교성군(노공필)이 영산군의 죄를 청하였으나 윤허하지 않았다.

9년(1514)

1월 16일

조계상이 의논드렸다.

"유자광의 공과 죄를 비교하면 그 죄가 더욱 커서 공이 능히 그 죄를 덮을 수 없는데, 하물며 그 죄악이 이와 같음에리까! 목숨을 보전하여 자기 집에서 늙어 죽은 것도 국가에서 보답한 은혜가 족하거늘, 이미 삭탈한 공적을 어찌 다시 기록하겠습니까!"

(줄임) 강징(姜澂) (줄임) 등의 의논도 같았다.

전교하였다.

"유자광은 죄악이 이를 데 없는 오국 간흉(誤國奸凶)이라, 조정의 공론이 이와 같으니 다시 녹공(錄功)하지 말라."

2월 22일

대사간 손중돈 등이 상소하였는데, 대략 이러하였다.

"전하께서 정치에 임하여 치평(治平)을 바란 지 이제 9년이 되었습니다. (줄임) 강징(姜澂)은 나약하여 지조가 없는데도 감히 하관(夏官)의 차석이 되었습니다. 이들 몇 사람은 물의가 많으므로 명기(名器)를 아깝게 생각합니다. 전하께서 물정에 따라 빨리 정별(旌別)하시어, 이들 몇 사람을 해임시키시고 선류(善類)를 탁용해서 조정에 포열하여, 삼공(三公)은 육경(六卿)을, 육경은 백관을 통솔하게 하면 자연히 질서가 유지되는 가운데 백관중직(百官衆職)의 계제를 앉아서 총괄할 수 있을 것입니다. (줄임)"

전교하였다.

"상소의 뜻이 지극히 당연하나 폄론한 사람은 모두 대신들이어서, 중대한 과실이 없는데 그 진퇴를 가벼이 할 수 없다."

4월 9일

대간이 합사하여 전의 일을 아홉 번 아뢰었으나, 윤허하지 않았다.

사신은 논한다. 송일의 탐욕이 그치지 아니함과, 홍숙의 행실이 범람함과, 윤순의 비루하고 좀스러움과, 강징(姜澂)의 어리석고 약하여 절조가 없는 것은 온 세상이 다 아는 것으로서 물의가 격분하였는데, 이자(李耔)가 사간(司諫)이 되어 항의하고 탄핵하니, 사론(士論)이 통쾌하게 여겼다.

5월 8일

조강에 나아갔다. 지평 임추와 정언 남세준이 전의 일을 논계(論啓)하고, 시독관 유부와 검토관 채침 또한 논계하였다. 영사 정광필이 아뢰었다.

"의논이 고상하면 조정에 온전한 사람이 없는 것이니, 소신같은 자는 부끄럽기만 합니다. 윤순과 강징(姜澂)은 전에도 논박을 받았고, 송일은 신의 망령된 생각으로는 녹록한 사람은 아닌 듯싶으며, 홍숙도 나랏일에 힘쓰는 사람인데, 혹 의논이 고상해서 아뢴 것인지, 혹 따로 들은 바가 있어서 아뢴 것인지 다 알지 못하겠습니다. 전일 논박을 받을 때에 윤순이 구황(救荒)을 잘하지 못한다고 했는데, 신이 함경도에 가 보니 구황하는 일을 매우 잘 처리하였습니다. 강징을 잔약하다고 했는데 사실대로 말씀드리면, 과연 성품이 바른 말을 잘 하지는 못하나, 사람됨이 단정하고 어질어서 분주하지는 않습니다. 그러나 물의가 모두 이들 두 사람이 갑자기 승진되었다고 합니다. (줄임) 권도(權道)로 우선 윤순과 강징만 갈아, 대간으로 하여금 취직하게 하소서."

상이 말하였다.

"근래에 일을 폐한 것이 어찌 많지 않겠는가! 다만 윤순과 강징은 별로 뚜렷한 허물이 없으니 바꿀 수가 없다."

6월 15일

예조 참판 강징(姜澂)이 아뢰었다.

"신은 본래 용렬한 몸으로 능히 소임을 다할 수 없고, 지금 또 논박을 받아 결코 자리에 있을 수 없으니, 사직을 청합니다."

전교하였다.

"요사이 대간이 오랫동안 논계했으나, 내 생각으로는 드러난 잘못을 알지 못하기 때문에 받아들이지 않았다. 갈아야 한다면 대간이 여러 달 동안 의논했는데 어찌 갈지 않았겠는가! 사직하지 말라."

송일은 세 번 사직하고, 윤순 등은 여섯 번 사직했으나, 모두 윤허하지 않았다.

6월 18일

송일이 사직을 여섯 번 아뢰었으나, 윤허하지 않았다. 윤순·홍숙·강징이 사직을 여덟 번 아뢰었으나, 윤허하지 않았다.

6월 21일

형조 판서 윤순·우참찬 홍숙·예조 참판 강징(姜澂)이 모두 글을 올려 굳이 사직했으나, 윤허하지 않았다.

6월 22일

윤순·홍숙·강징(姜澂) 등이 사직을 여섯 번 아뢰었으나, 윤허하지 않았다.

6월 23일

형조 판서 윤순·참찬 홍숙·예조 참판 강징 등이 사직을 두 번 아뢰니, 전교하였다.

"전후의 대간들이 계속하여 논계(論啓)하니, 경 등이 취직하기가 실로 어렵고 또 중임이어서 오래 비워 둘 수 없기 때문에 부득이 체직(遞職)한다."

12월 10일

조강에 나아갔다. (줄임) 특진관 강징(姜澂)이 아뢰었다.

"신이 전에 전주부윤이 되었을 때 보니 진상하는 소은구어(小銀口魚)는 매우 드물어서 진귀한데, 혹시 비라도 오게 되면 전혀 잡을 수가 없어 그 폐단이 또한 매우 적지 않았습니다. 이것도 해당 관사에 하문하시어 짐작하여 감해 주는 것이 좋겠습니다."

(줄임) 상이 말하였다.

"국가의 저축이 텅 비어 있는 폐단이 과연 아뢴 바와 같다면, 모름지기 상하가 깊이 체념해서 용도를 절약하고 백성을 사랑하며 본업을 숭상하고 말업을 억제하는 것이 좋겠다."

12년(1517)

8월 2일

조강에 나아갔다. 참찬관(參贊官) 김정(金淨)·검토관(檢討官) 기준(奇遵)이 묘현(廟見)의 일을 아뢰고, 동지사 남곤이 아뢰었다.

"친영(親迎) 뒤에 곧 묘(廟)에 가 뵙는 것은 구고(舅姑)를 뵙는 일이니 바른 예입니다. 그러나 『송원강목(宋元綱目)』에 '여대방(呂大防)을 황후육례사(皇后六禮使)로 삼아 맹씨(孟氏)를 후(后)로 책립(冊立)하였다.' 썼으되 묘현에 대해서는 쓰지 않았는데, 이것은 다른 뜻이 있는 것이 아니라 모후(母后)가 방달(房闥)에서 나왔으므로 반드시 후세의 걱정거리가 될 것이기 때문에 사관이 그 시초를 막기 위하여 쓰지 않은 것입니다. 대혼(大婚)이 예(禮)가 이미 바르다면, 묘현을 하지 않더라도 시의(時宜)에 어그러지지 않습니다. 더구나 조종조(祖宗朝)에서 고례(古禮)를 참고하여 일대의 제도를 정했으되 묘현의 예를 빼버렸고, 왕후의 묘현은 경전에 실려 있지 않으니, 이것으로 보면 친영을 경하게 여기고 묘현을 중하게 여기는 뜻을 신은 알 수 없습니다. 신은, 지금은 정시(正始)의 뒤를 당하였으니 내치를 엄명(嚴明)하게 하는 것이 왕화(王化)의 기초가 되는 것이요, 묘에 가 뵙지 않더라도 조정의 흠이 되는 일은 아니라고 생각합니다." (줄임)

김정·기준·대사헌 최숙생·특진관(特進官) 강징(姜澂)·사간 윤은필이 묘현의 일을 반복하여 아뢰었으나, 남곤은 시종 불가하다 하였다. (줄임)

상이 말하였다.

"명신의 주의(奏議)는 찬집하는 것이 지당하다."

11월 8일

야대(夜對)에 나아갔다. 사경(司經) 손수(孫洙)가 『근사록(近思錄)』을 강독함에 따라 아뢰었다.

"이천(伊川)은 송나라 때 이학(理學)의 시조인데 소식(蘇軾)이 위학(僞學)이라 지칭하였습니다. 송나라 때에만 그런 것이 아니라, 이것이 바로 고금을 통한 우환입니다."

특진관(特進官) 강징(姜澂)이 아뢰었다.

"한때의 추향은 다 임금이 숭상하는 것에 달려 있는데, 이학은 근본이고 문예는 말단이니 임금은 이학을 도탑게 숭상하는 것이 중요합니다."

상이 말하였다.

"도학(道學)은 맹자(孟子) 이후로 송유(宋儒)가 있을 뿐인데 위학이라 지칭당하였고 과연 후세에도 이학을 하고자 하는 자가 있으면 위학이라 지칭하는 말이 없지 않다. 그러나 반드시 이학을 해야 한다."

강징이 아뢰었다.

"우리나라는 대개 전대 이래로 사장(詞章)만을 숭상하여 왔는데, 정몽주(鄭夢周)가 비로소 이학을 하고 사서(四書)의 집주(輯註)를 저술하였습니다. 그 뒤에 주자(朱子)의 집주가 들어왔을 때 과연 서로 뜻이 같았으므로, 정몽주는 이학에 공이 있다고 하는 것입니다." (줄임)

상이 말하였다.

"대간이 '조정이 어그러져 다투어 화합하지 않는다.' 하였는데, 대간이 먼저 이런 말을 하면 언론을 하는 사람도 꺼리는 것이 없을 것이므로 갈았다. 이성언의 소에 '요순의 지경에 이를 수는 없다.' 한 것이 있는데, 그것은 의심 없이 버리고 채용하지 않아야 할 일이다. 임금은 요순과 같이 되기를 스스로 바라서 요순의 지경에 이르러야 하며, 내 정치가 이미 만족하다 하면 안 될 것이다."

강징이 아뢰었다.

"상께서 그렇게 뜻을 세우셨으면, 도학이 융성해질 것을 바랄 수 있습니다. 송나라 때에 주자와 여러 유자(儒者)가 조정에서 그 학문을 행하지 못하고 외관(外官)으로 내쳐진 것은 그때의 임금이 숭상하지 않았기 때문입니다. 상께서 숭상하여 마지않으신다면 사람들이 절로 그것을 숭상해야 한다는 것을 알게 될 것입니다."

상이 말하였다.

"이목에 익혀진 것이 아니면 사람들은 그르게 여기는 것인데 우리나라에서 근일에 이학을 하지 않았으므로, 혹 그것을 그르게 여기는 자도 있고 괴이하게 여기는 자도 있었다. 만약 간사한 의논에 의혹되지 않고 분연히 힘써 행한다면 간사하고 망령된 의논이 절로 사라지게 될 것이다." (줄임)

"이학(理學)과 사장(詞章)은 다를 것이 없으니, 이학을 숭상하면 사장은 곧 그 가운데에 있는 것이다."

강징(姜澂)이 아뢰었다.

"중국 사람들이 우리나라를 문헌의 나라라고 하는 까닭은 전조(前朝)의 문신(文臣)들이 다 사장(詞章)으로 중국에서 과거에 급제하였기 때문이니, 나라를 빛내는 데에는 사장을 써야 하나, 자기를 수양하고 남을 다스리는 데에는 이학을 중하게 여겨야 합니다."

(줄임) 상이 말하였다.

"이 글에 '오늘날 귀괴(鬼怪)한 이설(異說)을 잡스럽게 믿는 것은 대개 도리에 통하지 못하기 때문이다.' 하였는데, 이것도 이학에 밝지 못하기 때문이다. 이학이 밝으면 자연히 간사한 것들이 그 심지(心志)를 요동할 수 없고 또 그것을 믿지도 않을 것이다."

13년(1518)

3월 13일

조강에 나아갔다. 상이 말하였다.

"천거로 인재를 뽑는 일은 이미 대신에게 물었거니와, 지금 급급히 할

것은 어진이를 구하는 일뿐이다. 천거하여 대책(對策)으로 뽑는 것은 나도
몹시 좋게 생각하나 혹시라도 빠뜨릴까 염려된다. 선한 사람을 많이 얻으
면 나라에 유익할 것이니, 조종의 법을 무너뜨리는 것이 아니다."(줄임)

특진관(特進官) 강징(姜澂)이 아뢰었다.

"만약 과거라고 명칭을 붙이게 되면 어진이가 나오기를 좋아하지 아니
할까 염려됩니다."

(줄임) 김정국(金正國)이 아뢰었다.

"당송(唐宋) 이래 과목으로 뽑은 자가 반드시 크게 기용되었기 때문에,
영웅 호걸들이 모두 과목을 거쳐서 진출하였습니다. 그 사이에 혹은 문음
(門蔭)으로 재상의 지위에 오른 이가 있으나 몇 사람이나 됩니까. 우리나라
는 그 규모가 더욱 좁습니다. 일할 만한 요직은 반드시 문관으로 하게 되었
습니다. 그 습속이 이미 완성되었으므로, 부득이 출신한 사람이라야 물망
역시 존중하기 때문에 아뢴 것인데, 의논이 이처럼 같지 않으니 성상께서
스스로 결정하소서."

14년(1519)

11월 26일

우맹선을 경상우도 병마절도사(慶尙右道兵馬節度使)로, 강징(姜澂)을 충
청도 병마절도사로, 유관을 사헌부 집의로 삼았다.

11월 30일

간원(諫院)이 아뢰었다.

"충청도의 병사(兵使)·수사(水使)로 다 문신을 쓰는데, 태평한 때라면 그
래도 괜찮겠으나 변방에는 이렇게 하지 말아야 합니다. 또 영흥(永興)은

준원전(濬源殿)의 헌관(獻官)이 있으므로 부사(府使)를 반드시 당상관으로 내야 하는데, 지금 김철수는 당하관이니 역시 온편치 못합니다."

전교하였다.

"김극성이 경상 감사가 되었으므로 충청 병사 우맹선을 경상 수사로 삼았으나, 이제 경상도를 합해 감사 한 사람으로 한다면 김극성은 도로 수사로 삼고 우맹선에게는 도로 충청 병사를 맡겨야 하며 강징(姜澂)은 갈아야 한다. 황보겸은 이미 영흥을 그대로 맡아 있게 하였다."

15년(1520)

3월 20일

조강(朝講)에 나아갔다. (줄임) 상이 말하였다.

"문신으로 한어와 이문을 이습(肄習)한 사람이 많지 않은 것이 아닌데, 성취된 자가 한 사람이라도 있다는 말을 듣지 못하였다. 사대(事大)하는 일은 아주 중한 일인데 최세진(崔世珍) 한 사람뿐이니 매우 불가하다. 만약 마음과 힘을 다해 한다면 어찌 단지 이 사람뿐이겠는가?"

특진관(特進官) 강징(姜澂)이 아뢰었다.

"만약 힘을 다해 배운다면 누군들 배우지 못하겠습니까? 다만 각기 직사(職事)에 얽매여 전념할 수가 없어 그럴 뿐입니다. 대개 이문과 한어는 우리나라 사람에게는 이목(耳目)에 익숙한 것이 아니어서, 반드시 전업(專業)한 뒤에야 그 효과를 볼 수 있는 것입니다."

이유청이 아뢰었다.

"요즈음 전강(殿講)할 때에 보니 윤개가 배울 만한 소질이 있습니다."

강징이 아뢰었다.

"윤개는 말의 음조가 분명하여 과연 배울 만한 사람입니다. 만약 전력해서 배운다면 성취할 수 있을 것입니다. 또 최세진 혼자 이습하는 일을 맡고 있는데, 지금 북경(北京)에 가게 된다면 이습하는 사람들이 최세진이 없이 질문할 데가 없게 됩니다."

5월 15일

이세정을 전라도 관찰사로, 강징(姜澂)을 황해도 관찰사로 삼았다.

5월 16일

대간이 오세한(吳世翰)의 일과 박숭질 아내의 일을 아뢰고, 또 아뢰었다. "(줄임) 황해도 관찰사 강징(姜澂)은 방면을 맡는 직임에 맞지 않고, 봉상시 주부 강연은 인물이 용렬하고 자잘하니 다 교체하소서. (줄임)" 다 따르지 않았다.

5월 19일

대간이 박숭질의 아내와 강징(姜澂) 및 별시(別試)의 향시(鄕試) 등의 일을 아뢰니, 상이 말하였다. "강징은 갈도록 하라. 나머지는 윤허하지 않는다."

16년(1521)

1월 13일

강징(姜澂)을 동지중추부사로, 어득강을 홍문관 부응교로 삼았다.

4월 27일

좌의정 남곤과 우의정 이유청이 아뢰었다.

"황제가 붕했다는 것이 사실이라면 진위사(陳慰使)와 진향사(進香使) 등에 대한 일을 오부 예문(禮文)에 따라 해야 됩니다. 그러나 칙서를 받은 뒤에 명나라 사신의 말을 듣고 거애(擧哀)할지 아니면 요동으로 간 압해관(押解官)이 돌아온 뒤에 거애할지 이에 대한 의논이 번거로운 실정이니, 대신들을 소집해서 미리 의논하게 하소서. 또 황제가 이미 붕했다고 한다면 사은(謝恩)하는 문서에 반드시 개정해야 할 일이 있을 것이니, 승문원 제조(承文院提調)에게도 아울러 의논하도록 명하는 것이 어떻겠습니까?"

비답(批答)하였다.

"어제 두목(頭目)들의 말을 들어보니, 황제가 붕했다는 말이 헛말은 아닌 것 같다. 그러나 아직 분명한 강조(降詔)가 없으니 사은하는 문서를 고치기가 곤란하다. 만약 중국 조정에서 '조선에서 어떻게 먼저 알았느냐?' 하면 어떻게 대답해야 되겠는가? 황제가 붕했다는 말을 명나라 사신이 공적으로 말했다면 우리나라에서 거애하지 않는 것이 미안한 일이다. 그러나 나는 처음부터 명나라 사신과 두목들이 모두 직접 목격한 것은 아니고, 광녕에 이르러 들은 말일 뿐 애조(哀詔)를 받지 않았기 때문에 태연 자약하게 유연(遊宴)하는 것이라고 여겼다. 우리나라에서도 공문을 받지 않은 채 전하는 말만 듣고 거애하는 것도 적잖이 미안한 일이다. 황제가 붕했다는 말이 어찌 헛말이겠는가? 그러나 황제가 불행히 병이 위독할 때 와언(訛言)이 세상에 전파된 것일 수도 있다. 우선은 요동에 간 통사가 오기를 기다려 다시 의논하는 것이 온당할 것 같다."

(줄임) 승문원 제조 강징(姜澂)·최명창·최순 등이 의논하여 아뢰었다.

"천사가 칙서를 반포한 뒤 황제가 붕했다는 소식을 분명히 말하고 연향(燕享)하는 일을 사피(辭避)한다면, 일체 예문(禮文)에 따라 행해야 합니다. 그러나 말하지 않는다면 연향하는 일을 폐할 수 없습니다. 또 저들이 말하지 않는데 우리나라에서 먼저 묻기는 곤란할 것 같습니다. 물어서 분명하게 말해 준다면 모르겠지만, 만일 길에서 전해들은 말을 어떻게 믿을 수

있느냐고 한다면 거애할 수 없을 것 같습니다. 또 묻고 난 다음에는 길례(吉
禮)로 행사하기도 매우 불안합니다. 요동에 갔던 사람이 돌아와서 그 사실
이 분명하다고 보고하면, 이에 따라 밝혀 말하고서 즉시 거애해야 합니다."

전교하였다.

"대신의 의논이 매우 지당하다. 아뢴 대로 하라."

평안도 관찰사가 장계(狀啓)하였는데, 대략 이러하다.

"압해관(押解官) 노계손과 안경이 탕참(湯站)에 이르러 중국 조정의 소식
을 물으니, 장천호(張千戶)라고 하는 사람이 대답하기를 '황제가 붕했다.'
했고 탕참의 지휘(指揮)도 '황제가 지난 3월 17일 붕했는데 애서(哀書)가
이미 도착했다.' 하였고, 모두 상복(喪服)을 입고 있었다 합니다."

전교하였다.

"『오례의(五禮儀)』에 '부음(訃音)을 들으면 즉시 거애해야 한다.' 했다. 오
늘 거애하는 것이 당연하다."

12월 16일

사은사(謝恩使) 형조 참판 강징(姜澂)이 표문(表文)을 받들고 북경(北京)에
갔다.

17년(1522)

5월 1일

의정부가 의계하였다.

"흥국 태후에게 진헌할 방물을 존호사에게 봉(封)하여 주되, 두 가지의
자문(咨文)을 마련하여, 요동(遼東)에 가서 그들이 진헌(進獻)할 것인지를
물어서 하거나, 또는 돌아오는 사은사(謝恩使) 강징(姜澂)에게 물어보고서

바치게 함이 어떠하리까?"

'알았다.'고 전교하였다.

5월 11일

사은사(謝恩使)의 선래 통사(先來通事) 김순충(金順忠)이 아뢰었다.

"3월 초이렛날 알성(謁聖) 때에 사신 강징(姜澂)이 주객사(主客司)에 관광(觀光)하기를 청하자, 주객사가 '내가 함부로 허락할 수 없으므로 마땅히 예부(禮部)와 의논하겠다.' 하였고, 예부가 '단지 반송(伴送)의 말에 의하여 함부로 주달(奏達)할 수 없고 사신의 웅문(雄文)으로 쓴 큰 솜씨를 보고 싶다.' 하기에 재빨리 돌아와 말하여 즉시 상서(上書)해서 관광하기를 청하자, 예부가 '좋다.' 하며, 곧 주달하여 입참(入參)하도록 하였습니다. 다만 이륜당(彝倫堂) 앞이 좁아서 단 세 사람만 입참하도록 하여, 서장관(書狀官) 및 통사 한 사람만 입참하게 하였고, 환궁(還宮)한 다음에는 경하례(慶賀禮)를 거행하였습니다.

명나라 사신 당고(唐皐)가 대동한 요동(遼東) 두목(頭目) 여영(呂英)이 집 소식을 듣고 싶어 사관(舍館)에 왔으므로, 강징이 당고의 안부를 묻고서, 이어 '전하께서 대인을 사모하신다'는 뜻을 말해주었고, 다시 통사를 시켜 당고의 집에 가서 문안하게 하였는데, 당고가 마침 지방에 봉사(奉使)나가고 없었으므로 단지 그의 아들만 보고서 심부름 온 뜻을 말하였습니다. 그 뒤에 당고가 배리(陪吏)를 보내어 말하기를 '이미 사신이 사관에 온 것을 알았으나, 다만 내가 전문(箋文) 격식의 글짓기를 맡고 있어 문안하러 갈 틈이 없다.' 하였습니다.

명나라 사신 사도(史道)는 집이 멀고 또한 기회가 없어 문안하지 못하고 다만 조정 안에서 서로 바라보기만 하였습니다.

예부 낭중(禮部郎中)과 주사(主事)가 통사에게 '당신 나라의『등과록(登科錄)』을 보고 싶다.' 하므로, 통사가 '가지고 오지 않았다.' 하자 '이 다음에 올 때는 재상(宰相)에게 말하여 가지고 와 보여주었으면 좋겠다.' 하였습니다.

3월 20일 정덕황후(正德皇后)의 탄일(誕日)이었는데, 황후가 말하기를 '상사(喪事)가 3년이 지나지 않았으니 하례(賀禮)받기가 미안하다.' 하므로 드디어 정지했다 합니다."

5월 15일

조하(朝賀)를 받고 조강(朝講)에 나아갔다. (줄임) 이어 상이 물었다.

"사은사(謝恩使) 강징(姜澂)이 천자가 학궁(學宮)에 행행(行幸)하여 알성(謁聖)할 적에 관광하기를 주청(奏請)했다고 한다. 우리나라는 예의가 있는 나라이니, 알성할 때 관광하는 것은 좋을 듯하다. 그러나 외국 사신으로 천자의 거둥 때에 경솔하게 주청하였으니, 어떻겠는가? 또한 봉사(奉使)나간 사람은 단지 위임받은 일을 다할 뿐이다."

영사 정광필이 아뢰었다.

"주청(奏請)했다는 것은 신이 듣지 못했습니다. 선비의 생각으로 관광하기를 청한 것이나, 성상의 분부가 지당한 말씀이십니다."

5월 17일

조강에 나아갔다. (줄임) 대사헌 김극성이 또 아뢰었다.

"사은사(謝恩使) 강징(姜澂)이 예부(禮部)에 주청하기를 '상국에 비록 경사스러운 일이 있다 하더라도 본국에서 더러 듣지 못하게 되니, 이제부터는 예부가 요동(遼東)에 알리면 요동이 본국에 알렸으면 한다.'고 하였다는데, 신은 조정과 의논하여 청한 것인지 모르겠습니다. 그러나 우리나라에서 더러는 듣고도 일을 하지 못할 때가 있고, 더러는 늦어지거나 틀어져버려 일을 하지 못할 때가 있기도 하는데, 강징이 주청한 것이 항구적인 예가 되어 뒷폐단이 적지 않게 될까 싶습니다."

상이 말하였다.

"단지 이 일만이 아니라 천자(天子)가 알성(謁聖)할 때 조정에 의사를 품해보지도 않고 관광(觀光)하기를 주청(奏請)했었다. 이는 유자(儒者)의 아름다운 일이기는 하나 그 의리에 있어 어떠한가?"

극성이 아뢰었다.

"중국은 본디 예의의 나라이니, 우리나라에게 관광을 허락하였음은 또한 영광스러운 일이나, 우리나라가 가려서 보낸 사신임을 또한 생각해야 합니다."

영사 김전이 아뢰었다.

"관광하기를 주청한 것은 역시 유자(儒者)로서 할 일이고, 상국(上國)이 허락한 것은 우리나라를 예의의 나라로 여긴 것이니, 신은 그름을 알지 못하겠습니다."

특진관 방유령이 아뢰었다.

"전조(前朝)에서도 역시 자제(子弟)들을 보내 입학(入學)하게 한 일이 있었습니다. 강징이 유자이기 때문에 마침 성대한 행사를 만나게 되어 관광하기를 주청한 것이니 잘못한 일이 아닙니다. 이 때문에 죄를 줌은 합당하지 못할 듯합니다."

상이 말하였다.

"아름다운 일임을 모르는 것이 아니라, 다만 조정의 의사가 아닌데 스스로 천자에게 주청한 것이 사체에 합당하지 않다는 것이다."

지사 장순손이 아뢰었다.

"성상의 분부는 깊이 뒷날의 폐단을 염려하여 말씀하시는 것입니다. 그러나 그는 유자이므로 관광하기를 청하는 것은 옳은 듯합니다. 우리나라에도 역시 시학(視學)하는 예(禮)가 있으므로 상국의 예를 관광하여 우리나라에 참작하여 쓴다면 사문(斯文)의 아름다운 일이니 죄를 줌은 불가합니다. 다만 상국에 큰 경사가 있으면 우리나라에서 진하(進賀)하러 가는 것이 원래 준례가 있으니, 예부에 주청한 것은 합당치 못합니다."

상이 말하였다.

"경사가 있을 때마다 반드시 통고를 한다면 우리나라에서 어떻게 수응(酬應)할 것인가? 응대해 갈 길이 매우 곤란할 것이다."

극성이 아뢰었다.

"관광한 일은 그만이거니와, 경사 때마다 통고하기를 청한 일은 문책하지 않을 수 없습니다."

6월 5일

사은사(謝恩使) 강징(姜澂)이 북경에서 돌아왔다. 상이 사정전에 나아가 인견(引見)하고, 중국의 사정이 어떠한가를 묻자, 강징이 아뢰었다.

"3월 초이렛날 황제가 알성(謁聖)한 다음 경서(經書)를 손에 들고서 질문하고 논란하였는데, 신이 옥하관(玉河館) 주사(主事)를 보고 '나도 유자(儒者)이기에 비록 평시라 하더라도 국자감(國子監) 관람을 청하고 싶었는데, 더구나 성대한 행사를 만나게 되므로 입참(入參)하고 싶은 마음 간절하다.' 하니, 주사가 '당신은 예의가 있는 나라의 유신(儒臣)이므로 그러는 것이니, 두서너 사람들과 참관하게 하겠다.' 하였습니다. 즉시 예부 낭중(禮部郎中) 손존(孫存)에게 통고하자, 손존이 서면으로 알리기를 '당신은 문헌의 나라 문관이므로 입참하고자 하는 것이어서 아름다운 뜻이니, 당신들의 심정을 써 오라.' 했습니다. 이러하기를 두어 번 한 다음에, 신이 대강 서계(書啓)를 만들어 보내자, 즉시 상서(尙書)에게 전달하여 드디어 황제에게 주달(奏達)하니 관광하도록 윤허했었습니다.

초이렛날 4경(更) 정각이 되자, 서반(序班)이 신 및 서장관(書狀官)과 통사(通事)를 인도하여 국자감으로 갔는데, 황제가 진시(辰時)에 거둥하여 대성전(大成殿)으로 들어가 제사를 거행한 다음 다시 연(輦)을 타고 어로(御路)로 해서 이륜당(彝倫堂)으로 들어갔습니다. 이륜당은 대성전 서쪽에 있었고 뜰의 크기는 우리나라 명륜당(明倫堂) 뜰의 배나 되었는데, 유생(儒生) 3만여 명이 뜰에 입참하였기 때문에 백관들이 다 들어가지 못하여 문반(文班)은 4품(品) 이상, 무반은 도독(都督) 이상만이 반열을 따르고, 외국 사람은 오직 신 등이 입참했을 뿐이었습니다.

또 황제가 이륜당으로 들어갈 적에 군신(群臣)이 어로의 좌우에 늘어서서 지영(祗迎)하되, 역시 국궁(鞠躬)을 하지 않고 단지 공수(拱手)한 채 머리만 숙였으며, 더러는 용안을 쳐다보는 자가 있기도 하였습니다. 국자 좨주(國子祭酒)는 동쪽 뜰에 꿇어앉고 사업(司業)은 서쪽 뜰에 꿇어앉았으며, 그 나머지 국자감의 관원들은 뒷줄에 동서로 나누어 꿇어앉았습니다.

전좌(殿坐)한 다음에 동쪽 뜰에 있던 국자 좨주가 황제 앞으로 들어와 절하고 고두(叩頭)한 다음 꿇어앉자, 예부(禮部)가 어전(御前)의 상 위에 있는 책을 가져다 좨주에게 주니, 좨주가 당(堂) 안의 동쪽에 있는 의자 위에 앉아 논난을 하는 것 같았는데, 하는 말은 들을 수가 없었습니다.

동쪽에는 각로 태학사(閣老太學士) 및 육부(六部)의 상서(尙書)가 있고, 서쪽에는 도독(都督) 1품 이상이 있고, 동쪽 뜰 위에는 한림 시강관(翰林侍講官)들이 있었으며, 서쪽에도 또한 그러했습니다.

좨주가 논난을 마친 다음 고두하고 내려오자 서쪽에 있던 사업(司業)이 또한 좨주가 한 의식대로 하였고, 끝난 다음 다례(茶禮)를 거행하는데, 홍려시(鴻臚寺) 관원이 소리를 크게 하여 성지(聖旨)【성지는 대개 제생(諸生)에게 학업에 부지런하기를 권면하는 뜻이었습니다.】를 읽었고, 다 읽자 군신(群臣)이 다섯 번 절을 했습니다.

예식이 끝나고 황제가 거둥하자 군신 및 제생이 지송(祗送)하는 예절을 지영(祗迎)할 때처럼 하였고, 군신들은 또한 먼저 대궐로 나아가 지영하였습니다. 황제가 드디어 봉천문(奉天門)으로 나아가자 군신이 진하(陳賀)했는데, 신 등도 역시 입참(入參)했습니다. 진하하는 예가 끝난 다음 국자감의 관원 및 제생은 대궐 뜰에서 음식 대접을 하고, 또한 국자감 관원들에게 논상(論賞)하고, 또 세 분【공자(孔子)·안자(顏子)·맹자(孟子)】의 자손을 뽑아 반열을 따르게 했습니다.

또 우리나라에 왔던 중국 사신 당고(唐皐)를 만나고 싶었으나 만날 길이 없었는데, 따라왔던 두목이 옥하관(玉河館)에 와서 '당고가 당신 나라 통사를 만나려고 한다.' 하기에, 즉시 김이석(金利錫)을 보내니, 마침 출사(出仕)하였으므로 그의 아들【우리나라에 데리고 왔던 아들이다.】에게 만나보지 못하고 간다는 뜻을 말하게 하였습니다.

신이 돌아올 때에 임박하여 당고가 한림원(翰林院)의 사지 서리(事知胥吏)를 보내 문안하고, 이어 '재상을 만나 당신 나라에 갔다 올 때의 뜻을 말해 주고 싶으나 갔다 온 지가 오래지 않아 국법이 매우 두려워 만나보지 못했는데, 시일이 오래 되면 만나보게 될 것이다.' 하였습니다.

중국 사신 사도(史道)는 조반(朝班)에서 신 등이 서 있는 위치와 서로 가까웠고, 그와 함께 서 있는 사람은 중서 사인(中書舍人)과 급사중(給事中)들이었는데, 서로들 우리나라 일을 이야기하다가 가끔 신 등을 돌아다만 보았고 역시 사람을 시켜 인사말은 하지 않았습니다.

돌아올 적에는 요동 총병관(遼東摠兵官) 장명(張銘)이 '당고와 사도 두 사신이 여기에 도착하여 말하기를 「당신 나라 국왕께서 성심으로 대접하며 굳이 머무르기를 청했었으나, 일이 완료되어 오래 머무를 수 없기 때문에 그렇게 하지 못했다. 대소 신료(臣僚)들도 존경하지 않는 사람이 없었고, 송별할 적에 국왕께서 계단을 내려와 전송하므로, 우리들도 역시 석별의 정을 감당하지 못해 나도 모르게 눈물이 떨어졌다. 이 지역은 조선과 서로 가까우니, 만일 조선 사람들을 만나게 되거든 이런 뜻을 전해 주면 좋겠다.」 했다.' 하였습니다.

광녕 도어사(廣寧都御史) 이승훈(李承勳)도 '당고 등이 끊임없이 조선에서의 일을 말했고, 또 달자(㺚子)들에게 약탈된 중국 사람들을 조선에서 끊임없이 송환하되 의복과 노자를 넉넉하게 주었었으니, 조정을 공경스럽

게 섬기는 뜻이 있음을 알 수 있는 일이다. 만일 임기가 차 체직하여 돌아
가게 된다면 조정에 진달하여 논상(論賞)하게 하려 한다.' 했었습니다.

옥하관 문을 닫기 전에는 엄하게 금단하지 않았기 때문에 출입할 수
있었는데, 근래에는 매우 엄하게 금단하여 임의로 출입할 수가 없었습니
다. 신이 주사(主事)에게 '중국 조정에서 우리나라 사람들에게 전과는 자못
다르게 한다.'는 뜻으로 말을 하자, 주사가 '당신 나라의 따라온 사람들이
말도 다르고 의복도 다른데, 함부로 다니다가 법에 저촉되게 된다면 매우
불가한 일입니다. 재상이 어찌 하인들을 모두 단속할 수 있겠습니까? 출입
을 금단하는 것이 재상에게도 또한 좋은 일입니다. 물건을 매매할 때에는
마땅히 출입할 수 있도록 하여 전연 금단이 없게 될 것입니다.' 하기에,
신이 이런 말을 듣고서는 마음에 매우 합당하게 여겼습니다.

신이 일찍이 듣건대, 지난날에 군관의 자제들이 함부로 다니며 법을 어
기게 되자, 예부 낭중(禮部郎中)이 보고서 비방하기를 '예의를 안다는 조선
사람들이 어찌 이러냐?' 했다는 것이나, 또한 주사가 매양 신에게 '만일
유람하고 싶다면 허락하겠다.' 하는데도 신이 사양했었으니, 이로 본다면
우리나라 사람들의 출입을 금단하는 것이 달자(㺚子)들을 대우하듯이 하
는 것은 아니었습니다. 서책(書冊)을 무역하는 것도 역시 금단하지 않았습
니다.

또 인삼을 본색대로 입공(入貢)하는 일을 예부에 말하니, 예부의 말이
'이는 곧 공헌(貢獻)에 관한 일이니 통정사(通政司)에 말하라.' 하기에, 즉시
통정사에 말하니, 상서(尚書)가 신 등을 앞으로 나오라고 부르더니 '판삼(板
蔘)이 무슨 폐단이 있어서 본색대로 공상(貢上)하려 하는 것인가?' 하기에
'판삼은 합쳐서 붙여[粘付]야 하므로 본질을 잃게 된다면 공상하기가 미안
하여 본색대로 공상하고자 하는 것이니, 요동에 이자(移咨)하여 주기 바란
다.' 답변하니, 상서가 '허락해야 할 일이다.' 하였습니다.

3월 11일에 존호(尊號)를 올렸고, 15일에는 천하에 조서를 반포하였기

에, 신이 예부 낭중 손존(孫存)에게 '우리나라에서도 마땅히 진하(進賀)해야
하는데, 신은 돌아갈 기일이 또한 머니, 요동에 이자하여 본국에 알리도록
하기 바란다.' 하니, 손존이 '전일에 당신의 나라에서 진하할 때는 어디서
듣게 되었느냐?' 하였습니다. 신이 '혹은 요동에서 들어 알기도 하고 혹은
본국 사신이 돌아옴으로 인하여 알기도 했다.' 답변하자, 손존이 '이는 내
소관이 아니니 의제사 낭중(儀制使郎中) 여재(余才)에게 말하라.' 했고, 여재
의 말이 '마땅히 상서에게 보고하고 요동에 이자하여 조선에 알리도록 하
겠다.' 했었는데, 시행했는지는 신이 알지 못하고 있습니다."

상이 말하였다.

"황제가 이륜당(彝倫堂)으로 나아갈 때 어떤 관(冠)에 어떤 예복을 입었
고, 또 나이는 얼마나 되어 보이더냐?"

강징이 아뢰었다.

"황사포(黃紗袍)를 입었고, 아직 관례(冠禮)를 거행하지 않았으므로 원관
(圓冠)을 썼으며, 춘추는 16세였습니다."

상이 말하였다.

"내가 듣기에는, 황제가 한 달에 세 차례씩 경연(經筵)에 나아갔다고 했
었다."

강징이 아뢰었다.

"하루 한 차례씩 나아갔습니다. 또 전일에는 사신이 표문(表文)을 예부에
바치면 예부가 좌순문(左順門)에서 태감(太監)에게 바쳤었는데, 이번에는
예부의 말이 '배신(陪臣)이 마땅히 직접 표통(表筒)을 가지고 태감에게 바쳐
야 한다.' 하기에, 신이 묻기를 '이번에는 어찌 전례와 다르게 하느냐?'
하니, 예부가 '전에 하던 것을 그르다고 여겨 그렇게 하는 것이다.' 했습니
다. 신은 사은표(謝恩表), 서장관은 표류인(漂流人)에 관한 사은표를 들고
통사 한 사람과 함께 정문으로 해서 좌순문으로 들어가니, 태감이 나왔기
에 신 등이 꿇어앉아 표문을 바쳤습니다."

6월 7일

조강(朝講)에 나아갔다. (줄임) 헌납 황사우가 아뢰었다.

"지금 왜인(倭人)들이 추자도(楸子島)에서 노략질을 하고 있습니다. 앞으로 여연(閭延)·무창(茂昌)에서 야인(野人)들을 내쫓게 된다면 반드시 변방 사단이 생길 것인데, 군사들이 유명 무실하고 국가에 저축이 없으니, 이런 일들을 성상께서 진념하셔야 합니다."

상이 말하였다.

"남·북도(南北道)의 방어가 염려스러운데, 또한 사은사(謝恩使) 강징(姜澂)의 말이 '중국에서 달자(㺚子)들에게 문죄(問罪)할 것이라는 말이 있었다.'고 했다. 만일 진실로 그렇게 된다면 반드시 우리나라에 청병(請兵)하게 될 것이니, 대신들이 미리 대처해야 할 것이다."

6월 20일

요동(遼東)에서 자문(咨文)을 이송(移送)하였는데, 다음과 같다.

"요동 도지휘사사(遼東都指揮使司)는 경하(慶賀)에 관한 일 때문에 말하겠습니다. 예부(禮部)의 조회(照會)를 받아보니 이러하였습니다.

'본부(本部)가 마련한 제본(題本)에, 삼가 생각하건대, 가정(嘉靖) 원년 3월 10일에 황상께서 더욱 효도와 공경을 높이려 하시어, 소성 자수황태후(昭聖慈壽皇太后)와 장숙왕후(莊肅皇后)의 존호를 받들어 올렸고, 11일에는 수안황태후(壽安皇太后)와 흥국태후(興國太后)의 존호를 받들어 올리시고서 천하에 조서를 내려 알렸으니, 즉시 본부가 각 왕부(王府) 및 천하의 문무(文武) 5품 이상의 제사 아문(諸司衙門)에 행이(行移)하여 사조(查照)하게 해야 됩니다.

정조(正朝)나 동지(冬至) 절사(節事)에, 준례로 차임(差任)하여 보내는 관원들이 경하하려 올리는 표문(表文) 속의, 소성 자수황태후에 대한 구식(舊式) 표문은 응당 고쳐서 지어야 하고, 장숙황후의 것에 관해서도, 이에 앞서 본부가 제본을 올려 받든 흠의(欽依)에, 당분간 무종황후(武宗皇后)라고 전문(箋文)을 고쳐서 지으라 하셨습니다. (줄임)

명이 내리는 날을 기다렸다가 본부가 일체로 한림원(翰林院)에 이첩하여 마련하도록 하고, 제사 아문(諸司衙門)에 통고하여 양식대로 써서 올리게 되도록 해야 하는데, 경하에 관한 사항이어서 감히 함부로 하지 못하겠습니다.'

가정 원년 3월 13일에 본부의 상서(尙書) 모(毛) 등이 그런 제본을 마련한 다음날 성지(聖旨)를 받들건대, '조심해서 그대로 준행하라.' 하였기에, 한림원에 이첩하자, 5월 6일에 지어서 제출했었습니다. (줄임)

이렇게 제출한 것이 본부에 왔기에 일체로 이첩하려고 하였으나, 이를 위해서는 제번하고, 이에 앞서 조선국(朝鮮國) 배신(陪臣) 형조 참판 강징(姜澂) 등이 품의한 것을 고찰해보니, 휘호(徽號) 등에 관한 일이었습니다.

'그윽이 생각하건대, 천조(天朝)의 붕호(封號)에 관한 사항 등은 큰 일이어서, 본국이 의당 진하(進賀)해야 하는데, 진실로 본부에서 요동 도사(遼東都司)에게 이첩한 공문이 한때라도 도착되지 못하여, 그 도사가 본국에 이첩하여 알리지 못하게 된다면, 반드시 지체되거나 그르치게 될까싶어 편리하지 못하니, 삼가 바라건대, 이번의 조회(照會) 안에 분명히 「이 뒤로는 전항(前項)과 같은 사례를 만나, 칙서(勅書)나 조서(詔書)가 이미 도사에 도달하게 되면, 공문이 도달했거나 안 했거나를 불구하고 즉시 본국에 이첩하여 알도록 하는 것을 영구히 상례로 한다.」는 말을 써넣어, 우리나라로 하여금 경하(慶賀) 때 잘못하게 되지 않도록 해주어야 합니다. 이를 위해 삼가 품의합니다.'는 등인(等因)이 본부에 도달했었습니다.

이번에 전항의 등인을 들어 그대로 이첩해야, 하기에, 이를 위해 합쳐서 조회하게 된 것이니, 본부나 도사가 해당 관원을 명하여, 본부가 제본(題本)을 올려서 받든 흠의(欽依) 안의 사항대로 즉시 조선 국왕(朝鮮國王)에게 이첩하여, 조심해서 그대로 알고서 시행하게 해야 한다고 했습니다. 이런 전항의 일들을 받았으므로 그대로 이첩해야 하기에, 이를 위해 제번하고 자문(咨文)을 띄워 보내게 된 것이니, 번거롭지만 적당한 관원을 차임(差任)하여 보내 격식을 알고서 시행하게 하기 바랍니다."

7월 12일

대간이 전의 일을 아뢰고, 사헌부가 아뢰었다.

"양전(量田)한 지가 이미 오래되었으니, 지금 마땅히 해야 합니다. 다만 황해도 한 도는 두 번이나 중국 사신의 왕래를 겪었고 또 여러 해 계속 흉년이 들었는데, 지금 만일 양전하게 된다면 백성의 곤폐(困弊)가 극심할 것이니 정지하기를 청합니다. 강원도 한 도는 토지가 비록 적으나 양전하기가 다른 도에 비해 배나 어렵습니다. 순찰사(巡察使) 강징(姜澂)은 재기(才器)가 부족하니 체직하소서."(줄임)

전교하였다.

"양전은 나도 역시 불가한 것으로 생각하였는데, 대신에게 물었더니 대신들은 하지 않아서는 안 된다고 하였다. 강징은 재상의 반열에 낀 사람인데 순찰사를 감당하지 못하겠는가? 황해도와 전라도에 점마를 보내지 말라는 일은 유사(有司)에게 물어보아야 하겠다."

7월 17일

승정원에 전교하였다.

"세자(世子)는 명분이 이미 정해졌으니 의복과 예질(禮秩)을 왕자와 다르게 해서 상하의 구분이 있도록 해야 한다. 세자가 원자(元子) 때부터 궁중에 있어서의 앉고 서고 하는 예절이 본디 왕자와 다른 것은 후일 조정 반열에서 특이함을 표명해야 하기 때문이다. 조종조에서 원자는 세자에 봉해진 날부터 비록 관례(冠禮)는 하지 않았더라도 망건·익선관·아청 용곤포(鴉靑龍袞袍)를 입고 사부(師傅)와 빈객(賓客)을 대하였으니, 일찍이 관례를 아니했다고 해서 편복(便服)을 입는 데 구애받지 않았다. 사부와 빈객은 대신이므로 아무리 임금을 만나더라도 관(冠)을 쓰지 않고는 접견하지 않으니, 그것은 예를 높이기 때문이다. 하물며 세자에 있어서랴? 세자가 편복을 입는 것은 다만 대신을 대하는 데 미편해서일 뿐 아니라, 궁중에 있으면 다른 왕자와 함께 입자(笠子)를 쓰므로 의장(儀章)에 구별이 없는 듯 하니 매우 불가한 일이다.

경 등이 '관례는 정례(正禮)이므로 행하지 아니할 수 없다.'고 여긴다면 세자의 관례를 일찍이 행해야 할 것이요, 만일 '관례는 곧 성인을 책임지우는 것인데 세자의 나이가 어리므로 일찍 행하기가 어렵다.'고 여긴다면 내가 사은사(謝恩使) 강징(姜澂)의 말을 들으니, '황제(皇帝)가 관례를 행하지 아니했기 때문에 비록 머리는 올리지 않았더라도 관포(冠袍)는 한결같이 예문(禮文)을 따랐다' 한다. 천자의 존엄으로도 군신(群臣)을 대할 때는 오히려 관대(冠帶)를 폐하지 않았는데, 하물며 세자에 있어서 관례를 행하지 않았다 해서 관대를 갖추지 않는 것이 가하랴? 지금 세자는 비록 어리나 성품과 함께 이루어지는 것이니 마땅히 예절로 길러야 한다. 세자가 만일 '대신은 비록 관을 쓰지 않고서도 대할 수 있다.'고 생각한다면 후일에 태만하고 소홀해지는 마음이 여기에서 싹트는 것이리라. 세자가 지금부터 예문에 의하여 관포를 착용한다면 의장(儀章)과 예절(禮秩)이 자연 왕자와 구별이 있게 되고 등분(等分)도 또한 엄명(嚴明)하게 되어 거의 사체에 합당할 것이니, 이런 뜻을 정부와 예조에 물으라."

8월 9일

대사간 유관 등이 상소하였다.

"(줄임) 전번 강징(姜澂)이 중국에 사신갔을 때 망령되이 비천한 꾀를 써서 후일의 폐단을 열어놓았는데도 그의 죄를 다스리지 않고 놓아주었습니다. (줄임) 국법과 군율이 줄곧 해이해지는데, 이를 다스리지 않으면 장차 어떻게 나라를 다스리겠습니까? 원컨대 전하께서는 법령을 시행하는데 한결같이 경전(經典)을 따르시고 조금도 동요하지 마소서. (줄임)"

비답하였다.

"(줄임) 강징은 조정의 의논도 들어보지 않고, '중조(中朝)에 경사가 있으면 모두 우리나라에 알리라'는 일을 제 마음대로 예부(禮部)에 보고하여 후일의 폐단을 열어 놓았으니 과연 잘못인 듯하다. 그러나 사정으로 볼 때 용서할 만하기 때문에 버려둔 것이다. 이같은 일은 법사도 살펴야 한다."

11월 25일

예조가 (명나라) 예부 낭중(禮部郎中) 손존(孫存)에게 답할 말을 적어서 아뢰었는데, 다음과 같다.

"전일 사은사(謝恩使) 강징(姜澂)이 북경에 조회하러 갔을 때 대인(大人)께서 우리나라 사람의 등과록(登科錄)과 시문(詩文)을 요구하셨는데 해외 부유(腐儒)들의 저술은 거칠어서 대인에게 보일 만한 것이 못되기에 분부에 응하지 못했습니다. 그런데 존호사(尊號使) 윤희인(尹希仁)의 편에 들으니 또 매우 요구하신다 하므로, 고루하다고 끝내 대인의 명을 어길 수가 없습니다. 다만 비루한 나라의 저작은 중국에서 찬집하여 간행하는 것과는 달리 시험이 파하면 없애버리므로 남아 있는 것이 많지 않습니다. 다만 약간 편을 간략하게 적어 올리니, 한 번 웃으며 보시고 허물하지 마십시오."

보낼 것은 바로 등과록(登科錄) 및 시문(詩文) 4책과 주사(主事) 오유(仵瑜)가 요구한 『황화집(皇華集)』 2건(件)이었다.

19년(1524)

1월 18일

강징(姜澂)을 개성부 유수(開城府留守)로, 채침을 공조 참의로 삼았다.

1월 19일

대간(臺諫)이 전의 일을 아뢰고, 또 아뢰었다.

"(줄임) 개성부 유수(開城府留守) 강징(姜澂)은 큰 고을에 합당하지 않으니 교체하소서."

(줄임) 나머지는 윤허하지 않았다.

1월 23일

조강(朝講)에 나아갔다. 대간이 전의 일을 아뢰니, 허순(許淳)을 갈라고 명하고, 나머지는 윤허하지 않았다. 영사(領事) 남곤(南袞)이 아뢰었다.

"신이 전라도 관찰사였을 때에 강징(姜澂)이 전주 부윤(全州府尹)이었는데 백성을 다스릴 즈음에 조금도 그르친 일이 없어서 백성이 생업에 안정하였습니다. 개성부 유수(開城府留守)는 경직(京職)과 다름없는데, 한성부(漢城府)나 육조(六曹)를 맡은 사람을 낼 수는 없으므로 한산(閑散)한 지위에 있는 사람을 내야 할 것인데, 강징도 넉넉히 맡을 만합니다."

1월 24일

대간(臺諫)이 전의 일을 아뢰니, '강징(姜澂)을 갈라'고 명하고 나머지는 윤허하지 않았다.

21년(1526)

2월 24일

조강에 나아갔다. 『대학연의보(大學衍義補)』를 진강했다. 시강관 이귀령이 아뢰었다.

"무제(武帝)가 조운(漕運)한 일을 보면, 배와 수레를 만드는 비용과 강물을 발섭(跋涉)해야 하는 고통이 있었습니다. 그러나 6백만 석을 조운한다면 반드시 6백만 석을 가져왔고 파선(破船)하거나 하는 염려가 없었습니다. 우리나라의 조운선(漕運船)은 해마다 파선하여 지난해에도 5~6척이나 됩니다. 살펴건대 후위(後魏) 때는 조운하는 수로의 편리한 곳에 창고를 설치하였다가, 군국(軍國)의 일로 필요하게 되면 쓸 만큼만 조운하였습니다. 그런데 우리나라는 해마다 조운을 하므로 많이 파선될 뿐만 아니라 조운하는 역군들도 쉬지를 못하니, 어떻게 하면 편리할 것인지를 알지 못하겠습니다.ꞌꞌ (줄임)

특진관 강징(姜澂)이 아뢰었다.

"조운하는 일은 옛사람들도 중히 여겼기 때문에 반드시 품계가 높은 사람을 전운사(轉運使)에 임명한 것입니다. 우리나라는 조운하는 일을 매우 쉽게 여겨 단지 만호가 영솔하여 조운하게 하고, 비록 해운 판관을 두기는 하였지만 또한 모두 품계가 낮기 때문에 단속하지 못하는 것입니다. 지금은 조운할 것이 많지 않으니 따로 전운사를 둘 것 없이 본도(本道) 감사가 단속해도 됩니다. 이전에는 감사들도 반드시 전운사의 결함(結銜)을 띠었습니다."

22년(1527)

2월 5일

송순(宋純)을 정언(正言)으로, 강징(姜澂)을 수(守) 지중추부사(知中樞府事)로 임명하였다.

4월 4일

지중추부사 조원기·황맹헌·강징(姜澂), 동지사 이자견·이권, 한성부 판윤 김당, 좌윤 손주 등이 와서 아뢰었다.

"신 등이 듣건대 이 일은 지극히 경악스럽습니다. 모름지기 속히 적발해서 죄를 정하소서. 나머지 뜻은 정부(政府)·육조(六曹)와 같습니다."

그러나 윤허하지 않았다.

5월 12일

강징(姜澂)을 공조 참판에, 박호를 사헌부 대사헌에 제수하였다.

5월 15일

사헌부가 한순 및 왕자녀 제택의 서청(書廳) 철거하는 일을 아뢰었고, 사간원도 한순의 일을 아뢰었다. 또 아뢰었다.

"공조 참판 강징(姜澂)은 본디 물의에 대상이 되었었으니 육조(六曹)의 참판에 제수할 수 없습니다. 체직(遞職)시키소서."

모두 윤허하지 않았다.

5월 22일

대간이 '왕자와 부마의 집이 제도에 지나치니 철거하라'는 일을 아뢰고, 사간원이 강징(姜澂)의 일을 아뢰었으나 윤허하지 않았다. 강징의 일을 다시 아뢰니 따랐다.

23년(1528)

9월 21일

성절사(聖節使) 한효원(韓効元)의 서장을 정원에 내리면서 일렀다.

"이제 이 서장을 보니, 황제가 조고(祖考)와 조비(祖妣)에게 존호(尊號)를 더 올리고 천하로 하여금 표문(表文)을 바쳐 하례를 아뢰게 하였는데, 우리나라도 하례를 아뢸 것인지를 한효원이 그 당해 도리(都吏)에게 물으니, 답하기를 '하례를 아뢰지 않는 것은 그르다. 와서 하례한들 무엇이 해롭겠다는가?' 하더라고 하였다. 전에 강징(姜澂)이 중국에 사신으로 가서 예부(禮部)에 청하기를 '우리나라는 해외(海外)의 나라이므로 무릇 하례를 아뢸 일이 있는 것을 다 알 수 없으니, 예부가 요동(遼東)에 이자(移咨)하고 요동이 우리나라에 이자하여 알리는 것이 어떠한가?' 하였더니, 예부가 허락하였다. 이제 이 하례를 아뢰는 일을 해외로 하여금 다 하게 한다면 요동이 반드시 이자할 것이니, 우리나라는 요동의 자문(咨文)을 기다린 뒤에 공사(公事)를 만들겠으나, 예조에 혹 고문(古文)을 상고하여 할 일이 있거든 정부에 신보(申報)하여 승문원에 이르도록 하라."

9월 22일

전교하였다.

"중국에 하례를 아뢸 일이 있으면 예부(禮部)가 요동에 이자하고 요동이 우리나라에 이자하여 알리는 것이니, 전에는 강징(姜澂)이 예부에 청하여 이미 규례를 내었다. 이번에는 황제가 조고의 존호를 더 올리고 천하에 고하여 표문을 올려 하례를 아뢰게 하는 것이다. 그러나 해외로 하여금 모두 하례를 아뢰게 하는지를 지금은 아직 확실히 알지 못하고, 또 한효원이 서반(序班)에게 물었을 때에 서반이 다만 도리(都吏)의 말로 대답하기를 '너희 나라도 하례를 아뢰어야 할 것이다.' 하였을 뿐이다. 이 말이 예부의 당상(堂上)에게서 나왔다면 괜찮겠으나, 우리나라와 중국이 무엇이 다르겠는가? 하리(下吏)가 소문을 말하였는데, 다만 이 말을 듣고 요동의 이자를 기다리지 않고서 문득 하례를 아뢴다면, 중국에서는 반드시 이 일이 쉽게 누설되었다고 생각할 것이다. 해외로 하여금 모두 하례를 아뢰게 한다면 가지 않을 수 없겠으나, 해내만을 하례하게 한다면 또한 갈 수 없을 것이다. 의정부의 생각은 사대(事大)하는 일이라 하여 급하게 아뢴 것이겠으나,

내 생각은 요동의 이자를 기다려서 하고자 한다. 또 전에 중국 사람이 비평하기를 '그대 나라 사람은 오지 않아야 하는데도 오니, 이는 무역을 위한 것이다.' 하였다. 이 뜻을 다시 의논하여 아뢰라."

○예조가 아뢰었다.

"하례를 아뢰는 일을 보부(報府)하려 하였으나, 오늘 아침에 정부가 성절사의 서장(書狀)을 가져가서 보고 먼저 아뢰었으므로 보부하지 않았습니다. 본조(本曹)의 생각으로는, 정조(正朝)의 표문(表文)에 자인(慈仁)[새로 올린 존호]이란 글자를 쓰지 않을 수 없고 또 불가불 하례를 아뢰고서 써야 하므로, 먼저 하례를 아뢰고서 정조의 표문에 두 글자를 쓰는 것이 매우 마땅하겠습니다."

전교하였다.

"전에 강징이 예부에서, '하례를 아뢸 일이 있으면 반드시 이자하여 유지(諭旨)를 전한다'는 것을 이미 규례로 세우고 왔으니, 이제 하리의 말만을 듣고 해외가 모두 하례하는지를 잘 알지 못하고서 문득 하례를 아뢸 수 없다. 그러므로 다시 대신에게 물어서 의논하여 조처하게 하였다."

9월 28일

조강에 나아갔다. 상이 말하였다.

"진하사(進賀使)는 대신들이 빨리 들여보내야 한다 하므로 이미 차출하였었다. 그러나 중국에 하례를 아뢸 일이 있으면 요동(遼東)을 시켜 이자(移咨)하기로 전일 강징(姜澂)이 북경에 갔을 때에 이미 규례를 정하고 왔는데, 이제 듣고 본 것이 이처럼 확실하더라도 이자를 기다리지 않고 들어가면, 중국에서는 '이자하지 않더라도 하례하러 오니 이 뒤에는 반드시 이자할 것 없겠다.' 할 것이다. 또 중국에서 '어떻게 알고 하례하러 왔느냐.'고 묻는다면 어떻게 대답할 것인가? 그 대답할 말을 말하여 보내지 않을 수 없다."

영사 심정이 아뢰었다.

"강징이 이자를 청한 일은 신들도 다 압니다. 그러나 당초 존숭(尊崇)하였을 때에는 제후왕(諸侯王)은 하례하러 오지 말라고 하였으므로 하례를 아뢰지 않았거니와, 이제는 천하로 하여금 하례를 아뢰게 하였습니다. 여느 때처럼 사신이 가지 않은 때라면 요동의 이자를 기다려야 하겠으나, 지금은 한효원이 중국에서 눈으로 하례를 아뢰는 것을 보고 왔고 또 문서가 있으니, 이자가 없더라도 하례를 아뢰어야 하겠으므로 신들이 의논하여 아뢰었습니다. 또 더 올린 칭호인 자인(慈仁) 두 자를 정조사(正朝使)의 문서에 쓰지 않을 수 없는데, 천하에서는 두 자를 통용하되 우리나라만 쓰지 않을 수 있겠습니까? 또 중국의 일은 시비를 논할 것 없겠으나, 바야흐로 이 일을 의논할 때에 한때의 정사(正士)는 다 간당(奸黨)으로 지목하여 배척하였는데 석서(席書)와 장총(張聰)이 의논을 주장하여 하였습니다. 이 일을 옳다고 할 수 없겠으나 옳든 그르든 우리나라는 이미 해외(海外)로 자처하지 않고 중국에서도 예의의 나라로 대우하니, 하례를 아뢸 일을 들었으면 하례를 아뢰지 않을 수 없습니다."

상이 말하였다.

"과연 중국의 일은 시비를 논할 것이 없다."

10월 10일

성절사(聖節使) 한효원이 북사(北師)에서 돌아왔다. 상이 선정전(宣政殿)에서 인견하여 황제의 시사(視事)를 물으니, 한효원이 아뢰었다.

"(줄임) 신이 부경(赴京)하여 8월 18일에야 비로소 진하(進賀)하는 예(禮)가 있다는 말을 듣고 예부(禮部)에 물으니, 예부는 '문·무 2품 이상의 아문(衙門)은 모두 표문(表文)을 올려 하례를 아뢰니, 총병관(總兵官)도 다 진하한다. 그대 나라는 번신(藩臣)이므로 제후의 예로 접대하니 하례하러 오지 않더라도 문책할 것 없겠으나, 사체(事體)로 말하면 하례하러 오는 것이 옳겠다.' 하였는데, 신이 요동에 나와서 우리나라에 통지하였는지를 물었더니 없었다고 하였습니다."

상이 말하였다.

"진하하는 것이 마땅하지만 전에 강징(姜澂)이 부경하였을 때 중국에 진하할 일이 있으면 요동을 시켜 우리나라에 이자(移咨)할 것을 예부에 청하여 식례(式例)가 되었으므로 내가 요동의 이자를 기다려서 진하하려고 대신에게 물었더니, 더 올린 존호인 자인(慈仁) 두 자는 정조사(正朝使)의 문서에 쓰지 않을 수 없으므로 곧 진하사(進賀使)를 보내는 것이 마땅하다 하므로 전에 이미 의논을 정하여 들여보냈다."

29년(1534)

4월 14일

예조 판서 유관, 참판 강징(姜澂), 참의 김공예 등이 아뢰었다.

"전례를 고찰해보니 모두 13개월 만에 복을 벗었고, 13일 만에 벗는 것은 예문에는 없습니다. 상께서 백일상을 거행하는 것이 어떻겠느냐고 하셨는데, 신들의 생각에는 백일상의 복제는 본래 서민(庶民)을 위해 만든 것입니다. 반드시 시행하려고 하신다면, 예관(禮官)들이 단독으로 결단할 바가 아니라고 여깁니다.

이번의 상사는 임술년(1502)의 예와 같기 때문에 [산월(産月)에 임박한 것을 말한다.] 신들이 모두 임술년의 일에 의해서 마련하여 아룁니다. 그때 예조 판서 이세좌 등이 '비록 국상(國喪)을 만났더라도 산월을 당하면 대신들이 마땅히 육선(肉膳)을 드시게 해야 한다. 더군다나 이번의 상사에는 소선(素膳)을 오래 하실 수 없다.' 하였습니다. 신들의 생각 역시 바야흐로 지금 산월이 임박했으므로 오래 소선하실 수 없다고 여겨지니, 상께서 마땅히 짐작해서 하셔야 합니다. 그러나 소선(素膳)의 진상(進上)은 마땅히 준례대로 각도에 행이(行移)해야 하는데, 다만 어느 때에 가서 소선을 그만두게 될지 모르겠습니다.

또 임술년에 이세좌 등이 또 '산월이 임박했을 때의 복색은 본래 정해진 제도가 있다. 그러나 상사가 진실로 중한 일이지만 해산(解產)도 역시 중한 일이니 마땅히 위에서 임시로 변통하여야 한다.' 하였습니다. 이른바 산월이 임박했을 때의 복색에 대해서는 바깥 사람들이 알 바가 아니니 또한 상께서 짐작하여 하셔야 합니다. 그리고 나흘 만에 성복(成服)하는 것은 예에 정해진 법제가 있어 당기거나 물릴 수가 없습니다."

전교하였다.

"복을 벗는 시일은 대신들과 함께 의논하여 아뢰어야 한다. 육선(肉膳)에 관한 일은 비록 지금 산월이 임박했지만 어찌 시급하게 의논할 것이 있겠는가. (줄임) 성복은 마땅히 나흘 만에 하겠다."

7월 27일

승정원에 전교하였다.

"대사례(大射禮) 때에는 종친과 문무 백관은 당연히 평상복을 입고 동서문 밖에 나아가 서 있어야 한다. (줄임)

임술년(1502)에는 내가 직접 관사(觀射)하였는데, 하나는 과녁을 맞추고 하나는 그 언저리에 맞아서 맞힌 사람들의 반열 중 수석의 위치에 서 있었다. 그때 맞힌 자들이 상으로 받은 베를 당에 놓고 서 있었는데, 당시 정승으로 있던 성준이 내 옆에 서 있다가 '성종조(成宗朝)에는 상받은 베를 어깨 위에 걸치고 못 맞힌 자들은 다만 벌주를 서서 마시고는 그 다음 숙배(肅拜)를 드렸다.' 하였다. 성준이 즉시 상받은 옷감을 들어 어깨 위에 걸쳤다. 이것은 내가 직접 눈으로 본 일이다. 그때에 장순손은 승지였고 강징(姜澂)은 교리(校理)였는데, 이 두 사람 모두 참석해서 귀로 듣고 눈으로 본 사실이다. 이 두 사람을 불러서 물어보도록 하라. 이 일은 의주(儀註)에 없는 일인데, 내일 습례(習禮)하게 되니 사관을 보내어 영상 장순손에게 문의하도록 하라. 순손이 만약 모르겠다고 하거든 아울러 삼공에게 의논하라. 또 예조 낭관을 불러 강징에게 물어보도록 하라."[징(澂)은 그때 예조 참판이었다.]

8월 17일

예조 판서 유관과 참판 강징(姜澂)이 아뢰었다.

"10년 동안 오지 않던 왜인 평성윤(平盛胤)을 제포 첨사(薺浦僉使)가 의심하여 통사(通事) 박옥석(朴玉石)에게 물어보니 '이 사람이 맞다. 의심할 것 없다.'고 했습니다. 옥석이 필시 뇌물을 받고 죽은 사람을 산 사람으로 바꿔치기한 것이 분명합니다. 그 죄과가 심히 극악하니, 조옥(詔獄)에서 추문하는 것이 어떻겠습니까? 또 왜인이 몇 년 동안 오지 않으면 접대를 하지 않는다고 입법(立法)하는 것이 어떻겠습니까? 일본인은 스스로 올 수 없고 반드시 대마도에서 행장(行狀)을 받고서야 오게 되어 있습니다. 대마 도주(對馬島主)로서는 국은을 받은 것이 적지 않은 데도 이미 죽은 사람의 이름으로 속여 행장을 발급해 줬으니 매우 부당합니다. 함께 힐책케 하는 것이 어떻겠습니까? 대개 왕래하는 통로마다 폐해가 심하여 셀 수 없다고 하니, 이 기회에 문제 삼아서 억제 조치를 취하는 것이 어떻겠습니까? 해조(該曹)에서 마음대로 할 수 없으니, 대신에게 의논하여 아뢰게 하소서."

9월 25일

칠덕정(七德亭)에 거둥하여 습진(習陣)을 관람하였다. 상의 명으로 '안불망위(安不忘危)'를 제목으로 오언율시를 짓게 하였는데 시신(侍臣)들이 다 지어 바쳤다. 김안로(金安老)가 수석을 차지하였는데 표범 가죽 1장을 하사했고, 소세양(蘇世讓)·심언경(沈彦慶)·강징(姜澂)에게도 각각 별조궁(別造

弓)을 1장씩 하사했다.

10월 28일

시관(試官) 김안로·서지·강징(姜澂)과 도승지 정백붕에게 전교하였다.

"전에 나세찬이 제술한 책문(策文)을 과차(科次)할 때 입론(立論)이 바르지 않다고 말썽이 된 적이 있었는데, 요즘 보니 비단 입론이 바르지 못할 뿐만 아니라 조정에 해로움을 끼치는 점이 매우 크다. 이 때문에 죄를 줄수는 없지만 이렇듯 바르지 못한 사람의 글을 제술에 넣는 것은 온당치 못한데 경들의 뜻엔 어떠한가?"

(줄임) 서지가 아뢰었다.

"입론(立論)이 바르지 못하면 학문도 바르지 못한 법이니 제술에 넣을 필요가 없다고 하신 상의 전교가 지당합니다."

(줄임) 강징(姜澂)도 아뢰었다.

"선비란, 마음이 발라야 쓰일 수 있습니다. 마음이 바르지 못한 자를 어디에 쓰겠습니까?"

전교하였다.

"글이 좋지 않을 뿐이라면 쓰지 않으면 그만이겠다. 그러나 배운 학문이 바르지 못하니 오늘 다시 시험 보이는 것이 어떠할지 모르겠다."

10월 28일

시관(試官)들에게 전교하였다.

"경들은 전일 북경에 갔던 적이 있었는가? 문인(文人)과 무인(武人)을 시험하여 뽑는 일은 어떻게 하고 있던가? 들은 바가 있으면 아뢰라." [이날 정사가 있어 시관 김안로는 이조 판서로서 나간 까닭에 서지와 강징(姜澂)만 시관으로 썼다.]

강징(姜澂)이 아뢰었다.

"신은 북경에 두 번이나 들어갔었으나 문무를 시험하는 것을 본 적이 없었고, 서반(序班)과 통사(通事)의 무리와 유생들에게 들었을 뿐입니다. 중국에서 사람을 시험하여 뽑는 규칙은 별다른 행사가 없고, 다만 3년마다 행하는 과거(科擧)의 규정이 있을 뿐입니다. 초시(初試)는 십삼포정사(十三布政司)가 뽑아 서울로 올려 보내면 그 이듬해 봄에 시험 보여 뽑게 되는데 그 숫자가 정해져 있는 것이 아니며, 인재가 나오는 것을 보아서 뽑는다고 합니다. 여기서 뽑는다는 것은 예부(禮部)에서 복시(覆試)를 보여서 뽑는 것을 말합니다. 사장(詞章)은 사서(四書)의 뜻을 가지고 제술하게 하여 뽑는데, 그 분량이 책문만큼 많지는 않습니다. 글자의 수를 따져서 제술하는데, 만약 글자의 수가 많든지 적든지 하면 뽑히지 못합니다. 그 뒤에 전시(殿試)를 시험 보이는데, 뽑는 수는 적게는 2백부터 많게는 3백까지 하여, 그 수가 정해져 있는 것은 아닙니다.

만약 1등으로 입격(入格)하면 한림원(翰林院)에 뽑히며, 이렇게 출신(出身)된 뒤에야 예부 시랑(禮部侍郞)이 되거나 육부 시랑(六部侍郞)이 되고 태학사(太學士)가 되기까지 합니다. 차등(次等)으로 입격한 사람은, 재주가 있는 자이면 뽑혀서 서길사(庶吉士)가 되고 그중에 재주가 특출한 사람은 또한 뽑혀서 한림원에 들어갑니다. 그 다음 등급은 지현(知縣)이 되고, 다음 등급은 원외랑(員外郞)이 되며, 다음 등급은 주사(州司)가 됩니다. 육부(六部)의 시랑(侍郞)이 다 이렇게 해서 낭(郞)에 들어간 것입니다.

무과(武科) 시험제도는 문과의 제도와는 다르게 무거(武擧)로 불리어지는데, 요동 대인(遼東大人)들이 다 무거 출신이며, 궁시(弓矢)로만 시험하는 것이 아니라 시무(時務)에 대한 것을 제출하여 입격한 무거 출신입니다."

전교하였다.

"황제가 친히 전시의 시제(試題)를 내던가?"

징이 아뢰었다.

"신은 듣지 못하였으므로 알지 못합니다."

11월 9일

좌의정 한효원, 우의정 김근사, 좌찬성 김안로, 우참찬 유보, 예조 판서 유관, 참판 강징(姜澂), 이조 참판 심언광, 예조 참판 유윤덕, 대사성 윤안인 등이 빈청(賓廳)에서 회의하고 유생의 권학 절목(勸學節目)을 입계하였다. 그 내용은 다음과 같다.

1. 유생이 학궁(學宮)에 머물고 있다 하여도 부지런히 공부하지 않는다면 또한 실효를 거두지 못할 것이니, 모름지기 매일 청강(聽講)토록 하며 사장(師長)의 유고 때를 제외하고는 청강하는 날이 아니면 원점(圓點)하는 것을 허용하지 않는다.

1. 유생이 읽은 책은 날마다 서도(書徒)하여 매달 말, 예조(禮曹)에 올려 장부에 기록하고, 불시에 돌아가면서 제비를 뽑아 적발한다. 친림(親臨)하거나 명관(命官)에게 주재시켜 강(講)하게 하거나 제술(製述)하게 하도록 한다. 세초(歲抄)하거나 반년마다 통산하여 그 분수(分數)의 다소에서 우등한 사람은 급분(給分)하기도 하고 혹은 직부(直赴)하게 하기도 한다. 임시(臨時)하여 특별히 상을 내리며 불통한 사람에게 학벌(學罰)을 내린다.

1. 실학에 정통하여 가르치는 일을 담당할 수 있는 이를 사장(師長)으로 삼아 유생들을 교훈하는 것을 전임시키고 딴 관직은 맡기지 않으며, 제례(祭禮)의 집사(執事)나 그 밖의 다른 업무를 맡기지 않는다. 유생들의 근면과 태만, 통(通)과 불통(不通)을 상고하여 이를 토대로 사장의 전최(殿最)에 반영하고 그 가운데 특히 근면한 자와 태만한 자를 별도로 징계하거나 장려한다.

1. 식년시(式年試)와 팔도의 유생들을 널리 뽑는 별시(別試) 외에 불시에 실시하는 시취(試取)가 있으면 모름지기 학궁에서 청강한 날이 많은 사람을 녹명(錄名)하게 한다. 시취하는 날을 많게 할 것인가 적게 할 것인가는 계품하여 참작한다. 봄·가을에 보이는 유생의 과시(課試)도 학궁에 있는 유생을 시취한다.

1. 정시(庭試) 및 불시에 보이는 시취에서는 생원(生員)이나 진사(進士)로 삼기도 하고, 또는 급제(及第)로 삼기도 한다.

1. 거관 유생(居館儒生) 중에 재능과 학식이 있는 자는 당연히 과거로 선발하며, 생원이나 진사 중에 학궁에 나아가 부지런히 닦았으나 누차 응시해도 합격하지 못한, 나이 40에 이른 자는 성균관에서 해마다 4~5인을 추천하여 남행(南行) 가운데 상당하는 직책에 서용한다.

1. 명색이 유생이라 하면서 학궁에 나가지 않는 사람은 모두 물리쳐 과거 시험에 응시하지 못하게 한다.

1. 적간(摘奸)할 적에 비록 점검을 받았다 해도 평소 학궁에 나아가 청강을 부지런히 하지 않았다면 응시를 허락하지 않는다.

30년(1535)

1월 10일

좌의정 김근사와 우의정 김안로가 아뢰었다.

"홍섬이 허항의 집에 가서 말한 것을 허항이 이미 그 관사에서 발설하였으니, 숨긴 것이 아닙니다. 말은 꼬투리를 내놓으면 마침내 그것을 말하여야 하는 것인데, 허항은 이미 말의 꼬투리를 내놓았으니, 어찌 끝내 그것을 숨기겠습니까. 허항은 지제교(知製教)로서 곧바로 지어 바치지 않은 일 때문에 이미 체직할 것을 명하셨는데, 작은 일로 간관(諫官)을 가벼이 체직하는 것은 온당하지 못한 듯하므로 감히 아룁니다."

전교하였다.

"아뢴 대로 간원(諫院)은 다시 그대로 재직하도록 하라. 면대할 때에는 양사(兩司)와 홍문관(弘文館) 전원이 들어와 참여하게 하라."

(줄임) 강징이 아뢰었다.

"홍섬이 대간의 집에 가서 이 사론을 발설하였으니, 지극히 간사합니다. 위에서 성지(聖志)를 굳게 정하시면, 간사한 꾀가 끼어들지 못할 것입니다."

7월 1일

영의정 김근사, 좌의정 김안로, 예조 판서 윤인경, 참판 강징 등이 의논하여 아뢰었다.

"세 섬에 와서 농사짓지 못하게 금지하라는 일에 대해서는 예부(禮部)에 직접 자문을 보내고 아울러 표류해 온 중국 사람들도 진위사의 일행에 딸려서 들여보내는 것이 온당할 것 같습니다. 그러나 지금 김산해의 말을 들어보니 '이화종이 예부에 자문할 일에 대해 요동의 통역관에게 사적으로 이야기해 보았더니 통역관 말이 「요동이 금지하려 하지 않는 것도 아닌데 굳이 예부에 직접 자문을 보낸다면 요동에서 반드시 노여워할 것이고, 또 그 일은 당연히 요동으로 하달될 것인데 어찌 당신 나라에 이익될 게 있겠는가.」라고 하였다.' 하니, 그 말이 바로 지난번에 신들이 의논한 것과 같습니다.

또 들으니 '요동에서는 의리를 모르는 완악한 백성들이 국법을 준수하지 않아 외국으로부터 비웃음 사는 것을 부끄럽게 여기고 있으며, 부승경(傅承慶)도 그들을 묵인하고 숨겨준 것으로 죄를 받았다.' 합니다. 그렇다면 그들도 이 일을 엄중히 금하는 듯하니 우선 요동에서 조치하는 것을 보아 다시 의논하는 것이 합당하다고 생각합니다. 표류해 온 중국인들은 조용히 조사하여 현월(賢月)과 함께 동지사(冬至使) 인편에 들여보내고, 진위사 일행은 즉시 강을 건너도록 하는 것이 합당합니다. 전일 이응성을 압송할 때에 법을 어기고 들어와 농사짓던 중국인들이 몽둥이를 들고 에워싸고 행패를 부리던 진상은 진위사로 하여금 요동에 정문(呈文)하게 하고서, 그 회답과 경작금지에 대한 그들의 조처를 단련사(團練使) 편에 자세히 적어 부쳐 오게 하소서. 화종은 머물러 있지 말고 즉시 돌아오도록 아울러 유고(諭告)하는 것이 어떻겠습니까?"

의논한 뜻이 합당하다고 전교하였다.

9월 16일

독권관(讀券官) 강징(姜澂) 등이 고시(考試)의 시권(試券)을 가지고 와서 아뢰니 진복창(陳復昌) 등 3인을 뽑았다. 즉석에서 명하여 문과 제 1인의 진복창을 성균관 전적(成均館典籍)에, 무과 제 1인인 조인(趙藺)을 상의원 주부(尙衣院主簿)에 제수하였다.

9월 18일

예조 참판 강징(姜澂)이 성균관 유생들에게 음식을 공궤하였다.

심재 강징 연보*

1466년(세조 12년) 1세
강이행(姜利行)과 군수 허손(許蓀)의 따님인 양천허씨 사이의 맏아들로 태어났다. 자는 언심(彦深), 호는 심재(心齋)이다.

1486년(성종 17년) 21세
진사시에 17인으로 합격하였다. -『사마방목』

1494년(성종 25년) 29세
04월 14일. 문과 별시에 병과 7인으로 급제하였다. 생원 남곤이 을과 1인, 생원 권민수가 병과 2인으로 함께 급제하여 벼슬생활도 함께 하였다. -『국조문과방목』권4
승문원 권지(權知)에 배속되었다.

1495년(연산군 1년) 30세
03월 19일. 예문관 검열(檢閱 9품)으로 연산군에게 간한 기록이 『연산군일기』에 처음 실렸다. 사관(史官)이 없는 자리에서 대신을 만나지 말라고 연산군에게 간하였다.

---

* 모든 자료는 『연산군일기』와 『중종실록』을 근거로 삼아 작성하였으므로, 따로 출전을 밝히지 않았다. 그 밖의 자료인 『사마방목』이나 『문과방목』 등은 해당 항목에 출전을 밝혔다.

1497년(연산군 3년) 32세

01월 04일. 저작(著作 정8품)에 임명되었다.

03월 02일. 박사(博士 정7품)에 임명되었다.

07월 16일. 경연(經筵)에서 연산군의 질문에 답변한 기록이 『연산군일기』
에 처음 보인다. 영의정 노사신(盧思愼)에게 지록위마(指鹿爲
馬)라고 비판하여, 연산군이 지나치다고 나무랐다.

09월 13일. 홍문관 부수찬(副修撰 종6품)에 임명되었다.

12월 18일. 경연에 검토관(檢討官 종6품)으로 참여하였다.

12월 21일. 『성종실록』이 완성되자, 낭청(郎廳 예문관 대교)으로 참여한 공
으로 향표리(鄕表裏) 한 벌을 하사받았다.

1498년(연산군 4년) 33세

02월 05일. 수찬(修撰 정6품)에 임명되었다.

12월 22일. 홍문관 수찬에 임명되었다.

1499년(연산군 5년) 34세

06월 15일. 수찬에 임명되었다.

1500년(연산군 6년) 35세

01월 20일. 홍문관 부교리(副校理 종5품)에 임명되었다.

03월 11일. 연산군이 사복시 정(司僕寺正) 이세분(李世芬)의 제문을 짓게
하였는데, '교리(校理 정5품) 강징'이라고 칭하였다.

11월 05일. 경연에 시독관(侍讀官)으로 참여하여, 『대학연의(大學衍義)』
를 들어 사냥을 중지하라고 간하였다.

1502년(연산군 8년) 37세

12월 12일. 경연에 시강관(侍講官 정4품)으로 참여하였다.

1503년(연산군 9년) 38세

04월 03일. 홍문관 교리(校理 정5품)에 임명되었다.

05월 10일. 홍문관 교리에 임명되었다.

05월 16일. 홍문관 부응교(副應敎 종4품)에 임명되었다.

10월 02일. 경연에 사헌부 장령(掌令 정4품)으로 참여하였다.

11월 22일. 홍문관 직제학(直提學 정3품)에 임명되었다.

1504년(연산군 10년) 39세

01월 18일. 부제학(副提學 정3품 당상관)에서 사면하기를 청하였다. 연산
군이 "사면하지 말고 사은 율시(謝恩律詩)와 겸하여 봄·소나무
·대나무·꽃·버들에 대한 율시 각 1수씩을 지어 바치라."고 명
하였다.

03월 09일. 승정원 동부승지(정3품)에 임명되었다.

03월 16일. 이세좌의 죄를 논하지 않은 죄로 전후 홍문관 및 대간들과 함께
의금부 옥에 갇혔다.

03월 18일. 태(笞) 40대를 속(贖)바쳤다.

윤4월 3일. 왕명을 받아 가지고 가서, 대행대비의 첫 번째 재(齋)를 장의사
(藏義寺)에서 거행하였다.

윤4월 10일. 왕명을 받들고 가서, 대행대비의 두 번째 재(齋)를 진관사(津寬
寺)에서 거행하였다.

윤4월 26일. 우부승지에 임명되었다.

05월 6일. 제헌왕후를 추숭할 때에 금보(金寶)를 받든 공으로 한 자품을
더하였다. 가선대부(嘉善大夫 종2품) 우부승지에 임명되었다.

05월 09일. 좌부승지에 임명되었다.

08월 10일. 천금(薦禽) 건을 먼저 발언하였다는 지적을 받고 변명하였다.
이후 여러 날에 걸쳐 국문과 변명이 계속되었다.

08월 16일. 우승지에 임명되었다.

09월 18일. 천금(薦禽) 건으로 태(笞) 50의 형을 받고, 고신(告身)을 빼앗겼
　　　　　　으며, 전라도 낙안에 정배되었다.
09월 24일. 강징에게 죄를 더하여 종으로 삼았다.

1506년(연산군 12년) 41세
07월 14일. 전에 사찰(寺刹)을 폐지하라고 간한 사실을 더 조사하라고 명하
　　　　　　였다.
08월 05일. 경연(經筵)에서, '연굴사(演窟寺)와 복세암(福世菴)은 옮겨 배
　　　　　　치할 수 없다'고 아뢴 사실 때문에 형신(刑訊)을 받았다.
08월 20일. 연산군이 강징(姜澂)의 추안(推案)을 내리며, '다시 국문하라.'
　　　　　　고 명하였다.

1506년(중종 1년) 41세
09월 06일. 강원도 관찰사(觀察使 종2품)에 임명되었다.
09월 26일. 강원도 관찰사에 임명되었다.

1507년(중종 2년) 42세
11월 23일. 형조 참판(參判 종2품)에 임명되었다.
12월 18일. 특진관(特進官)으로 경연에 참여하였다.

1508년(중종 3년) 43세
07월 07일. 참판 강징(姜澂)을 북경(北京)으로 보내어 성절(聖節)을 축하하
　　　　　　게 하였다.
12월 30일. 성절사 강징(姜澂)이 중국 서울로부터 돌아왔다.

1509년(중종 4년) 44세
전주 부윤(府尹 종2품)으로 부임하였다. -「신도비」

전주 객관 서쪽에 청연당(淸讌堂)을 세웠다. -『신증 동국여지승람』

1512년(중종 7년) 47세

08월 02일. 예조 참판(參判 종2품)에 임명되었다.

10월 30일. 도화서(圖畫署)가 '향산구로도(香山九老圖)' 병풍을 올리자, 중
종이 대제학 신용개(申用漑)에게 명하여 서(序)와 시(詩)를 짓
도록 하고, 참판 강징(姜澂)에게 쓰도록 명하였다.

1513년(중종 8년) 48세

03월 03일. 소릉(昭陵)의 위호(位號)를 추복하라고 청하여 허락받았다.

1514년(중종 9년) 49세

06월 15일. 예조 참판(禮曹參判) 사직을 청하였으나, 윤허하지 않았다.

06월 23일. 예조 참판 사직을 거듭 청하여 윤허받았다.

12월 10일. 당연직인 예조 참판에서 갈렸으므로, 여러 해 동안 특진관으로
경연에 참석하였다.

1519년(중종 14년) 54세

11월 26일. 충청도 병마절도사(兵馬節度使 종2품)에 임명되었다.

11월 30일. 사간원에서 '충청도의 병사와 수사가 모두 문신이어서 교체해야
한다'고 청하자, 강징을 교체하였다.

1520년(중종 15년) 55세

05월 15일. 황해도 관찰사(觀察使 종2품)에 임명되었다.

05월 19일. 황해도 관찰사에서 교체되었다.

1521년(중종 16년) 56세

01월 13일. 동지중추부사(同知中樞府事 종2품)에 임명되었다.

12월 16일. 사은사(謝恩使) 형조 참판 강징(姜澂)이 표문(表文)을 받들고 북경(北京)에 갔다.

1522년(중종 17년) 57세

05월 11일. 사은사(謝恩使)의 선래 통사(先來通事) 김순충(金順忠)이 "3월 초이렛날 알성(謁聖) 때에 사신 강징(姜澂)이 주객사(主客司)에 관광(觀光)하기를 청하여 허락받고 참관하였다."고 보고하였다.

06월 05일. 중국에서 돌아와 사은사(謝恩使)로 복명하고. 중종의 여러 가지 질문에 자세하게 보고하였다.

07월 12일. 사헌부에서 '강원도 순찰사(巡察使 종2품) 강징을 체직하라'고 청하였지만, 들어주지 않았다.

07월 17일. 세자의 관례에 대해 중종이 강징의 북경 견문을 참고하여 정하였다.

11월 25일. 사은사(謝恩使)로 북경에 갔을 때에 명나라 예부 낭중(禮部郎中) 손존(孫存)이 요청한 책 등과록(登科錄)과 시문(詩文) 4책, 주사(主事) 오유(仵瑜)가 요구한 『황화집(皇華集)』 2건(件)을 중종이 명나라에 보냈다.

1524년(중종 19년) 59세

01월 18일. 개성부 유수(開城府留守 종2품)에 임명되었다.

01월 24일. 대간이 청하여 개성부 유수에서 체직되었다.

1527년(중종 22년) 62세

02월 05일. 수(守)[1] 지중추부사(知中樞府事 정2품)에 임명되었다.

05월 12일. 공조 참판에 임명되었다.

05월 22일. 사간원이 아뢰어 참판 직에서 교체되었다.

1534년(중종 29년) 69세

04월 14일 실록에 예조 참판으로 보이니, 그 이전 언젠가 예조 참판으로
　　　　　임명되었다. 3월에 치른 문과 정시에 시관이 되어 퇴계 이황을
　　　　　을과 제1인으로 선발하였다.

09월 25일. 중종이 칠덕정(七德亭)에 거둥하여 습진(習陣)을 관람하고 '안
　　　　　불망위(安不忘危)'를 제목으로 오언율시를 짓게 하였는데, 시를
　　　　　잘 지어 별조궁(別造弓) 1장을 상으로 받았다.

10월 21일. 〈문신기영회도(文臣耆英會圖)〉라는 시제로 10운 배율시를 짓는
　　　　　정시(庭試)의 시관이 되어, 퇴계 이황을 장원으로 선발하였다.

10월 28일. 명나라의 과거시험에 대한 중종의 질문에 대답하였다.

11월 09일. 과거시험의 실무 책임자인 예조 참판으로 빈청(賓廳) 회의에 참
　　　　　여하여 유생의 권학절목(勸學節目)을 입계하였다.

1535(중종 30년) 70세

09월 16일. 전시(殿試)에 독권관(讀券官)으로 참여하여, 진복창(陳復昌)
　　　　　등 3인을 뽑았다.

09월 18일. 성균관 유생들에게 음식을 공궤하였다.

1536(중종 31년) 71세

06월 06일. 안산에서 병으로 세상을 떠나 웃버대에 안장하다.

1　품계(品階)는 낮지만 실직(實職)이 높을 때는 직함(職銜)의 위에다 수(守)자를 붙인다.
　반대로 품계가 높지만 실직이 낮을 때는 행(行)자를 붙인다. 이를 행수법(行守法)이라
　한다. 『경국대전(經國大典)』 이전(吏典) 경관직(京官職).

허경진

연세대학교 국문과를 졸업하고 「허균 시 연구」로 문학박사학위를 받았다. 목원대학교 국어교육과와 연세대학교 국문과 교수로 재직하였고, 지금은 연세대학교 연합신학대학원 객원교수로 있다.

저서로는 『허균평전』, 『사대부 소대헌 호연재 부부의 한평생』, 『중인』, 『한국고전문학에 나타난 기독교의 편린들』, 『소남 윤동규』, 『허난설헌 강의』 등이 있으며, 역서로는 '한국의 한시' 총서 40여 권 외에 『삼국유사』, 『연암 박지원 소설집』, 『서유견문』 등이 있다.

진주강씨연구총서 5

심재 강징

2022년 11월 17일 초판 1쇄 펴냄

지은이 허경진
발행인 김흥국
발행처 보고사

책임편집 황효은
표지디자인 김규범

등록 1990년 12월 13일 제6-0429호
주소 경기도 파주시 회동길 337-15 보고사
전화 031-955-9797(대표), 02-922-5120~1(편집), 02-922-2246(영업)
팩스 02-922-6990
메일 kanapub3@naver.com / bogosabooks@naver.com
http://www.bogosabooks.co.kr

ISBN 979-11-6587-373-8 94910
　　　979-11-5516-957-5 94080 (세트)
ⓒ 허경진, 2022

정가 27,000원
사전 동의 없는 무단 전재 및 복제를 금합니다.
잘못 만들어진 책은 바꾸어 드립니다.